财政部规划教材

全国高等院校财经类专业规划教材

国际投资理论与政策

乔敏健　牛楠　编著

中国财经出版传媒集团
中国财政经济出版社
·北京·

图书在版编目（CIP）数据
国际投资理论与政策 / 乔敏健，牛楠编著. -- 北京 : 中国财政经济出版社，2025. 3. -- (财政部规划教材)(全国高等院校财经类专业规划教材). -- ISBN 978-7-5223-3688-6
Ⅰ. F831.6
中国国家版本馆CIP数据核字第20258CQ078号

责任编辑：苏小珺　　责任校对：张　凡
封面设计：北京兰卡绘世　　责任印制：党　辉

国际投资理论与政策
GUOJI TOUZI LILUN YU ZHENGCE

中国财政经济出版社 出版
URL：http：//www. cfeph. cn
E－mail：cfeph@ cfeph. cn

社址：北京市海淀区阜成路甲 28 号　邮政编码：100142
营销中心电话：010－88191522
天猫网店：中国财政经济出版社旗舰店
网址：https：//zgczjjcbs. tmall. com
涿州汇美亿浓印刷有限公司印刷　各地新华书店经销
成品尺寸：185mm×260mm　16 开　16. 25 印张　316 000 字
2025 年 3 月第 1 版　2025 年 3 月河北第 1 次印刷
定价：68. 00 元
ISBN 978－7－5223－3688－6
（图书出现印装问题，本社负责调换，电话：010－88190548）
本社质量投诉电话：010－88190744
打击盗版举报热线：010－88191661　QQ：2242791300

前　言

21世纪是极其不平凡的一个世纪，贸易保护主义和民粹主义抬头，“逆经济全球化”浪潮暗流涌动。但中国始终以负责任的大国形象和责任担当积极推动经济全球化进程。随着国际生产分工日益精细化，国际投资是实现资源在更大空间范围内配置的重要途径。在新发展格局下，国际投资是我国畅通国内国际经济循环体系的重要抓手，承载着建设更高水平开放型经济新体制的重要使命，进一步实现高质量“引进来”、高水平“走出去”，对推进中国式现代化建设进程具有重要的理论价值和现实意义。

《中国对外直接投资统计公报》显示，2023年中国对外直接投资流量1772.9亿美元，对外直接投资存量29554.0亿美元，截至2023年年底中国3.1万家境内投资者在国（境）外设立对外直接投资企业4.8万家，分布在全球189个国家（地区）。《中国外资统计公报（2024）》显示，2023年实际使用外资1632.5亿美元。联合国贸发会议（UNCTAD）《2024世界投资报告》显示，2023年中国对外直接投资分别占全球当年流量、存量的11.4%和6.7%，是全球第三大对外投资国和第二大外资接受国。2023年8月、2024年3月国务院先后发布《关于进一步优化外商投资环境加大吸引外商投资力度的意见》和《扎实推进高水平对外开放更大力度吸引和利用外资行动方案》。可以预见，在未来相当长的一段时间内，中国对外投资、利用外资仍将获得持续增长。在此背景下，中国亟待建立具有中国特色的国际投资理论体系。为此，本课题组决定编写本教材，以期为构建中国特色国际投资理论与政策体系提供支持，也为培养通晓国际投资业务的高层次人才略尽绵薄之力。

本教材为河北省研究生课程思政示范项目“‘一带一路’专题”（项目编号：YKCSZ2024003）和教育部首批新文科研究与改革实践项目“经济学类国家级一流本科专业融入理工要素的人才培养模式改革研究”（项目编号：2021050022）阶段性研究成果。

在教材撰写过程中，乔敏健和牛楠作为教材负责人，负责了全书框架设计、内容梳理和最终审定。本教材课题组成员为：梁丽硕、马康、赵俊、喻莫非、王珠存、姜悦、张佳宁、罗磊、郭玥男、马向楠、王旭阳、陈思佳。课题组成员在教材撰写过程中收集了大量的资料，并参与了初稿撰写，在此表示感谢！

在本教材撰写过程中，课题组成员阅读了国内外大量的教材和文献资料，获得了诸多参考资料和灵感！在此对各位作者表示感谢！

河北大学教材工作专家委员会对本教材进行了审议，并提出了诸多宝贵意义，在此表示感谢！

由于学术水平和资料搜集的有限性，书中可能存在诸多不妥之处，恳请各位读者批评指正！

乔敏健

2025 年 1 月于河北大学

目录 Contents

第一章　国际投资概述

学习目标

1. 了解国际直接投资和国际间接投资的概念、特征以及主要形式。
2. 了解国际直接投资和国际间接投资的收益和风险。
3. 掌握国际资本流动的定义以及不同分类。
4. 掌握国际资本流动的发展历程。

第一节　国际直接投资概述

一、国际直接投资（FDI）定义

国际直接投资（Foreign Direct Investment，FDI）是指投资者为了获取控制权或参与企业的管理，将资本直接投入他国企业或项目中。FDI 的特点是投资者不仅关注资本收益，而且还关注被投资企业的经营状况和发展前景，被投资企业的经营状况和发展前景关系到 FDI 的持久利益，这意味着投资者与海外公司之间存在着长期关系。国际直接投资不仅包括建立海外公司的过程，还包括海外公司成立之后的活动。FDI 最明确的特征是投资者对海外公司管理的影响和控制。

二、国际直接投资的主要形式

赵春明等（2012）指出FDI的主要形式包括：在国外设立跨国公司的分支机构、附属机构、子公司或同东道国共同创办合资企业；通过购买外国企业股票而拥有该企业一定比例的股权；利用国外利润进行再投资；横向直接投资及纵向直接投资等。

横向直接投资与纵向直接投资是FDI的两种重要形式，其中，横向直接投资又称为市场寻求型FDI，是指企业在包括母国在内的多个国家同时从事相同或相近产品的生产活动，并向当地销售以满足当地市场需求。例如，一家美国汽车制造商在欧洲多个国家设立生产基地，这些基地主要生产同一型号的汽车，并在当地市场销售。这样，该制造商可以通过当地化生产和销售来绕过高额的关税和运输成本，同时满足当地消费者的需求。纵向直接投资又称为效率寻求型FDI，是指企业把不同生产阶段分别配置在成本相对较低的不同国家的过程。英特尔公司的投资方式就是一个典型的纵向FDI案例。该公司把技术密集型的生产环节（如晶片生产）放在美国、以色列和爱尔兰的工厂进行，而把劳动密集型的生产环节（如产品的组装、测试）放在中国、马来西亚、菲律宾等国的工厂进行。这样英特尔公司可以利用各国在技术和劳动力方面的比较优势，降低生产成本，提高整体效率。

三、国际直接投资的经济效应

随着国际生产分工日益精细化，国际直接投资已成为实现资源在更大空间范围内进行配置的重要手段。结合学术界已有研究成果，国际直接投资的经济效应主要包括以下几个方面：

（一）促进经济增长

国际直接投资能够为接受国带来资本，促进经济增长。根据经济理论，市场的高效运行有赖于生产商之间的充分竞争。当国际直接投资采取新设投资的方式时，其结果就是设立一家新的企业，市场参与者数量增加，消费者选择也随之增加，这一过程推动了国内市场竞争水平的提升，促使价格下降，最终让消费者的经济福利水平得到提高。竞争的加剧往往能够刺激企业在工厂、设备以及研发方面加大资本投入，以求在与对手的竞争中占据优势地位。由此导致的长期结果包括劳动生产率的提高、产品和生产过程的革新以及更高的经济增长速度。

（二）促进技术与知识转移

在国际直接投资中，投资方引入先进的技术和管理知识，能够提高接受国的生产效率和竞争力。技术可以渗透到生产过程之中（如勘探、提取和精炼原油的技术），或者转化成商品（如个人电脑）。然而，许多国家缺乏开发本国产品和生产技术所必需的研发资源与技能，尤其是发展中国家。这些国家必须依靠先进的工业化国家获得促进经济增长所需的技术，FDI 就能提供这种技术。同时，FDI 的人才流动效应促进了管理知识转移。跨国公司在东道国的投资往往伴随着大量的人员流动，包括高级管理人员、技术人员和普通员工。这些人员所携带的知识和技能将成为推动本土企业发展的重要力量（希尔，1994）。

（三）扩展市场与增加就业机会

对于投资国的企业来说，FDI 是它们进入新市场和扩大国际业务的有效方式。当企业的产品在国内市场占有率已接近饱和或受到其他产品的有力竞争时，企业在国内难以进一步发展。此时，企业通过对外投资，开辟国外市场，寻求新的市场需求，能够为企业创造发展的活力。此外，FDI 能够为国家带来原先没有的就业机会。国际直接投资的就业效应可以是直接的，也可以是间接的。外国跨国公司雇用一定数量的东道国居民，即为直接的就业效应。而作为这项投资的结果，当地供应商创造的就业机会以及跨国公司员工在当地增加消费所创造的就业机会则是间接效应（李辉等，2013）。

（四）改善基础设施

FDI 能够改善接受国的整体基础设施水平。FDI 的流入通常伴随着对基础设施需求的增加，尤其是在制造业、服务业等领域的投资往往需要良好的交通、通信以及能源支持。在一些 FDI 项目中，外资企业直接参与基础设施的建设或通过与当地政府合作，引入资金和技术，改善东道国现有的基础设施。

（五）增加政府税收

外国企业在运营过程中会为接受国政府带来税收收入。当外国企业在某个国家进行直接投资时，它们需要在当地注册并成立子公司或分支机构。这些公司或机构作为独立的法人实体，需要按照东道国的税法规定缴纳企业所得税。随着外国企业的运营和盈利，其缴纳的企业所得税将成为东道国税收的重要来源之一。

四、国际直接投资面临的挑战

目前，国际直接投资面临的挑战主要包括以下四个方面。

（一）文化差异和语言障碍

跨国经营可能会遇到文化差异和语言障碍，影响管理效率和业务执行。文化差异是跨国经营中面临的主要挑战之一。不同国家和地区有着不同的文化背景、价值观、传统习俗和沟通风格，这些差异可能会导致公司经营的误解、冲突和合作困难。文化差异还体现在管理风格上。例如，在一些西方国家，个人主义是主流文化价值观，而在一些亚洲国家，集体主义则更为重要。这种差异可能会导致跨国公司内部冲突，对公司经营造成不利影响。

语言障碍是跨国经营中的另一个重要问题。不同国家使用不同的语言，这可能会导致信息的丢失、误解和不充分的沟通。即使双方使用同一种语言，也可能因为方言和口音的差异而导致沟通困难。语言障碍不仅影响内部沟通，还影响外部沟通。在与供应商、客户和合作伙伴交流时，语言障碍可能会导致谈判失败或合作关系破裂。

（二）政治、法律和监管风险

投资国和接受国之间的政治不稳定或政策变动可能对 FDI 产生负面影响。政治不稳定、政权更迭、内战或恐怖主义活动可能导致外国投资者的投资损失。此外，政府政策的变化，如税收政策、外汇管制或国有化措施，也可能对外国投资者产生不利影响。值得一提的是，许多国家名义上承诺自由贸易，实际上倾向于干预国际贸易，以保护那些重要政治集团的利益或者增加重要的国内生产商的利益。不同国家的法律和监管环境可能对外国投资者构成挑战，特别是在合规和监管方面。不同国家有不同的税收政策和法规。在投资过程中，如果企业未能履行相关税务义务，可能会导致重大税务风险。这要求企业在进行投资时，必须详细了解并遵守各国的税收法规。同时，某些国家对投资有严格的监管要求。企业若不能适应当地法规，可能会面临处罚或业务中断的风险。因此，企业需要深入了解目标国家的监管环境，确保所有操作符合当地法律。

（三）汇率风险与市场风险

汇率波动可能影响 FDI 的回报和成本。当东道国货币相对于投资国货币升值时，投资成本会上升，从而影响到企业 FDI 的经营。例如，如果美元相对于人民币升值，那么中国企业在美国的投资项目成本将增加，因为相同金额的人民币只能兑换更少的美元，购买力减弱。东道国货币升值还会增加在当地采购原材料和雇佣劳动力的成本，进一步增加生产成本，减少投资回报率。

从市场风险维度来看，新市场可能存在不确定性，包括消费者偏好、市场饱和度和竞争强度。了解东道国消费者的偏好对于 FDI 至关重要。不同国家和地区的消费者有着不同的需求和偏好，这直接影响产品的市场接受度和销售量。在决定是否进行 FDI 前，企业需要评估目标市场的容量和饱和度。一个高度饱和的市场意味着增长空间有限，这会使新进入者面临较大的竞争压力。相反，一个尚未饱和或正在快速增长的市场则为新进入者提供了更多机会。根据竞争强度的不同，企业可以选择不同的竞争策略。在竞争激烈的市场中，企业可能需要采取成本领先策略吸引顾客。而在竞争相对较少的市场中，企业则有更多的空间建立品牌忠诚度和提高利润率。

（四）其他方面的挑战

除上述国际直接投资面临的主要挑战外，还包括如环境标准差异、退出成本的影响等。一方面，各国对环境保护的要求越来越严格，外国企业需要遵守接受国的环境标准，企业在投资决策中需要考虑环境问题。另一方面，如果企业投资不成功，退出市场可能会涉及高昂的成本和复杂的法律程序。如果企业与供应商、客户或其他合作伙伴签订长期合同，提前终止这些合同可能需要支付违约金或其他赔偿费用。并且，FDI 通常涉及多个地区和复杂的法律框架，退出市场时需要多方协调和沟通，导致程序复杂。

第二节　国际间接投资概述

一、国际间接投资的定义

国际间接投资（Foreign Portfolio Investment，FPI）又称为证券投资，是指投资者通过购买他国的股票、债券等金融工具进行的投资活动。FPI 的特点在于投资者不参与企业的管理，关注的是资本市场的价格波动和投资回报。

一国政府、银行或者国际金融组织向第三国政府、银行、自然人或法人提供信贷资金，被称为国际信贷投资，也是国际间接投资的一种形式。但由于国际间接投资的主要形式是国际证券投资，本教材将国际间接投资视为国际证券投资。

二、国际间接投资的特点

与国际直接投资相比，国际间接投资的特点如下：第一，国际间接投资对筹资者的经营活动无控制权，而国际直接投资对筹资者的经营活动拥有控制权。第二，国际直接投资全部或部分地拥有国外企业，并且直接或间接地经营国外企业。而国际间接投资则很少涉及这一问题，国际间接投资的投资者通常只提供金融资本，不参与企业管理。第三，国际间接投资与企业生产经营无关（因为无控制权），随着二级市场的日益发达与完善，证券可以自由买卖，流动性大，风险性小。国际直接投资一般都要参与一国企业的生产，生产周期长，一般在10年以上，由企业的利润直接偿还投资。资金一旦投入某一特定的项目，要抽出投资就会比较困难，其流动性小，风险性大。第四，国际间接投资必须通过证券交易所才能进行投资，而国际直接投资只要双方谈判成功即可签订协议进行投资。第五，国际直接投资与国际间接投资获取收益不同，国际间接投资的收益是利息和股息，国际直接投资的收益是利润。

三、国际间接投资的风险与回报

（一）国际间接投资的风险

（1）市场波动。由于宏观经济、政策变化等因素，投资产品的价格可能会波动，影响投资回报。股票市场的波动性可能导致投资者面临资本损失的风险。

（2）信用风险。投资产品发行方可能无法按时支付利息或本金。

（3）流动性风险。投资者在需要资金时，可能难以迅速以合理价格卖出投资产品。国际间接投资通常具有较高的流动性，但在市场极端情况下，如金融危机期间，证券的买卖可能会变得困难，导致投资者无法及时变现资产。

（4）利率风险。利率的变化可能会影响债券和其他固定收益证券的价格，进而影响投资收益。当利率上升时，固定收益投资的价值通常会下降，因为新发行的债券会提供更高的收益率，使得旧债券相对不那么吸引人。

（5）汇率风险。对于国际间接投资，汇率波动可能对投资收益产生负面影响，尤其是在跨国投资中。不同国家的货币存在汇率波动，投资者在将投资收益兑换成本国货币时可能会面临汇率损失。汇率的稳定性会影响国际间接投资的流向。如果某国的货币汇率较高且稳定，投资者可能会将资金从汇率低、风险性大的国家转移到该国。

（二）国际间接投资的回报

（1）利息和股息。国际间接投资的收益主要来源于利息和股息，与直接投资获得的利润相比，这些收益更加稳定、可预测。

（2）资本增值。除了利息和股息外，国际间接投资还可以通过证券价格的上涨获得资本增值。当市场对某国经济前景看好时，该国的证券价格可能会上涨，从而为投资者带来额外的收益。

（3）风险分散收益。通过投资不同类型的金融产品，如股票基金、债券基金等，可以实现风险分散，降低单一市场或资产的风险敞口。

（4）流动性收益。与直接投资相比，国际间接投资通常具有更高的流动性。投资者可以在二级市场上自由买卖证券，从而快速调整投资组合并应对市场变化。

第三节 国际资本流动概述

2008 年全球金融危机爆发以来，许多国家都先后经历了国际资本大规模流入和流出的考验，引起国内外众多学者的关注，针对国际资本流动定义和相关理论的研究也不断得到完善和发展。本节主要从国际资本流动的概念界定、分类以及流动机制对现有文献进行梳理和评价。

一、国际资本流动的概念界定

国际资本流动是指资本从一个国家或地区转移到另一个国家或地区的一种国际经济活动，以获得比国内更高的经济收益。国际资本流动的形式多种多样，最早的形式是贸易逆差国向顺差国的移动。第二次世界大战后，国际投资成为国际资本流动的主要形式，并对国际贸易产生了深远的影响。

二、国际资本流动的分类

国际资本流动按照不同的划分标准具有不同的类型。全球范围内在研究国际资本流动时，对其各种类型作出了相应界定。

（一）按资本流动方向划分

国际资本流动可分为资本输出和资本输入两种形式。资本输出是指资本从国内流向国外，如本国投资者在国外投资设厂、购买国外债券等。资本输入是指资本从国外流向国内，如外国投资者在本国投资设厂、本国在国外发行债券或取得贷款等。

（二）按投资时间长短划分

国际投资可分为长期投资和短期投资。长期投资又称长期国际资本流动，是投资期限在 1 年以上的投资，包括国际直接投资、1 年以上的证券投资等。而短期投资则是指投资期限在 1 年以下（包括 1 年）的投资，包括短期证券投资、投机性资本流动、短期贷款等。

（三）按投资方式划分

国际投资可分为直接投资和间接投资。国际直接投资又称对外直接投资，是指投资者投资国外的工商企业，直接参与或控制企业的经营管理活动而获取利润的一种投资方式。相较于间接投资，直接投资有两个主要的特征：一是以谋取企业的经营管理权为核心，投资者通过投资而拥有股份，掌握企业的经营管理权，通过经营获得利润；二是直接投资不仅仅是资本的投入，还包括专门技术、生产设备、管理方法以及销售技巧等国际转移，是经营资源的综合投入。

国际间接投资包括国际证券投资和国际借贷资本输出，其特点是投资者不直接参与使用这些资本的企业的经营管理。国际证券投资是指投资者在国际证券市场上购买外国企业和政府发行的中长期债券，或在股票市场上购买外国上市企业股票的一种投资活动。证券投资者的主要目的是获取稳定的债息、股息和证券买卖的差价收入。国际借贷资本输出是以贷款或出口信贷的形式把资本借给外国企业和政府。国际借贷资本输出虽然和国际证券投资一样，不直接参与企业的经营管理，主要是为了获得利息收入，但其间又有不少区别，如风险的承担者在国际证券投资中是投资者，而在国际借贷资本输出中是借款者。

（四）按投机动机不同划分

金德尔伯格（C. P. Kindleberger，1937）认为，国际短期资本流动和长期资本流动的主要区别是投资者的意图不同，例如，短期国际资本流动是指当出现有利时机，投资者就会改变或扭转资本流动方向以获取利润的国际资本，在现实生活中，如在证券市场上的投资就属于短期国际资本流动的范畴。而长期国际资本流动则是那些因为看中东道国经济基本面而进行投资，目标是在未来一段时间里获得报酬，并不会因为某种短期投机利润的出现而改变的流动资本，如国际直接投资、国际长期贷款等。然而，虽然这种划分比简单地按照借贷期限长短划分更具有合理性，但在统计上这种方法具有很大的难度，在实际操作中也不易实施，主要是因为对投机动机的划分比较模糊，没有明确的界限。

（五）按资本流动性划分

我国学者李翀（2005）认为，应该根据国际资本流动性强弱来划分长短期国际资本，如流动性弱的资本为长期资本，而流动性强的资本为短期资本。一般情况下，在一年时间内不发生流动方向逆转的流动资本，可认为是流动性弱的资本，相反，在一年以内发生逆转的资本则是流动性强的资本。

三、国际资本流动机制理论

按照国际资本流动理论发展路径，可将国际资本的流动机制理论分为早期国际资本流动机制理论、近代国际资本流动机制理论和现代国际资本流动机制理论。

（一）早期国际资本流动机制理论

1. 重商主义时期

早期关于国际资本流动机制理论的研究是在重商主义时期。重商主义者认为，货币是财富的主要形式，财富具体体现在贵金属（金银）上。因此，国家要富强，首先要通过贸易不断积累货币，而贵金属又是全球流通的货币，所以国际资本流动实际上就是贵金属（金银）的流动问题。主张贵金属应该单向流入国内，避免货币流出的现象发生。关于如何实现货币的积累，在当时有两种观点，即衍生出货币差额论和贸易差额论。

货币差额论认为政府应该通过直接干预的手段控制本国贵金属的流出，使贵金属都留在国内；而贸易差额论认为贵金属在流动中才能不断增值，应该通过贸易不断输出贵金属货币，以达到不断增值的目的。

2. 古典主义时期

古典学派认为自由贸易是必要的，对重商主义者所推崇的贸易差额论进行了猛烈的抨击，代表人物有大卫·休谟（David Hume）、大卫·李嘉图（David Ricardo）、约翰·穆勒（John Mill）等，休谟认为货币只是一种用于交换的工具，并不是财富的唯一形式，主张推行自由贸易，使国际资本自由流动，这样一国在对外贸易中出现收支差额时可以通过汇率机制和货币的供给机制实现自动调节，从而达到新的均衡。在此基础上。大卫·李嘉图运用比较优势理论分析国际资本流动理论，他认为比较优势促使资本出现跨国流动，从而让投资者获得更高的利润。而约翰·穆勒在投资利润中加入投资风险因素，认为资本的跨国流动是投资利润和投资风险综合作用的结果，约翰·穆勒还指出资本在发达国家之间比在发展中国家之间流动更有利可图。

（二）近代国际资本流动机制理论

19 世纪后期至 20 世纪 30 年代，全球学者对国际资本流动机制的研究越发深入。很多学者从利率、汇率以及风险因素等方面研究引起国际资本流动的因素。沃尔特·巴奇哈特（Walter Bagehot）、维克塞尔（Knut Wicksell）、艾尔弗雷德·马歇尔（Afred Marshall）和欧文·费雪（Irving Fisher）等认为，利率是促使资本跨国流动的主要因素之一。沃尔特·巴奇哈特认为，利率差异是引起国际信贷资金在全球范围内流动的主要因素。维克塞尔也指出一国的高利率不仅可以吸引国外资本的流入，还可以吸引在外的国内资本回流，而且随着利率的变化，国际资本的流动呈周期性趋势。马歇尔在此基础上进一步指出信息获取的难易程度和投资收益的保障度也是影响国际资本流动的主要因素。欧文·费雪利用比较优势理论，认为利率差异是资本跨国流动的主要因素，但随着资本在国家间自由流动，世界各国的利率最终趋于相等，由此提出国际资本流动的利率理论模型。瓦尔拉（Leon Walras）和波塞尔·俄林（Bertil Ohlin）认为汇率也是导致资本跨国流动的主要因素，如瓦尔拉指出“套汇”行为会使国际汇率重新回归到均衡状态。俄林认为利率和汇率主要影响短期国际资本的流动，而资产的特征和投资者愿意承担风险的态度决定了长期国际资本流动的方向和规模。弗雷兹·马可罗普（Fritz Machlup）和艾弗森（Iverson）则认为投资者规避和分散风险的目的也是资本国际流动的主要因素，弗雷兹·马可罗普指出资本之所以会从利率高的国家流向利率低的国家，是因为投资者是为了规避风险，而不是为了获得更高的报酬。艾弗森认为除了利差外，投资组合的分散化倾向和各种政治因素以及个人偏好等也会促使国际资本流动。

（三）现代国际资本流动机制理论

第二次世界大战后建立的布雷顿森林体系在投机资本的冲击下最终崩溃，使国际资本流动再次成为社会各界人士研究的重点。

在此阶段，如缪尔达尔（Gunnar Myrdal）、雷吉纳·纳克斯（Ragnar Nurkse）、布兰逊（Branson）、詹姆斯·爱德华·米德（James Edward Meade）、罗伯特·蒙代尔（Robert Mundell）、马库斯·弗莱明（Marcus Fleming）、马丁·费尔德斯坦（Martin Fieldstein）、杰费里·福兰克尔（Jeffrey Frenkel）等都对国际资本流动机制理论的研究作出了贡献。缪尔达尔指出，流向发展中国家的跨国资本之所以会发生外逃的情况，是因为发展中国家的低效率生产、社会不稳定、利润转移以及政治腐败等因素。雷吉纳·纳克斯则认为发展中国家应该动用国内政策措施来吸引国际资本流入，同时还应该用财政或货币政策增加国内储蓄。布兰逊在对国际资本流动作出长短期划分之后指出，利率、汇率和进出口都对短期国际资本的流动产生影响，而国内收入、利率和国外收入则主要影响长期国际资本的流动。米德认为在给定一国的价格和产出水平的情况下，本国利率上升会促使国际资本流入。同时，蒙代尔也指出国内相对的高利率有助于增加国际资本流入，减少资本流出。弗莱明进一步强调在浮动汇率下，国际资本流动受利率的影响将会更加剧烈。费尔德斯坦指出，若一国投资率和储蓄率完全不相关，则资本完全流动；若二者呈现强相关，则资本流动的强度将大幅降低。然而福兰克尔则认为相对于储蓄和投资的相关系数，利率差异对资本流动的影响要强很多，能够更好地解释资本的跨国流动。

有些学者在承认利差影响资本跨国流动的同时，更多关注投资者风险规避对资本流动的影响。代表人物如马克维茨（Markowitz）、金（Kin）等。马克维茨提出资产组合理论，他认为在收益不变的情况下，投资多种证券不仅可以提高收益还可以降低投资风险，并强调交易成本对国际资本流动具有很大的影响。金在此基础上构建出资本流动的交易成本模型，指出资本在流动过程中所产生的成本，如信息获取成本、转移成本等都会显著影响资本的跨国流动。

同时，也有部分学者指出一国的高利率并不总能吸引国际资本的流入。代表人物如卢卡斯（Lucas）、阿尔法罗（Alfaro）、卡勒姆利·奥斯坎（Kalemli Ozcan）、琼斯（Jones）、柯林斯（Collins）和威廉姆森（Williamson）等。卢卡斯通过分析20世纪80年代国际资本流动情况，指出国际资本大量流入低利率的发达国家而非高利率的发展中国家，甚至还出现资本外逃出这些发展中国家的情况，即“卢卡斯悖论”，他认为主要原因是发展中国家人力资本水平较低的缘故。阿尔法罗等针对“卢卡斯悖论”进行了实证研究，指出一国制度质量好坏是解释“卢卡斯悖论”最好的原因。此外，还有学者如琼斯（Jones）、柯林斯（Collins）和威廉姆森（Williamson）等从资本品价格扭曲角度，以及博伊德（Boyd）和史密斯（Smith）等从逆向选择与验证成本的角度来解释“卢卡斯悖论”。

思考与练习

1. 什么是国际直接投资？国际直接投资的形式有哪些？

2. 国际间接投资的定义和类型包括哪些？国际间接投资和国际直接投资有何异同？

3. 一国或一地区为何要进行国际直接投资或国际间接投资？投资过程中会遇到哪些风险？

4. 简述国际资本流动的类型。

第二章　发达国家国际直接投资理论

学习目标

1. 了解发达国家国际直接投资理论的主要内容。

2. 能够比较各种发达国家国际直接投资理论的异同点，明确发达国家国际直接投资理论的适用范围和解释内容。

3. 明确发达国家国际直接投资理论在解释国际直接投资行为时的局限性。

第一节　垄断优势理论

一、垄断优势理论的主要内容

与东道国企业相比，投资国的企业进行对外直接投资，会遇到诸多障碍，如语言、货币、法律、文化习惯、经济制度的不同。既然投资国的企业在这些方面处于不利地位，它们为什么还要进行对外直接投资呢？海默认为，要解释这种现象，必须放弃传统的国际资本流动理论中关于市场完全竞争的假设。传统的国际资本流动理论认为，各国的产品市场和生产要素市场是完全竞争的，国际直接投资产生的根本原因在于各国间资本丰裕程度的差异，资本短缺的国家利率高，资本丰裕的国家利率低，利率差异导致了资本从资本丰裕而利率低的国家流向资本短缺而利率高的国家。但完全竞争市场只是一种理论研究上的假定，在现实中，普遍存在的是不完全竞争市场。因此，要在不完全竞争的基础上来解释国际直接投资现象。

垄断优势理论认为，市场不完全竞争主要表现在以下四个方面：产品市场不完全，即产品的差异性、商标优势、营销技能的差异等；生产要素市场不完全，如专利、专有技术的垄断，以及获得资本的难易程度不同；规模经济导致的市场不完全，即企业由于大幅度增加产量而获得规模收益递增。这些优势是投资国企业在国内获得的垄断优势，是东道国当地企业所不具备的，足以抵消跨国竞争和国外经营所引起的额外成本。而由于关税、税收、利率与汇率等政府干预、政策扭曲形成的市场不完全，则导致投资国企业有可能在国内获得垄断优势，并通过对外直接投资在国外生产并加以利用。

垄断优势理论的提出者海默以美国为例，对垄断优势作出解释。海默认为美国跨国公司之所以能够跨越国界，在海外建立子公司，是由于它们拥有某种垄断优势，因而能够获得比国内市场高并超过东道国当地竞争者的利润。根据垄断优势理论，由于存在不完全竞争，跨国公司拥有以下垄断优势：（1）技术优势。拥有先进技术是跨国公司最重要的垄断优势。大型跨国公司拥有极强的科研力量和雄厚的资金，可以投入巨额资金开发新技术、新工艺。专利和专有技术可使企业生产的产品区别于其他公司，并使企业获得对价格和销售量的控制。专利还可以限制竞争者进入，维持垄断地位。（2）先进管理经验。与拥有的先进技术相适应，跨国公司在长期生产经营过程中形成了一整套适应现代化生产的先进管理经验，对生产经营活动实行高效率的管理和控制。同时，跨国公司拥有受过良好教育与培训的员工、经验丰富的高层管理人员，这些人力资源会确保公司管理的高效。（3）雄厚的资金实力。由于拥有较高的清偿能力，跨国公司筹措资金的范围要更广，可供选择的筹资方式更多，筹资成本更低。例如，跨国公司在全球范围内配置资源，公司总部可以在公司内部的各子公司之间灵活调度数额庞大的资金，在成本最低的地方借款，在预期收益最高的地方投资，这是一般国内企业无法比拟的优势。（4）相对全面且灵通的信息。跨国公司拥有先进的通信设备，分支机构遍布世界各地，它们收集的信息不仅全面灵通，而且会得到及时处理。（5）全球性的销售网络。大型跨国公司历史悠久，声名显赫，影响广泛，产品更容易打入国际市场。特别是这些跨国公司有自己独立的销售网络，与国际包销商有长期且稳定的业务联系，在销售成本和物流成本方面具有优势。（6）规模经济优势。规模经济既是跨国公司优势的来源，也是跨国公司海外投资的动因。跨国公司具有规模经济，可以获得低成本的优势。跨国公司可以通过横向或纵向一体化，取得当地企业不能达到的生产规模，从而降低成本，并转化为公司内部的利润。

总之，垄断优势理论认为企业之所以有必要、有可能进行对外直接投资，是因为一些企业具有垄断优势，如技术、专利、商标、品牌、规模、管理经验、营销技巧等，通过国际直接投资在更大范围内利用垄断优势而获利，这种优势也是企业能够克服海外投资的种种不利条件，在竞争中击败当地竞争者的保证（李辉等，2013）。

二、垄断优势理论的发展

美国经济学家斯蒂芬·海默（Stephen H. Hymer）于1960年在其博士论文《国内公司的国际经营：对外直接投资研究》中最早提出垄断优势的概念，后来他的导师金德尔伯格（Kindleberger）对该理论进行了补充和发展。此后，西方学者在海默、金德尔伯格理论的基础上，进一步补充和发展了垄断优势理论。根据李辉等（2013）研究，代表性的理论如下。

（一）约翰逊的知识资产占有能力论

约翰逊（Johnson）认为企业对外直接投资的优势主要来自对知识资产的占有和使用。知识资产包括专利、专有技术、技术诀窍、管理与组织技能、销售技能等无形资产，垄断优势主要来源于跨国公司对知识资产的控制。与其他资产相比，知识资产的生产成本很高，但是，通过对外直接投资来利用这些知识资产的成本却很低，有时甚至等于零。因为跨国公司在过去为创造这些知识资产已经进行大量研究与开发，支付了费用，子公司或分公司可以无成本或低成本利用其母公司的知识资产，但东道国企业为获取同类知识却要付出全部成本。另外，简单技术制造的产品容易被其他企业仿制。而复杂技术制造的产品很难被其他企业模仿复制。跨国公司的优势在于始终把握新知识，并在其公司内部转让，以确保其竞争优势。

（二）凯夫斯的产品差异理论

凯夫斯（Caves）认为，跨国公司拥有的垄断优势主要体现在产品差异性上。跨国公司会利用其生产技术优势、管理优势使其产品产生与其他公司产品在质量、包装、功能和外观等方面的差异；也可以通过商标、品牌等使产品在消费者心理上产生差别，吸引更多的消费者，从而获得对产品价格和市场占有率的控制。

（三）尼克博克的寡占反应理论

寡占是指几家大企业占统治地位的行业或市场结构。在寡占市场中，每个企业都对竞争对手的一举一动很敏感，一旦某个企业做出某项决策，其他企业随即跟上并采取相应措施，目的在于尽量避免竞争对手先行所带来的风险，从而保持原有的市场份额，这种行为称为寡占反应。尼克博克（Knickerbocker）认为，第二次世界大战后美国企业大举对外直接投资主要由寡占反应行为所致。一旦有一个寡头到国外建立制造业子公司，其他寡头就会追随而至，以抵消领先者可能得到的任何优势，从而保持市场力量的均衡。这种寡占反应会导致跨国公司的投资行为，使寡头企业相继走向海外市场。

三、对垄断优势理论的评价

垄断优势理论不仅开创了国际直接投资理论研究的先河，而且许多内容具有科学性。该理论提出了不完全竞争市场是导致国际直接投资的根本原因，并论述了市场不完全的类型；提出了跨国公司拥有的垄断优势是其实现对外直接投资获得高额利润的条件，并分析了垄断优势的内容；提出了知识的转移是跨国公司直接投资过程的关键，并分析了知识产品的特点；提出了产品的差异性是跨国公司进行对外直接投资的又一重要优势，并分析了产品差异性能给跨国公司带来的优势的维护和强化；提出了跨国公司的寡占反应行为是促使其对外直接投资的主要原因，并分析了寡占反应行为所导致的对外直接投资的成批性。这些理论对于国际直接投资理论和实践的发展都具有十分重要的意义。

垄断优势理论也存在许多局限性。垄断优势理论主要是对美国对外直接投资研究的成果，并且研究的对象是技术经济实力雄厚、独具对外扩张能力的大型跨国公司；垄断优势理论没有对发展中国家的对外直接投资、中小企业的对外直接投资进行分析。而实践中出现的情况是，自 20 世纪 60 年代以来，许多发达国家的中小企业也积极进行对外直接投资，特别是广大的发展中国家企业也加入国际直接投资的行列中来。垄断优势理论显然对这些新现象无法作出科学的解释。垄断优势理论的这些局限性使它不具有普遍性。由于该理论偏向于静态研究，对时间因素和区位因素在对外直接投资中的动态作用有所忽略。

第二节 产品生命周期理论

一、产品生命周期理论的形成

1966 年，美国哈佛大学的弗农教授发表的《产品周期中的国际投资和国际贸易》论文中，提出了著名的产品生命周期模型（The Product Life Cycle Model，PLC）。弗农的产品生命周期模型是在俄林和赫克歇尔的要素禀赋理论、林德尔（S. B. Linder）的需求偏好相似理论以及波斯纳（M. A. Posner）的技术差距理论的基础之上产生的。赵春明等（2012）对产品生命周期模型的相关理论进行了说明。

（一）熊彼特的创新经济学

熊彼特（J. A. Schumpeter）1912 年出版的德文著作《经济发展理论》，首次提出“创新”这一概念，认为技术创新是资本主义经济增长的主要源泉。熊彼特不仅把创新看成是理解资本主义体系及其发展的核心概念，而且认为，由于创新是自发的、间断的、革命性的而非数量性的现象，所以资本主义经济发展过程是一个动态过程，而不是瓦尔拉斯（Léon Walras）以来新古典经济学家所描述的静态均衡过程。熊彼特的技术创新模型可表述为：（1）技术来自企业内部的创新部门；（2）成功的技术创新使企业在一定时期内获得超额利润，形成行业的暂时垄断；（3）大量模仿者的加入削弱了垄断者的地位。1947 年，熊彼特在他的另一著作《资本主义、社会主义和民主》中，进一步强调垄断企业在创新中的巨大作用。

（二）林德尔的需求偏好相似理论

瑞典经济学家林德尔在 1961 年出版的《论贸易与转变》著作中，就国际贸易理论方面，重点从需求角度探讨了国家间贸易的原因和模式，提出了需求偏好相似理论（Theory of Demand Preference Similarity）。林德尔的需求偏好相似理论主要包括三方面的内容：

第一，国内需求是出口贸易的可能性条件基础，出口贸易是产品国内生产和销售的自然延伸。企业在生产已满足国内市场需求后，为了追求利润的最大化，必然要追求规模经济，当国内市场制约了企业生产规模扩大的时候，生产企业便会开拓相对不熟悉的国际市场，通过产品的出口，扩大生产，增加盈利。企业对外贸易活动在很大程度上受其国内市场的影响。

第二，影响一国需求结构的决定因素是人均收入水平。假定不同收入阶层的消费者消费偏好不同，收入高的消费者偏好质量高的商品，收入低的消费者偏好质量差的消费品。同时还假定世界不同国家的消费者如果收入水平相同，其偏好也相同。根据此假定，人均收入水平不同的国家，其需求结构也不同。

第三，需求结构越相似，两国贸易量越大。由于本国的潜在出口产品由本国的消费结构决定，本国的消费结构又由本国的人均收入水平决定。因此，两国人均收入水平越接近，两国的需求结构就越相似，两国的产品结构就越类似，两国相互需求就越大，由此产生的贸易量就越大。林德尔认为，一国人均收入水平升高，对工业制成品尤其是奢侈品的需求就会增加，从而带动本国工业制成品生产增加。为了满足市场需求，生产者改进技术提高产量，结果使产量的增加超过需求的增长，从而为出口创造了有利条件。出口对象是收入水平相近、需求相似的国家。总之，林德尔把收入水平相近、要素禀赋和需求结构相似看作是决定贸易格局的关键因素。

（三）波斯纳的技术差距理论

美国经济学家波斯纳于1961年在其“国际贸易与技术变化”一文中提出技术差距理论（Technological Gap Theory）。这一理论以不同国家之间的技术差距对贸易发生的原因进行解释。波斯纳在描述技术差距时，提出了模仿时滞的概念，并研究了在时滞的影响下技术差距所导致的贸易模式。波斯纳把产品创新到模仿生产的时间称为模仿时滞。模仿时滞分为三类：第一类是需求时滞，是指新产品出口到其他国家，一时因消费者尚未注意或不了解，而不能取代原有的老产品所需的时间差；第二类称为反应时滞，是指一个国家在新产品进口后，需求逐渐增加，使进口国的生产商感到不能再按照旧的方法生产老产品，因此要进行调整来生产新产品，但这中间需要有一段时间，即为反应时滞；第三类是掌握时滞，即仿制国家从开始生产到达到出口国同一技术水平，国内生产扩大，进口变为零的时间间隔。

波斯纳的理论逻辑是：创新国引入技术创新后，生产出新产品，在一定时期内形成技术领先差距，该国向国外出口这种新产品，外国市场开始对新产品有需求；当外国渐渐熟悉并通过技术合作、跨国公司的对外直接投资等途径掌握了这些高新技术，就能模仿生产这些产品，从而减少进口，并最终凭借着低廉的要素成本优势向创新国出口该产品时，创新国的创新利润完全丧失；但创新国可以不断引入更新的产品和工艺流程，创造出新一轮的技术差距，如此周而复始。

（四）产品生命周期理论的形成

在传统的H-O理论中，贸易或投资主要是由生产要素禀赋差异引起的，它无法解释第二次世界大战后美国与欧洲在制造业中贸易、投资的迅猛增长。对此，弗农借用波斯纳的技术差距理论和林德尔的需求偏好相似理论，在产品生命周期内考察贸易和投资的关系。首先，弗农延续了熊彼特关于企业创新和新产品的导入给经济带来“间断性变化”这一思想传统，着重分析了创新活动对国际贸易和国际投资的影响。然后，弗农发展了波斯纳的技术差距理论。技术差距理论证明了即使在要素禀赋和需求偏好相似的国家间，技术领先也会形成比较优势，从而产生国际贸易，然而却不能解释为什么某些国家处于技术领先地位，而另一些国家则处于落后地位，也不能令人满意地解释模仿时滞。弗农将需求因素看作技术创新的必要条件和出发点（高收入国家首先对创新产品有市场需求），在一定程度上解释了这些现象。

二、产品生命周期理论的主要内容

弗农教授在产品生命周期理论中指出，拥有知识资产优势、具有新产品创新能力的企业，总是力图维持企业的技术优势地位，以便享有新产品创新利益。但是，新技术不可能被长期垄断，有些产品制造技术在相当短的时间内就会被仿制。新产品从上市开始，经历诞生、发展、衰退、消亡的过程。弗农把这一经验事实概括为四个连续的阶段：导入期、增长期、成熟期和衰退期。

第一阶段：产品导入期。新产品刚进入市场，在创新企业所在国家及其他工业发达国家产生逐渐增加的需求。该阶段中，创新企业占据着技术垄断地位。第二阶段：产品增长期。产品销售量上升，利润迅速增加，外国生产者开始仿制这种新产品，出现垄断竞争局面，但成功的仿制者不多，尚未构成对创新企业的威胁。第三阶段：产品成熟期。新技术开始定型，其他厂商可通过各种技术传播途径较容易地获得产品技术知识，并能生产出异质商品，这使原来的创新企业失去垄断优势地位。第四阶段：产品衰退期。新产品成为标准化产品，更多的厂商进入新产品市场，技术在生产中的重要性降低，成本在竞争中占主要地位，厂商间展开激烈竞争，最初的新企业的优势完全丧失。

根据产品生命周期理论，国际直接投资的产生是产品生命周期四阶段更迭的必然结果。假设世界上存在三种类型的国家，第一类是新产品的创新国，通常指发达国家，如美国；第二类是较发达国家，如欧洲各国、日本等工业化国家；第三类是发展中国家。该理论认为新产品依次经历导入、增长、成熟和衰退四个阶段，其生产将依次在上述类国家之间转移。在第一阶段导入期，新产品在发达国家的创新企业产生并开始逐渐进入大规模生产，这一时期产品主要满足本国市场的需求，销售量不断上升，只有少量的产品出口到较发达国家。这一阶段由于创新企业拥有技术垄断优势，因此缺乏强有力的竞争对手，基本上控制了市场份额，而且对技术密集型的新产品在国内生产将更为有利。所以在这一阶段生产未发生转移，国际直接投资也未发生。从第二阶段产品增长期开始，出现了由寡占竞争引起的对外直接投资。较发达国家的竞争厂商开始仿制创新企业的新产品，这些国家政府也可能采取限制进口的政策，以支持本国企业发展新产品，替代进口。这一时期，其他跨国企业也开始进入市场，创新企业通过对外直接投资绕过贸易壁垒，在东道国设立子公司并在当地生产和销售。由于技术垄断局面被完全打破，创新企业也可能以有限扩散技术方式（许可证方式）获取收益。新产品产业形成垄断竞争。这一时期，发达国家出口和较发达国家进口开始减少，厂商转向对发展中国家出口产品。在第三阶段产品成熟期，发展中国家逐渐经历较发达国家在前一阶段已经历过的过程。这一阶段发达国家和较发达国家厂商都开始向发展中国家进行直接投资，发展中国家由此获得生产这种产品的能力，从而净进口量开始减少。到了第四阶段衰退期，由于技术垄断优势的完全丧失，新产品的生产成为一种标准化生产，降低劳动成本成为首要任务。因此，这一时期“新”产品的生产完全转移到发展中国家进行，发达国家和较发达国家有限的产品需求主要通过从发展中国家进口得以满足。

事实上，弗农提出的产品生命周期理论，分析重点是跨国企业在决定进行对外投资时所面临的问题，是关于厂商垄断寡占行为分析及其所引起的商品生产配置理论。他把所有跨国企业定义为寡占者，并把它们分为三类（或三个发展阶段）：技术创新期垄断者、成熟期寡占者、开始衰退的寡占者。其含义分别是：（1）技术创新期垄断者，在生产新产品上拥有技术垄断优势并获得垄断利润。（2）成熟期寡占者，在出现技术扩散，从而其技术优势有可能减弱，并且由于贸易壁垒等因素引起出口成本增加的情况下，进行对外投资。这种对外投资同时又是一种技术转移，技术优势企业通过自己控制的技术扩散获得寡占利润。（3）开始衰退的寡占者，技术创新优势和技术传播优势相继丧失，从而寡占利润逐渐消失。

总的来说，弗农所分析的是垄断或寡占竞争情况。寡占厂商根据寡占产品的竞争情况来利用对外投资使其寡占利润最大化，因此，产品生命周期理论实际上也是从寡占竞争的角度分析对外投资问题。

三、对产品生命周期理论的评价

（一）产品生命周期理论的特点和理论意义

产品生命周期理论与垄断优势理论一样，也是在对美国跨国公司对外直接投资行为进行实证研究的基础上得出的一种理论。该理论有很多科学之处：首先，产品生命周期理论较好地解释了第二次世界大战后美国对西欧各国大规模直接投资的原因；其次，该理论把美国跨国公司的对外直接投资归结为出口贸易的替代，也就是美国跨国公司在国内外市场环境发生变化时采取的防御性策略；并且，产品生命周期理论将整个对外直接投资的产品周期选择、区位选择进行了动态分析和时间序列分析，为投资企业进行市场选择和国际分工的阶梯分布提供了一个分析框架，这是该理论的重要特色；最后，该理论把跨国公司的对外直接投资和国际贸易结合起来进行论述，启发了国际生产折衷理论。

（二）产品生命周期理论的局限性

由于该理论是美国跨国公司特定时期对外直接投资实证研究的结果，随着时间的推移、国际直接投资多样化，该理论难以科学全面地解释各种对外直接投资行为。产品生命周期理论难以解释的内容包括：20 世纪 80 年代之后，西方发达国家的跨国公司也在国外生产非标准化产品，或者为了适应东道国市场的需求而将其原创新产品进行改进或多样化；对有些跨国公司在国外原材料产地进行的直接投资行为无法作出科学的解释；对发展中国家的对外直接投资行为也无法作出令人满意的解释。

第三节　内部化理论

一、内部化理论的形成

内部化理论（The Theory of Internalization）又称市场内部化理论，是当代西方较为流行的关于对外直接投资的一般理论。内部化理论对跨国公司内部贸易增长的现象进行了深入细致的研究，是一种解释国际直接投资的动机决定因素的理论。该理论认为，世界市场是不完全竞争的市场，跨国公司为了自身的利益，通过国际直接投资，将本来应在外部市场交易的业务转变为在公司所属企业之间进行，形成一个内部市场，并通过外部市场内部化，降低交易成本和交易风险。

内部化理论的思想渊源可追溯到“科斯定理”。早在 1937 年，科斯就在一篇题为《企业的性质》的论文中提出了内部化理论的雏形。科斯认识到在市场中进行交易时所发生的市场交易成本问题，他将市场成本分为四类：（1）寻找和确定合适的贸易价格的活动成本；（2）确定合同签约人责任的成本；（3）接受这种合同有关的风险成本；（4）对从事市场贸易所支付的交易成本。他认为任何企业在市场机制下活动，都会发生交易成本、合同成本和合作成本，而企业的内部组织则是一种低成本的有效的生产联系方式。

内部化理论是由英国的巴克莱和卡森以及加拿大学者拉格曼完成的。1976 年巴克莱与卡森在《跨国公司的未来》一书中对传统的国际直接投资理论提出了批评，并提出了新的对外直接投资理论，标志着内部化理论的形成。拉格曼在1981年出版的《跨国公司的内幕》中指出，市场内部化是指将市场建立在公司内部的过程，以内部市场取代原来固定的外部市场，公司内部的调拨价格起着润滑内部市场的作用，使它能像固定的外部市场一样有效地发挥作用。

二、内部化理论的主要内容

内部化理论的基本假设前提有：企业在不完全市场竞争中从事生产经营活动的目的是追求利润最大化；中间产品市场的不完全，使企业通过对外直接投资，在组织内部创造市场，以克服外部市场的缺陷；跨国公司是跨越国界的市场内部化过程的产物。

内部化理论认为，导致企业跨国经营的原因不仅在于最终产品市场的不完全，更重要的是由于中间产品市场的不完全竞争。外部市场缺乏交换中间产品（主要指知识产品，如技术、专利、诀窍、管理技能、商业信誉等）的定价机制与交易机制，导致企业市场交易成本的增加。为了谋求利益的最大化，将原先由市场连接和组织的各项活动置于统一的所有权控制之下，以保证跨国公司具有长期垄断技术优势。内部化过程需要考量多种指标，其决定因素主要包括：（1）行业特定因素，主要是指产品性质、外部市场结构以及规模经济。（2）地区特定因素，包括地理位置、文化差别以及社会心理等引起的交易成本。（3）国别特定因素，主要包括东道国政治制度、法律制度和经济制度等，特别是财政金融政策等对跨国公司经营的影响。（4）企业特定因素，主要是指企业组织结构、协调功能、管理能力等因素对市场交易的影响。

上述4组因素中，行业特定因素对市场内部化的影响最重要。当一个行业的产品具有多阶段生产特点时，如果中间产品的供需通过外部市场进行，则供需双方关系既不稳定，也难以协调，企业有必要通过建立内部市场保证中间产品的供需。企业特定因素中的组织管理能力也直接影响市场内部化的效率，因为市场交易内部化也需要成本。只有组织能力强、管理水平高的企业才有能力使内部化的成本低于外部市场交易的成本，也只有这样，市场内部化才有意义。

三、市场内部化的动机

市场内部化理论与垄断优势理论不同，它不是强调跨国公司所特有的知识产权优势本身，而是强调企业通过内部组织体系以较低成本在内部转移该优势的能力，并把这种能力当作企业发生对外直接投资的真正动因。该理论认为，通过国际直接投资在国外建立自己能够控制的子公司，以较低的成本将技术优势转移到国外，还能保证这些知识产权优势不被外人染指，使企业在技术创新阶段所投下的巨额研发费用得到最大限度的回报。

在市场不完全条件下，跨国公司为了谋求企业整体利润的最大化，往往倾向于将中间产品，特别是知识产品在企业内部转让，以内部市场代替外部市场，以避免外部市场不完全造成的损失。因此，跨国公司实行市场内部化的动机是由知识产品的特殊性质和市场结构以及其在现代企业经营管理中的重要地位决定的。知识产品以其市场结构特点如下。

（一）知识产品的形成耗时长、费用高

跨国公司在进行知识产品的研发时投入了大量的人力和财力，且从新产品的研发到实际应用再到产销所需时间较长，风险性较大。例如，一些大型跨国公司每年要投入大量的科技人员和数十亿美元的经费用于研发，而新产品的产生（即知识产品的生产成功）所需时间短则几年，长则十几年甚至几十年。企业付出如此巨大的代价，不一定就能保证生产出预期的知识产品，企业投巨资进行的研发的结果具有不确定性，要承担很大的风险。即使研发的新产品问世，也会因某一环节的不完美导致整个产品的质量和性能下降，从而导致市场份额的下降。例如，计算机应用软件研发出的产品，往往有这样或那样的缺陷而被别的产品所取代或者需要投入更多的资本来研发换代产品。这种情况下，一次性的外部市场转让知识产品，不能全额补偿已经投出去的研发费用。

（二）知识产品可以给拥有者提供垄断优势

跨国公司如果将其拥有的知识产品在外部市场上转让，其结果是扶持了竞争对手，削弱了自身的优势和竞争能力。相反，如果将其拥有的知识产品在企业内部转让，则可以有效地控制这些优势不被别人利用，长期保持对知识产品的独占优势，还可以给研发这些知识产品的跨国公司带来更大的收益。

（三）知识产品的价格很难通过市场来确定

在市场不完全条件下，由于知识产品具有特殊的“共享性”特点，企业基于保密的需要，在转让知识产品时不可能把所有的技术细节都提供给对方，这就使买方很难对知识产品有一个全面深入的了解，无法对知识产品进行合理定价。加上知识产品的经济效益只有在全部投入生产过程之后，甚至在销售之后，其效益才能显现出来，所以在知识产品交易时，买卖双方就某项知识产品的经济效益无法达成一致，难以议定一个合理的价格。由于知识产品具有唯一性，缺乏可比性，卖方从稀缺、唯一的角度要价还价，使买卖双方提出的价格差异太大，难以成交。所有这些因素都使知识产品在外部市场上无法按供求规律确

定一个价格，符合这一知识产品的实际价值。这就必然导致用内部化的方式来交易知识产品。

（四）知识产品的外部市场可能导致额外的交易成本

由于知识产品具有“共享性”特点，在外部市场上进行转让，可能发生知识产品的外溢，产生一大批仿效者，企业从而失去了研发知识产品的独占优势，使企业投入的巨额的研发费用无法收回。特别是仿效者往往以极为低廉的价格抢占市场，使知识产品拥有者的市场份额急剧下降，导致企业遭受巨大损失。

以上四个方面作用的结果会促使企业对其拥有的产品实行内部化，控制其在企业内部使用，达到长期保持对知识产品的独占优势，最大限度地收回研究开发费用，并最大限度地实现价值的增值。

四、市场内部化的成本和收益

（一）市场内部化成本

市场内部化的目标是获得更大的利润。只有当企业的内部交易成本低于外部交易成本时，外部市场的内部化才是有利的。外部交易成本是指通过公开市场进行交易的成本，包括发现相对价格的成本、确定契约双方责权的成本、交易和支付风险的成本以及缴付税款等。内部交易成本是指企业为克服外部市场交易障碍而必须额外增加的成本，主要包括以下四个方面：

（1）分割市场产生的资源成本。市场内部化的效率依赖于企业对资源的有效利用，这取决于经营活动流程中各行为方最佳活动范围的确定以及各个活动范围之间的协调关系。由于公司内部各子市场的最优规模不同且相互影响，因此，将外部市场分割为若干个独立、规模最优的内部子市场需要较高的资源成本。

（2）信息交流成本。公司内部化市场以后，总部和子公司之间、子公司与子公司之间的信息流量增加。这些信息中含有公司的专有技术、管理诀窍，为了防止信息外泄，企业常常专门设立自己独立的信息传输系统，从而有可能使信息传输的专业化程度降低并丧失信息传输的规模效益。信息交流具有加密、传送、解密、核对四个阶段，负责加密和解密的人员必须具有相关的知识和文化背景，这将带来额外的信息交流成本。信息交流成本促使跨国公司在建立内部市场时要着重考虑母国与东道国之间的“地理距离”，以及在语言、文化环境上的差异带来的“社会距离”。距离越远，信息交流成本越高。

（3）政府歧视性成本。这是指东道国政府对外资企业进行政治歧视所带来的成本。例如，对跨国公司采取歧视性的政策、法规使其遭受损失。跨国公司的母国与东道国之间的政治关系越不稳定，歧视性成本也就越高。

（4）内部市场的管理成本。公司内部价格取代外部市场价格以后，需要由公司内部的监督管理机制替代价格机制，因此，企业的组织管理能力直接影响“共同市场”的效率。只有组织能力强、管理技术先进的企业才有能力使内部交易的成本低于外部市场的交易成本，这样，内部化才具有实际意义。

（二）市场内部化收益

跨国公司实行内部化虽然要付出更多的成本，但也可以获得更多的收益，只要收益大于成本，对于跨国公司来说就是有利可图的。市场内部化的收益主要来源于消除外部市场不完全所带来的经济效益。市场内部化的收益主要包括以下五个方面：

（1）统一协调相互依赖的各项业务带来的经济效益。跨国公司实行内部化，将相互联系的各项生产经营活动置于统一控制之下，协调不同生产阶段的长期供需关系，这样就可避免外部市场不完全所造成的生产经营活动的“时滞”，也可避免外部市场价格信号失真所带来的对短期生产经营活动与长期投资计划的负面影响，从而使公司的生产经营活动更加高效运作，提高经济效益。

（2）由于制定有效的、有差别的转移价格所带来的经济效益。跨国公司通过内部化建立内部市场，对内部市场上流转的中间产品特别是知识产品运用差别性的转移价格，使中间产品市场高效运转，加上跨国公司的一体化经营战略，使公司的整个生产经营活动高效有序地运行，提高经济效益。

（3）由于消除买方不确定性所带来的经济效益。跨国公司通过市场的内部化，将中间产品市场搞活，使中间产品的买卖在所有权上合二为一，买卖双方统一于同一个跨国公司内部，买卖合同关系长期且稳定，消除了外部市场上买方不确定性给企业带来的风险，特别是市场内部化减轻或消除了国际市场的不完全，缓和了出口贸易的不稳定性，从而提高企业的经济效益。

（4）长期保持公司在全世界范围内的技术优势所带来的经济效益。技术优势是跨国公司所拥有的最重要的优势。跨国公司通过市场内部化建立知识产品的内部市场，使知识产品限制在公司内部转移，避免了知识产品外溢，消除了知识产品优势消失的风险，确保了跨国公司在技术上的优势地位，也确保了自身的市场份额，给公司带来了更高的经济效益。

（5）由于避免政府干预所带来的经济效益。跨国公司在外部市场上，由于价格的公开性很难逃脱各国政府的干预，通过实行市场的内部化，跨国公司可以运用内部转移价格即划拨价格来避开政府的干预，还可以在符合市场规则的条件下逃避税收、转移资金等，避开外汇风险和政治风险，获得更多的经济效益。

五、对内部化理论的评价

（一）内部化理论的贡献

第一，内部化理论的分析方法是传统微观经济理论与交易成本理论的结合，其表现为：（1）内部化理论接受古典经济理论中关于厂商追求最大限度利润的假设；（2）内部化理论从单个厂商的行为着手，利用成本收益的比较分析来说明跨国公司对外直接投资的基础。

第二，内部化理论是西方学者研究跨国公司理论的一个重要转折点。垄断优势论从最终产品市场的不完善上研究发达国家跨国公司海外扩张的动机和决定因素，而内部化理论则把分析的基点放在中间产品市场的不完善性上。

第三，交易成本概念的深化和细化使内部化理论的研究受到启发，交易成本与资源配置模式有关。交易成本是制度体系的运行成本，这个命题使内部化成为制度安排的选择问题。于是，内部化理论转向研究企业国际分工与生产的组织形式，它分析了跨国公司的性质与起源。按照威廉姆森的观点，治理结构的选择是出于交易成本经济化的动机，而且内部化的效率主要来自企业内部对各项资源配置的统一协调，跨国公司是资源配置模式决策的结果。这就使内部化理论的研究内容与传统的厂商理论有所不同。内部化理论的诞生，标志着对外直接投资理论更多地成为了一种公司理论，同时也使内部化成为主流学派乃至整个对外直接投资领域最为重要的概念和方法之一。

第四，内部化理论从内部化优势的角度解释跨国公司在贸易、契约性协议与直接投资三种方式中选择的依据。最具代表性的是威廉姆森将企业视为一种“治理结构”而非生产函数。当跨国公司根据不同交易所具有的独有特性来决定其激励和适应性特征时，它就可以灵活利用组织内部的协调机制和市场的竞争机制，依据价值活动的需要决定是内部化还是外部化，因此，国际贸易与国际直接投资是纳入一体化考虑的，而非简单的替代或互补的关系。

第五，内部化理论研究在后期注意到了跨国经营的福利效应。垄断优势论强调，跨国公司主要是通过在最终产品市场上排除竞争和冲突而达到利润最大化，这会引起社会福利的下降。而内部化理论则认为，最终产品市场结构处于很次要的地位，它强调的是通过中间产品（包括技术）的内部有效交易优化资源配置并获取最大化利润。

（二）内部化理论的局限性

第一，跨国公司实行内部化主要是对高技术含量的知识产品实行内部化，这阻碍了新技术、新产品在全世界范围的迅速普及，从而在一定程度上阻碍了生产的发展。

第二，内部化理论未能科学地解释跨国公司对外直接投资的区域分布，因而常常受到区位优势经济学家的抨击。

第三，内部化理论对西方大型跨国公司的垄断行为的某些特征未能作出具体的分析，这也是该理论的一大缺憾。

第四节　国际生产折衷理论

一、国际生产折衷理论简述

1973 年，英国经济学家邓宁（John Harry Dunning）在一篇《国际生产的决定因素》论文中提出，只有将贸易与国际生产这两种相互替代的国际化形式基于所有权禀赋与区位禀赋两个方面进行探讨，才能正确评价英国加入欧洲经济共同体的经济含义。邓宁在这篇文章中的观点，被认为是其折衷思想的最早萌芽。但邓宁折衷理论这一概念的正式提出是在 1976 年斯德哥尔摩召开的一次题为“经济活动的国际分配”的诺贝尔奖研讨会上。当时邓宁发表这一演说的主要目的是想提供一个整体分析框架以便能够对那些影响企业国际生产最初行为及后续活动因素的重要性进行辨别与评估。由于这一研究理论与企业协调自身活动的具体方式有关，因而也被称为所有权优势的综合理论，该理论涉及三个重要概念：所有权（Ownership）优势、内部化（Internalization）优势和区位（Location）优势，所以有时也被称作 OIL 理论。

折衷理论首先区分了两种资产的概念，第一种资产是指不分企业规模与国籍，对所有企业都适用的资产，但这种资产产生于某一特定区位，因此必须在这些区位中利用。它包括自然资源、各种劳动力以及靠近市场的便利性，还包括这些要素禀赋使用的社会、法律与商业环境、市场结构、政府法制与政策。第二种资产是指企业自身所创造的（如某种知识、组织与人力资源技巧）或是从其他机构中购买所得的。这些特有的所有权资产可以是法律保护的某种权利或是一种商业垄断权利，或是来源于企业规模多样化及技术特征（如联合生产的经济、营销能力、过剩的企业家能力）等方面。

在此基础上，折衷理论认为企业对外直接投资的产生会基于以下三方面优势因素的组合：(1) 跨国公司拥有东道国企业不具备的所有权优势：跨国公司拥有的这些特定优势既包括有形优势（如更好的技术、产品、营销渠道、规模经济等），又包括无形优势（如品牌、商标等）。(2) 内部化优势：跨国公司通过内部化比直接出口或许可转让等其他方式能更好利用自身技术的所有权优势。(3) 区位优势：跨国公司在某国进行投资时所享有的当地禀赋条件与自身结合而产生的更大便利。

二、国际生产折衷理论的核心

上文已经提到，对外直接投资主要是由所有权优势、内部化优势和区位优势这三个基本因素所决定：

（一）所有权优势

所有权优势又称厂商优势，是指一国企业拥有或能够获得其他企业所没有或无法获得的资产及其所有权。邓宁认为，跨国公司所拥有的所有权优势主要包括两类：一类是通过出口贸易、技术转让和对外直接投资等方式能给企业带来收益的所有权优势。这类优势几乎包括企业拥有的各种优势，如产品、技术、商标、组织管理技能等。第二类是只有通过对外直接投资才能获得的所有权优势。这种所有权优势无法通过出口贸易、技术转让的方式给企业带来收益，只有将其在企业内部使用，才能给企业带来收益，如交易和运输成本的降低、产品和市场的多样化、产品生产加工的统一调配、对销售市场和原料来源的垄断等。具体来讲，所有权优势应该包括四个方面：第一，技术优势。它主要包括专利、专用技术、管理经验、销售技巧、研究与开发能力等。第二，企业规模优势。它有两方面的含义：一是公司规模越大，研究和开发能力也越强，就越有利于技术创新；二是公司规模越大，越能在国内外市场上获得规模经济优势。第三，组织管理优势。公司规模越大，越有利于高度专业化管理人才得到充分利用，形成组织管理优势。第四，金融和货币优势。公司越大，越能在国际金融市场上通过多渠道、低成本获得资金。邓宁认为，跨国公司在参与国际市场时，拥有超过其他国家企业的所有权优势，才具有对外直接投资的能力。不过，邓宁认为，企业具有“所有权优势”，只是具备了进行对外直接投资的必要条件，要很好地解释对外直接投资活动，还必须具备内部化优势。

（二）内部化优势

内部化优势是为了避免不完全市场给企业带来的影响，将其所拥有的资产加以内部化，从而保持企业所拥有的优势。邓宁认为，一个企业如果有在产品各阶段生产的特点，就很容易产生“跨地区化”以至“跨国化”。因为在产品各阶段生产过程中，必然存在中间产品，如果将这些中间产品的供求过程在外部市场进行，则会由于外部市场的不完全性，造成生产成本的提高。而把中间产品的外部市场交易变成企业内部的关系在企业内部统一调拨合理配置，使产品生产的全部过程都在企业内部完成，能使企业的垄断优势发挥最大的效用。所以，跨国公司将其所拥有的各种所有权优势加以内部化的动机在于避免外部市场的不完全对企业产生的不利影响，实现资源的最优配置，且继续保持和充分利用其所有权优势的垄断地位。邓宁认为，市场的不完全性不仅存在于中间产品中而且存在于最终产品中。邓宁将市场不完全划分为两种，即结构性市场不完全和知识性市场不完全。前者是指由于竞争壁垒、交易成本高而导致的市场不完全；后者是指由于不容易获得或需要交易成本较高才能获得生产与销售的有关信息所导致的市场不完全。跨国公司对其拥有的所有权优势可以采取转让的方式，即将其拥有的资产或资产的使用权出售给外国企业，也就是将资产的使用外部化；也可以采取内部化的方式，即将其拥有的资产所有权留在企业内部进行使用。在国际直接投资中，资产使用的内部化意味着跨国公司利用其所拥有的资产发展对外直接投资。但是，一个企业具备了所有权优势，且使这些优势内部化，仍无法决定是否对外直接投资。因此，还必须考虑导致国际直接投资的充分条件——区位优势。

（三）区位优势

区位优势是指跨国公司在投资区位上具有的选择优势。区位优势也是跨国公司发展对外直接投资时必须考虑的一个重要因素。跨国公司在拥有了所有权优势和内部化优势后，还要进行区位选择。如果在国外生产比在国内生产能使企业获得更大的利润，那么就会产生对外直接投资；如果在国外的甲地投资比乙地投资能使跨国公司获得更大的利润，则选择甲地进行直接投资。所以，对外直接投资的流向取决于区位禀赋的吸引力。区位优势包括直接区位优势和间接区位优势。前者是指东道国的某些有利因素所形成的区位优势，如广阔的产品销售市场、政府的各种优惠投资政策、低廉的生产要素成本、当地原材料的可供性等。后者是指由于投资国某些不利因素所形成的区位优势，如商品出口运输费用过高、商品出口受到东道国贸易保护主义的限制、生产要素成本较高等。这两种区位优势从不同的方面形成跨国公司对外直接投资的区位优势。

在邓宁看来，所有权优势、内部化优势、区位优势是形成国际直接投资的三个最关键因素。这三个因素的组合，不仅可以确定各种类型的直接投资，而且可以解释厂商关于直接投资、出口销售和许可经营三种经济活动的选择行为，如表 2－1 所示。

表 2－1　　可选择的国际经济活动方式

经济活动方式	所有权优势	内部化优势	区位优势
直接投资	√	√	√
出口销售	√	√	×
许可合同	√	×	×

所有权优势是厂商以各种方式参与国际市场活动的必要条件，区位优势是进行直接投资的充分条件。只具备所有权优势和内部化优势而不具备区位优势时，厂商选择出口；如果只具备所有权优势，既没有能力使之内部化，也不能利用国外区位优势，那就只能采取许可经营的方式；当三个条件同时具备时，厂商才有可能进行直接投资。

三、对国际生产折衷理论的评价

邓宁的折衷理论虽然选取了以往各种理论中重合采用的三个关键的解释变量并且注重各变量之间的关系，以弥补以往一些理论的片面性缺陷，但折衷理论仍然存在着很大的局限性，使之不能成为一种能够解释所有类型直接投资的一般理论。其局限性主要表现在以下两方面：

第一，OIL 理论强调几种因素之间相互依赖、相互决定的关系，以及这种关系对直接投资的共同决定作用，但忽视了这些因素之间的分立关系、矛盾关系。例如，东道国具有较强的区位优势，外国厂商没有什么特定优势照样可在这样的东道国进行投资；又如，具有很强所有权优势的厂商照样会在区位劣势的国家进行投资。这些在不同因素之间存在矛盾关系情况下发生的直接投资显然不是 OIL 理论所能够解释的，因此 OIL 理论并不具有一般解释力。

第二，OIL 理论虽然是对以往各种理论的综合，邓宁将其称为一种“折衷主义”，但事实上它并不是完全意义上的折衷，其基本论点仍然是有所侧重的，它主要依据的是内部化理论。在厂商特定资产优势、内部化优势和区位优势三者相互联系、共同决定的关系中，内部化优势起着核心作用。因此，OIL 理论适宜于解释大规模跨国企业，不适宜于解释中小投资厂商。事实上，OIL 理论仍然是以工业发达国家跨国企业为背景，没有充分注意到新兴工业化国家（20 世纪 60—70 年代的日本、20 世纪 80—90 年代的新加坡和韩国）中小投资厂商的情况。

第五节　比较优势理论

一、比较优势理论的形成

20 世纪 60 年代，随着日本经济的高速发展，其国际地位日益提高，与美国、西欧共同构成国际直接投资的“大三角”格局。然而，基于美国跨国公司对外直接投资行为的理论无法解释日本跨国公司的对外直接投资行为。日本一桥大学教授小岛清根据日本国情，在 1987 年发表的著作《对外贸易论》中提出了比较优势理论，又称边际产业扩张理论。小岛清分析美国和日本对外投资情况后认为，美国企业的对外直接投资从本国具有比较优势的行业开始，目的是垄断东道国当地市场，其做法是在海外设立子公司把生产基地转移到国外，从而减少母公司的出口，对本国经济产生了不利影响，违背了比较优势，属于“贸易替代型”对外直接投资，同时也不利于东道国经济的发展。而日本企业对外直接投资则从不具有比较优势的所谓边际产业开始，即日本跨国公司的对外直接投资大多集中于那些已失去或即将失去比较优势的传统工业部门，属于“贸易创造型”投资。这些传统行业虽然不具备垄断优势，但很容易在海外找到生产要素与技术水平相适应的投资地点，获得的收益远远高于国内投资，而他们拥有的技术在东道国当地具有较强的适用性，有利于东道国建立比较优势产业，增加就业和出口，发展经济。因此，小岛清认为境外直接投资应从本国（投资国）已经处于或即将处于比较劣势的产业（边际产业）进行，这些边际产业正好也是投资东道国具有比较优势或潜在比较优势的产业，两国可以在对外直接投资及其产生的贸易中互补并获得更大的收益。

二、小岛清的三个基本命题

小岛清的国际直接投资理论围绕三个基本命题展开。

（一）生产要素的差异导致比较成本的差异

小岛清认为，各国在生产要素（如劳动、资本、技术、管理等）方面存在差异，这些差异是导致各国在生产成本和比较成本上产生差异的根本原因。并且，小岛清认为赫克歇尔—俄林理论中的劳动和资本要素可以用劳动和经营资源来替代。如果两国在劳动和经营资源的比率上存在差异，那么它们在生产同一产品时的成本也会有所不同，从而形成比较成本的差异。这种差异决定了各国在不同产业上的竞争优势和劣势。

（二）比较利润率的差异与比较成本的差异有关

根据小岛清的理论，比较利润率的差异与比较成本的差异密切相关。在具有比较成本优势的行业，其产品的生产成本相对较低，从而能够获得较高的比较利润率。因此，企业在进行对外直接投资时，应该根据比较成本和比较利润率选择投资产业。

（三）美国和日本的对外直接投资方式不同

小岛清通过对比分析美国和日本的对外直接投资方式，进一步阐述了边际产业扩张理论。他指出，美国的对外直接投资大多集中在具有比较优势的制造业部门，且投资主体多为拥有先进技术的大型企业。这些投资往往是贸易替代型的，即由于对外直接投资的增加而减少了相关产品的出口。与此相反，日本的对外直接投资则主要分布在自然资源开发和劳动力密集型行业等边际产业上，且以中小企业为主。这些投资是贸易创造型的，因为它们不仅有助于优化日本国内的产业结构，还能通过技术转移和产业升级带动东道国相关产业的发展，从而扩大两国间的贸易规模。

三、比较优势理论的特点

小岛清的比较优势论是根据双方国家的比较优势及投资国要素禀赋比率的动态变化来解释对外直接投资，是一种宏观理论。该理论有如下特点：

（1）在产业组织论等微观理论离开国际贸易理论范畴对直接投资作出了成功论证的情况下，比较优势论仍然坚持以国际贸易理论的基本原理和方法，采用两个国家、两种产品（并可扩大到多种商品）的分析模式，不像微观理论那样是一种商品、一个产业或一个企业的分析。

（2）比较优势论所分析的直接投资，主要是随着利用劳动力资源的比较优势变化生产（从高工资国转移到低工资国）而发生的，经济先行发展的国家，要素禀赋比率的变化速度快于发展中国家，对发展中国家的投资是按照本国产业比较劣势的顺序进行。这种依据比较成本动态变化所作出的解释，特别适合说明新兴工业化国家对发展中国家的直接投资。

四、小岛清国际直接投资的类型

（一）自然资源导向型

跨国公司在东道国建立资源开发型企业，开发油田、矿业、林业、水产等自然资源，其产品可以出口到投资国，也可以在东道国当地市场销售或者向其他国家出口。

（二）市场导向型

当一国出口商品市场的开辟进行到一定程度时，在东道国当地建立企业，进行生产和销售活动对生产者更为有利。这种类型的对外直接投资可以划分为两类：一是由于进口国贸易障碍等因素的作用，使得继续扩大出口受到限制或者成本增加而导致的对外直接投资，称为贸易导向型；另一类是寡头垄断性质的对外直接投资，称为反贸易导向型。

（三）生产要素导向型

把利用东道国廉价的生产要素，如原材料、零部件、机器设备、技术、劳动力等，作为跨国公司对外直接投资的重要目标。因为大多数生产要素在国际间的流动受到政治、经济和法律上的限制，而通过对外直接投资则可以减少这些限制。

（四）生产和销售国际化型

跨国公司在全球范围内通过横向一体化和纵向一体化所从事的生产、销售活动。根据小岛清的理论，日本跨国公司从事对外直接投资的部门是日本已经失去比较优势的产品，而东道国或者地区的这些部门则正在形成或者逐步扩大这方面的优势。所以对外直接投资的流出国和流入国相辅相成，产业结构将趋于合理，并促进国际贸易的发展。另外，对投资国而言，处于比较劣势的产业向国外进行投资，可使投资国减缓国内产业结构调整所带来的矛盾冲突，使其集中力量发展具有比较优势的产业。小岛清的比较优势理论侧重说明日本企业对外直接投资的特殊模式，反映了日本跨国公司跻身于国际生产格局和国际投资市场、寻求最佳发展途径的要求。这一理论基本沿用了赫克歇尔—俄林定理的框架和国际分工的比较优势原理，强调对外直接投资与国际贸易、产业结构调整及经济发展的联系，试图建立国际贸易和对外直接投资的综合理论。这在现代跨国公司理论研究领域中是独树一帜的。

五、比较优势理论的评价

该理论否定了垄断优势因素在境外直接投资中的决定作用，强调运用与东道国生产力水平相适应的标准化技术拓展国外市场。应该肯定，小岛清的理论比较符合日本 20 世纪 60—70 年代境外直接投资的实践，反映了这个后起的经济大国寻找最佳对外发展途径的愿望。但是，该理论无法解释日本 20 世纪 80 年代以来许多大型企业纷纷加入境外直接投资行列，越来越与美国方式趋同的现象。此外，该理论仅以日本的境外直接投资为研究对象，不能盲目用于指导发展中国家对外直接投资的实践。

思考与练习

1. 垄断优势理论有哪些局限性？
2. 简述产品生命周期理论的主要内容。
3. 市场内部化的动机是什么？市场内部化会面临哪些成本？
4. 依据国际生产折衷理论的框架，分析企业如何开展国际直接投资？
5. 简述小岛清的比较优势论的主要内容。

第三章　发展中国家国际直接投资理论

学习目标

1. 了解发展中国家国际直接投资理论的主要内容。
2. 运用发展中国家国际直接投资理论，分析特定国家国际直接投资行为。
3. 明确发展中国家国际直接投资理论的适用范围、解释重点及相互联系。

随着发展中国家对外投资的迅速增长，对外投资对于那些资本尚不富足、资本项目大多未开放的发展中国家的经济影响成为备受关注的问题。但是，长期以来，国际直接投资理论一直以发达国家尤其是美国的跨国公司为研究对象，关注发达国家跨国公司对外投资的优势和动机。然而，20 世纪 80 年代以后，发展中国家的海外投资迅速崛起，不仅改变了国际直接投资的格局，而且也对传统理论提出了挑战。于是，从各自的研究角度出发，西方学者或对传统理论加以修正和补充，或提出了崭新的发展中国家对外直接投资理论，以求更全面地诠释发展中国家的海外投资行为。鉴于这些理论对中国海外投资具有充分的借鉴意义，国内学者在分析中国企业海外投资实践的同时，也加强了对国外发展中国家海外投资理论的研究和评价。

第一节　小规模技术理论

小规模技术理论的逻辑基础来源于比较优势论，这是由威尔斯在 1983 年提出的理论。

该理论的中心思想是，发展中国家跨国公司的比较优势来源于小规模生产技术，这种小规模生产技术带来的低生产成本等比较优势能够使生产者获得比较利益。

一、小规模技术的特点

发展中国家现代化的制造业中，大多数企业通过对外直接投资、机器设备进口、许可证贸易等方式从发达国家获取产品和生产技术。事实上，一个国家的现代化工业部门的发展速度和它从外国获取技术的能力之间有着直接关系。发展中国家的技术发展有以下几种典型的方式：首先是从发达国家“完全进口”技术；接着是在使用这些技术的过程中“通过模仿进行学习”或者“通过改进进行学习”；然后是“通过新的设计学习”或者“通过提高设计进行学习”；下一步是“通过设立完整的生产系统进行学习”或者“通过技术革新进行学习”；最终实现“通过基础研究和发展进行学习”。随着发展中国家企业经验的不断积累和能力的日益增强，它们将个体生产技术和整个技术能力建立的过程，上升到吸收技术、改进技术和发展技术的一整套规范化程序。它们的技术能力也随着它们母国经济的发展和劳动力技能、培训、受教育程度的提高而提高。也就是说，这些发展中国家企业在吸收、改进和发展技术方面能力的提高与母国工业经济发展的深度和广度有着密切关联。

对于上述的普遍特征来说，例外情况也可能在一些基于“出口导向”工业化战略的国家或外国投资（充分利用当地便利的、低工资的劳动力）占有相当份额的国家中出现。虽然这种工业化的模式经常带来工业产出和就业率的高速增长，但它不能促进在当地现代化工业部门的跨国公司的子公司或者当地企业的技术和制造技能的增长。

从这一意义上说，对进口技术的模仿、修正与改进和发展中国家企业新技术的发展反映了当地产品和要素市场条件发生变化的趋势。这些市场的需求受到市场大小和寡头垄断控制下各个行业中少数企业之间竞争程度的限制。为了满足这些条件，一些企业需要改进进口技术，使之能在比最初设计使用这一技术的发达国家规模更小的市场上更有效率地使用，发展中国家可以通过三个相关的改进，将缩小机器设备的大小和减缓设备操作时的速度结合起来，以适应国内要素和产品市场的条件。

（一）改进生产技术以实现产品生产的灵活性

首先是调整引进的生产技术，使其在不同的产品之间更具灵活性。经过对生产设备和过程的改进与设计，使几种不同的产品能够用同样的设备进行生产，同时也缩短了检修、待料等停工期，降低了改变装备的成本；而不是追求单一的、精巧的设备或生产线，以达到一种产品的高速连续生产。另外，也可以修改生产程序和产品，以使不同的生产过程和机器设备能生产出同样的产品。发展中国家供求条件的快速变化使生产技术灵活性的增强变得十分必要。在需求条件快速变化的条件下，想要实现有效率的操作，就需要在产品和生产力的利用上实现比一般发达国家更大的灵活性。

（二）改进生产技术以解决原料投入难的问题

无论是在国内还是在国际市场上，发展中国家的企业通常很难获得适用引进技术所需的原材料投入。这是由于它们国内原料提供者没有能力生产满足质量和数量要求的原材料，同时又受到进口和兑换的限制，使这些企业不得不改进产品和生产技术，以使用在当地就能获得的原材料进行生产和再生产。而且，由于存在周期性的原料供应短缺，企业必须经常改进生产技术和程序以增加在使用不同投入时的灵活性。

（三）改进生产技术以加大产品的劳动密集性

这种对引进技术的修正，通过改变产品、生产程序和改进新技术的规模和灵活性，使这些发展中国家企业使用的技术更具有劳动密集性。

大多数发展中国家拥有低成本的充裕劳动力，这一特征促使企业在生产过程中用劳动力代替资金投入以降低成本。与来自发达国家的投资相比，来自发展中国家的企业具有资本劳动比率较低的特点。例如，印度的小规模制糖作坊与发达国家同样规模的作坊相比，雇用的劳动力大约是后者的 3 倍，而资金投入却仅为后者的 1/2 或 1/3。在比较母公司在发展中国家的子公司和母公司在发达工业化国家的子公司的资本劳动比率后可以看出，两者之间存在巨大差别。来自发展中国家的投资比来自发达国家的投资使用的劳动密集型技术更多。这些劳动密集型技术除能降低成本、减少能耗外，还可以为发展中国家提供更多的就业机会，从而提高知名度，获取某些政府提供的优惠。因此，设在发展中国家的汽车制造厂，为减少高额的组装费会采取人力组装的方法；有的公司为了适应小规模技术的劳动密集性，充分利用发展中国家廉价的劳动力，将产品进行重新设计，使之使用更多的手工劳作代替机器生产。

在产品方面，发展中国家普遍存在的低收入水平导致对低价低质产品的需求，这些产品在营销和技术含量上的要求很低。这种需求也促使发展中国家的企业改进生产技术。为了生产市场需要的低成本产品，企业通常通过增加劳动密集性来改进它们的生产技术，因为对于这些产品来说，实现低成本比质量和式样更为重要。

二、小规模技术理论的核心

把竞争优势绝对化是传统理论的最大缺陷，美国经济学家威尔斯的小规模技术理论弥补了传统直接投资理论的这一不足。威尔斯指出，发展中国家跨国企业的竞争优势来自低生产成本，这种低生产成本是与其母国的市场特征紧密相关的。按照威尔斯的研究结果，发展中国家跨国企业源于小规模技术的比较优势主要表现在四个方面。

第一，拥有为小市场需求服务的小规模生产技术。低收入国家制成品市场的一个普遍特征是需求量有限，大规模生产技术无法从这种小市场需求中获得规模效益，而许多发展中国家的跨国企业正是因开发了满足小市场需求的生产技术而获得了竞争优势。这种小规模生产技术往往是劳动密集型的，且具有很大的灵活性。

第二，倾向于当地采购。由于普遍存在的外汇短缺和收支逆差问题，许多发展中国家的政府都采取了各种限制进口和鼓励进口替代的措施，促使发展中国家的企业积极探寻用本地投入替代特殊进口原材料的技术。一旦拥有了这类技术，它们就可以将之推广到面临同样问题的其他发展中国家，从而在东道国拥有了发达国家跨国公司所不具备的特殊优势。

第三，具有低廉的企业管理和营销费用。调查显示发展中国家跨国企业的管理人员和技术人员的薪金收入远远低于发达国家的跨国企业，同时由于对企业形象的重视程度不同，发展中国家跨国企业在厂房建筑方面节约了大量支出。另外，发达国家跨国公司往往投入大量广告费用，追求名牌产品效应，而发展中国家跨国公司则采取低价营销战略，以物美价廉取胜。美国学者布希吉特（Busjeet）对毛里求斯出口加工区外国制造业公司的调查证实，发展中国家跨国公司推销产品的广告费用大大低于发达国家的同行公司。在被调查的企业中，96%的发展中国家公司广告费用占其销售额的比例低于1%，而在发达国家的同行公司中，21%的子公司广告费用占其销售额的比例超过2%。

第四，能够提供特殊产品。发展中国家的一部分对外投资具有鲜明的民族文化特点，这些投资往往因海外同一种族团体的需要而建立，利用母国当地的资源，使用传统知名品牌，具有生产成本优势，并且能够在侨民散布的世界各地投资经营。

三、小规模技术理论的意义

威尔斯的小规模技术理论被西方理论界认为是该领域研究的具有代表性的理论之一。他把第三世界跨国公司竞争优势的产生与这些国家自身的市场特征结合起来，在理论上给后人提供了一个充分的分析空间。世界市场是多元化、多层次的，即使对于那些技术不够先进，经营范围和生产规模不够大的小企业，参与国际竞争仍有很强的经济动力，不仅有利于实现企业的经营战略和长期发展目标，而且企业的创新活动大大增加了发展中国家企业参与国际竞争的可能性。发展中国家的很多传统工业仍具有技术优势，这些行业多数为劳动密集型产业且生产规模不大，产品和技术已趋于标准化，在生产成本上有较大的竞争力。在这些行业进行对外投资有利于企业主动参与国际竞争，提高企业的国际竞争力和综合实力。

第二节　技术地方化理论

一、技术地方化理论简介

英国经济学家拉奥（Sanjaya Lall）在 1983 年出版《新跨国公司：第三世界企业的发展》一书中，提出用“技术地方化理论”来解释发展中国家对外直接投资行为。拉奥深入研究了印度跨国公司的竞争优势和投资动机，认为发展中国家跨国公司的技术特征尽管表现为规模小、使用标准化技术和劳动密集型技术，但这种技术的形成却包含着企业内在的创新活动。

二、技术地方化理论的主要内容

拉奥的地方化理论是通过对印度跨国公司的个案分析形成的。在研究过程中，他将印度企业的优势划分为以下四个部分：技术、营销（产品多样化和其他技能）、管理（质量和成本）以及其他，包括所有权的聚结、种族因素和东道国的各种优惠政策。

（一）技术优势

就第三世界企业在对外直接投资中涉及的制造技术的转移程度来说，假设企业掌握了一些标准技术部件，它们就可以参与海外竞争。

不同的跨国公司转移的制造技术在内容上有很大区别。这些内容包括：由投资者或者投资者所在国制造的资本产品，代表了技术转移中的实体部分；故障的发现和维修、质量控制、副产品的提高和改进以及相似产品的生产过程；当地零件和设备的获得，高质量供应商的发掘，确保不断的技术升级或者建立连接功能；技能训练和技术的转移功能；当地的研究、开发工程和相似的研发功能。

一个拥有高技术或设备制造能力的投资者独自转移上述所有的内容是可能的（其附属机构也要有足够的规模、经营能力，甚至研发能力），但是，如果投资者只是转移生产和培训功能，而向其他企业（或者国家）购买设备、工程机械、零部件等，它同样能在海外竞争中获得成功。也就是说，一个企业自身的技术转移可能是低水平的，但可以结合其他技术的能力弥补该不足，使企业在海外经营中取胜。就随后的技术改进而言，发展中国家的企业由于受到各种资源的限制，或者受到合作伙伴不足的限制，它们的优势主要来自它们通过原始的技术性创新而带来的机械设备、设计和研发成果。这些企业的研发费用与销售的关系并不像发达国家那样密切，但是，对于一个发展中的后起者来说，即使是研发费用上的一笔小的投入也可能对技术的吸收、改进和创新有重大的影响。对于投资到海外的跨国公司来说，技术改进的主要动机有原材料的替代品和生产过程中成本的降低以及产品的更新，通过这些改进适应东道国当地的实际情况，从而使海外投资实现最大的回报。除了研发的作用外，还有一个技术因素在企业的海外活动中起了重要作用。这个因素部分来源于单纯地复制给定技术的能力，部分来源于提高的过程，部分来源于根据当地的原材料和经营条件而作的改进，部分来源于产品的改进和创新，以及来源于资本产品的制造能力。这些优势来源于相关企业的技术、工程和研发功能的整体作用。

从对印度的这些研究分析中可以看出，跨国公司潜在技术优势的两个主要特征是生产经验和基本的设计（研发）能力。复制现存技术的能力和根据特定环境改进现存技术的能力是跨国公司的主要技术力量。当然，印度的跨国公司所表现出来的技术优势并不是第三世界国家所特有的资产，发达国家的跨国公司在技术的改进以适应世界不同地区多样化的环境方面有着更广泛、更长久的经验。例如，在印度的外国附属机构几乎完全使用了印度当地的工作人员，并按照印度当地企业的需要进行了技术改进。技术的转移并不一定意味着小规模、劳动密集型、接近淘汰产品。虽然在机械工程、消费品部门能较容易地实现这些改进，但大多数的、程序性的产业却很难实现这种转变。不过在拉奥的研究中没有对此进行进一步的讨论，其研究还是保持了暂时性的特征。

（二）营销优势

就营销而言，现在的研究普遍认为第三世界国家的跨国公司的主要优势在于无差别产品的价格竞争力。尽管如此，如果认为这些企业在营销能力上处于劣势就过于简单了，毕竟大力推广的广告策略和商标的独特性仅仅是销售的一个组成部分，特别是在资本品的销售上，这些可能是最不重要的部分。成功的营销需要同消费者之间建立起经常的联系，交换设计意见，定制产品，技术链接，广泛的售后服务等。这些营销上的努力都能创造出"产品特性"，将非价格因素加入到产品竞争力中，产生的效果与极具说服力的广告一样，有时甚至还更有效。而中间产品则不需要这种营销上的努力，其占据市场的主要因素是质量和价格。

印度的跨国公司普遍缺乏为有特性的消费品创造出知名品牌的能力，这也是许多发展中国家的跨国公司在国际竞争中广泛存在的问题，所以它们只能在产业营销中发展相当有竞争力的技能，加强与消费者之间的联系。

（三）管理优势

印度跨国公司的管理优势主要体现在两个方面：一是专门的管理技能，这使印度在东道国比来自发达国家的竞争对手们经营得更有效率；二是相对低的管理成本和技术人员的工资。在许多有关发展中国家的跨国公司的著作中，作者们大都认为，发展中国家的跨国公司有独特的经营技能，可以使其在艰苦的、非工业化的环境下也能很好地生存。这些技能包括在谈判中巧妙地跨越政治壁垒、建立基础投资设施、管理有限的投资、选择恰当的东道国供应商、使产品满足东道国的需求、培训所招募的东道国员工等。在一般情况下，管理技巧可以在企业的日常运营中经过经验积累而获得，另外，印度的艰苦环境也促进了印度企业应对政治和经济困难的能力。对于印度跨国公司的管理优势，尽管很难从实证上进行评估，但从一些印度跨国公司的管理技巧完全可以同西方或日本等发达国家的跨国公司相媲美这一点来体现。一个企业在海外成功的管理经验往往可以增加该企业的竞争优势。如果把获利能力作为衡量一个企业管理能力的必要因素，那么相当多的印度跨国公司都是很好的管理者。

除去一些其他因素，可以得出以下结论：在一些经营条件非常艰苦、政府又十分不配合的东道国，相比其他跨国公司，印度跨国公司可能更具有管理优势，并且这一优势会使印度企业不断成长并发展壮大。因为，他们具有更高能力的管理者、更多的后备资源和对国外市场更强的预测能力。

（四）其他优势

在这里，拉奥考虑了东道国政府所关注的所有权归属、产权关系及其偏好问题。在拉奥选取的一些研究样本中，许多是大型的家族企业，这些企业进行海外扩张主要源于以下几方面优势：抗资金风险能力强；易获取不同的技术、管理技能；市场信息充分；可能获得免税或减税优惠等。

印度跨国公司在通过创新、产品差异化研究和研发以达到产品的特征化生产方面并不积极，在通过小规模或劳动密集型以达到技术的特征化方面也没有明显的优势，而在一些不需要技术和技能的产业发展中却表现得相当活跃。一些企业在复杂的营销中表现得相当熟练，廉价的劳动力资源仅仅被当作边际的、短暂的优势来对待。印度跨国公司具有的技术优势并不十分明显。它们的生产经验、工程设计产品的适应性大多建立在研发的基础之上，而不是从消除技术弊病、降低资本密集型入手的。因此，在印度，一些本国企业拥有的、所谓一流的技术几乎和发达国家同类的技术没有区别，根本不能体现当地的特殊性。

在母国艰苦的环境中，技术优势可以使一个企业在管理技能方面得以长足的进步。一些企业的成功可能仅仅来自恰当地掌握了营销技能，而不是企业的品牌效应。产业集群的所有权形式似乎形成了一些固定且专门的要素，产权关系或与政府之间的关系对企业的扩张作用并不大。

拉奥认为以下几个条件使发展中国家企业能够形成和发展自己的“特定优势”：(1) 在发展中国家中，技术知识的当地化是在不同于发达国家的环境下进行的。这种新的环境往往与一国的要素价格及其质量相联系。(2) 发展中国家生产的产品适合于他们自身的经济和需求。换句话说，只要这些企业对进口的技术和产品进行一定改造，使他们的产品能够更好地满足当地或邻国市场需要的话，这种创新活动就会形成竞争优势。(3) 发展中国家企业竞争优势不仅来自其生产过程和产品与当地的供给条件和需求条件的紧密结合，而且来自创新活动中所产生的技术在规模生产条件下具有更高的经济效益。(4) 在产品特征上，发展中国家企业仍然能够开发出与名牌产品不同的消费品，特别是国内市场较大，消费者的品位和购买能力有很大差别时，来自发展中国家的产品仍有一定的竞争能力。

由此得出，技术地方化理论的核心命题是，对成熟技术或生产工艺的应用和改进，可以使发展中国家的企业形成和发展自己的特定优势，进而实施对外投资。拉奥认为，在现实经济中，一方面，每个企业仅对市场上的部分技术有所了解，并且必须为技术的转换支付巨额的成本，所以，每个企业对技术进步的了解是有局限性的；另一方面，创新企业的技术进步带动了与其相关产业的技术革新，当整个产业通过技术进步使用新技术后，那些被淘汰的旧技术不可能再次被有效使用和转移，所以，技术具有不可逆性。同时，差异化产品和规模经济在现实经济中也普遍存在。因此，发展中国家的企业完全可以通过对成熟技术的改进而形成其特有的国际竞争优势。这些可能拥有的技术优势表现在，通过对从发达国家进口的成熟技术进行地方化的应用与改进，发展中国家企业可以拥有更好地顺应发展中国家的要素价格条件和产品质量要求的技术，可以生产更能够满足发展中国家市场需求和消费偏好的产品，可以开发出与名牌产品不同的差异化产品。这些技术优势还能够通过与本国廉价劳动力、大型家族企业或国有企业的结合而获得资金、管理和技术等方面的额外优势。

三、技术地方化理论的意义

拉奥的技术地方化理论不仅分析了发展中国家企业的国际竞争优势是什么，而且更重要的是强调了形成竞争优势所特有的企业创新活动。在拉奥看来，企业的技术吸收过程是一种不可逆的创新活动，这种创新往往受当地的生产供给、需求条件和企业特有的学习活动的直接影响。与威尔斯相比，拉奥更强调企业技术引进的再生过程，即欠发达国家对外国技术的改进、消化和吸收不是一种被动的模仿和复制，而是技术的改进和创新，正是这种创新活动给企业带来了新的竞争优势。虽然拉奥的技术当地化理论对企业技术创新活动的描述是粗线条的，但它把对发展中国家的企业跨国经营研究的注意力引向微观层次，以证明落后国家企业以比较优势参与国际生产和经营活动的可能性。

第三节 技术创新产业升级理论

一、技术创新产业升级理论简介

20 世纪 80 年代中期以后，发展中国家对外直接投资出现了加速增长的趋势，特别是一些新兴工业化国家和地区的对外直接投资投向了发达国家，并成为当地企业有力的竞争对手。这一现象引起了国际直接投资理论界的广泛关注。传统的国际直接投资理论，如垄断优势理论、内部化理论等，难以全面解释发展中国家对外直接投资的新趋势。因此，需要新的理论框架来解析这一现象。

坎特韦尔（John A. Cantwell）和托兰惕诺（Paz Estrella Tolentino）在 20 世纪 90 年代初期共同提出了“技术创新产业升级理论”，用以解释 20 世纪 80 年代以来发展中国家和地区对经济发达国家的直接投资加速增长的趋势。该理论从技术累积论出发，将发展中国家的对外直接投资活动动态化、阶段化，揭示了技术能力的稳定提高和扩大对国际生产活动和国际直接投资形式及增长速度的影响。

二、技术创新产业升级理论的主要内容

坎特韦尔和托兰惕诺主要从技术累积论出发，解释发展中国家和地区的对外直接投资活动，从而把这一过程动态化和阶段化了。他们提出了两个基本命题：（1）发展中国家和地区产业结构的升级，说明发展中国家企业技术能力的稳定提高和扩大，这种技术能力的提高是一个不断积累的结果。（2）发展中国家和地区企业技术能力的提高是与其对外直接投资的增长直接相关的。现有的技术能力水平是影响其国际生产活动的决定因素，同时也影响发展中国家跨国公司对外投资的形式和增长速度。在上述两个命题的基础上，该理论的基本结论是：发展中国家和地区对外直接投资的产业分布和地理分布是随着时间的推移而逐渐变化的，并且是可以预测的。

坎特韦尔等还分析了发展中国家跨国公司对外直接投资的产业特征和地理特征。根据他们的研究，发展中国家跨国公司对外直接投资受其国内产业结构和内生技术创新能力的影响。在产业分布上，首先是以自然资源开发为主的纵向一体化生产活动，然后是进口替代和出口导向为主的横向一体化生产活动。从海外经营的地理扩展看，发展中国家跨国公司在很大程度上受“心理距离”的影响，其对外直接投资遵循以下的发展顺序：首先是在周边国家进行直接投资，充分利用种族联系；随着海外投资经验的积累，种族因素的重要性下降，逐步从周边国家向其他发展中国家扩展直接投资；最后，在经验积累的基础上，随着工业化程度的提高，产业结构发生了明显变化，开始从事高科技领域的生产和开发活动。同时，为获得更先进复杂的制造业技术，开始向发达国家投资。例如，中国台湾的跨国公司在化学、半导体、计算机领域，新加坡的跨国公司在计算机、生物技术、基因工程、电子技术领域，韩国、我国香港特区企业在半导体、软件开发、电信技术领域等都占有一席之地。这些国家和地区对发达国家的投资也表现出良好的竞争力。

三、技术创新产业升级理论的内容解释

（一）技术创新与产业升级的互动关系

技术创新是推动产业升级的核心驱动力。技术创新不仅涉及新技术的开发和应用，还包括生产流程、管理方式等多方面的创新。这些创新活动能够激发产业内部的竞争活力，促进产业结构的优化升级。具体来说，技术创新对产业升级的影响体现在以下几个方面：（1）提高生产效率：新技术和新方法的应用能够显著提高生产效率，降低生产成本，从而

增强产品的市场竞争力。(2) 促进产品升级：技术创新能够推动产品的更新换代，提高产品的技术含量和附加值，满足市场对新产品的需求。(3) 催生新兴产业：技术创新能够打破原有产业的边界，催生新的产业形态和增长点，为产业结构升级提供新的动力。

(二) 发展中国家对外直接投资的产业分布特征

根据技术创新产业升级理论，发展中国家对外直接投资的产业分布特征随着时间的推移而逐渐变化。具体来说，这种变化遵循以下规律：

(1) 初期阶段：以自然资源开发为主的纵向一体化生产活动。发展中国家在对外投资的初期，往往利用其丰富的自然资源优势，进行资源开发型投资，以获取稳定的资源供应。

(2) 中期阶段：以进口替代和出口导向为主的横向一体化生产活动。随着技术能力的提升和经验的积累，发展中国家企业开始转向进口替代和出口导向型投资，以扩大市场份额和提高国际竞争力。

(3) 高级阶段：高科技领域的生产和开发活动。在积累了足够的技术能力和市场经验后，发展中国家企业开始涉足高科技领域，通过对外投资获取更先进的技术和管理经验，进一步提升自身的竞争力。

(三) 对外直接投资的地理扩展顺序

技术创新产业升级理论还揭示了发展中国家对外直接投资在地理上的扩展顺序。这种顺序大致遵循以下路径：

(1) 周边国家：由于种族联系、文化相近和地理接近等因素，发展中国家在对外投资的初期往往选择周边国家作为投资目的地。

(2) 其他发展中国家：随着经验的积累和技术的提升，发展中国家企业逐渐将投资范围扩展到其他发展中国家，以寻求更广阔的市场和更丰富的资源。

(3) 发达国家：在积累了足够的国际化经验和技术实力后，发展中国家企业开始向发达国家投资，以获取更先进的技术和管理经验，进一步提升自身的国际竞争力。

四、技术创新产业升级理论的评价

对外直接投资技术创新产业升级理论是以技术积累为内在动力，以地域扩展为基础的。随着技术积累固有的能量的扩展，对外直接投资逐步从资源依赖型向技术依赖型发展，而且对外投资的产业也逐步升级，其构成与地区分布的变化密切相关。

该理论解释了20世纪80年代以来发展中国家，尤其是新兴工业化国家和地区对外投资的结构由发展中国家向发达国家、由传统产业向高技术产业流动的轨迹，对于发展中国家通过对外投资来加强技术创新与积累，进而提升产业结构和加强国际竞争力具有普遍的指导意义，受到了西方经济理论界的高度评价。它鼓励发展中国家通过技术学习和创新，不断提升自身技术能力，从而在国际市场上获得竞争优势。同时，该理论也为发展中国家制定对外直接投资战略提供了理论依据。并且，技术创新产业升级理论丰富了国际直接投资理论的内容，为解释发展中国家对外直接投资的新趋势提供了新的视角。它突破了传统国际直接投资理论对发展中国家跨国公司的偏见和局限，强调了技术能力和技术创新在对外直接投资中的重要作用。

第四节 投资发展周期理论

一、投资发展周期理论简介

投资发展周期理论是著名国际投资专家邓宁（John Harry Dunning）在20世纪80年代初期提出的，其目的在于进一步说明国际生产折衷理论，将一国吸引外资和对外投资能力与经济发展水平结合起来。邓宁实证分析了67个国家1967—1978年直接投资和经济发展阶段之间的联系，认为一国的国际投资规模与其经济发展水平有密切的关系，人均国民生产总值越高，其对外直接投资净额就越大。该理论是折衷理论的动态发展，其中心命题是发展中国家对外直接投资倾向取决于经济发展阶段以及该国所拥有的所有权优势、内部化优势和区域优势。

二、投资发展周期理论的核心与假设

投资发展周期理论的核心在于，它将一国的国际投资地位与其经济发展水平紧密联系起来，并认为这种联系是动态变化的。具体而言，该理论提出了如下假设。

邓宁认为一国的国际投资地位与其经济发展水平成正比关系。他用人均GNP代表一个国家的经济发展水平，用人均直接投资流出量（ODI）、人均直接投资流入量（IDI）和

人均直接投资净流出量（NODI）表示一国对外直接投资的水平。发展中国家对外直接投资的倾向取决于其经济发展阶段以及所拥有的所有权优势、内部化优势和区位优势。这三种优势的动态组合及其消长变化决定了一国的对外直接投资地位。

（1）所有权优势：指企业所拥有的能够使其在国际市场上相对于竞争对手获得优势的无形资产和特有资产，如技术、品牌、管理经验等。

（2）内部化优势：指企业将所有权优势在企业内部使用比通过市场交易或转让给外部使用者更有利可图的能力。

（3）区位优势：指东道国投资环境中的有利因素，如自然资源、市场潜力、政策优惠等，这些因素能够吸引外国投资者前来投资。

三、经济发展阶段的划分与国际投资特征

邓宁根据人均国民生产总值（GNP）将经济发展阶段划分为四个阶段，每个阶段的国际投资特征各不相同。

（一）第一阶段：人均 GNP 低于 400 美元

这一阶段的国家通常是世界最贫穷的国家，经济落后，几乎没有所有权优势和内部化优势。同时，由于国内市场规模小、基础设施不完善等原因，这些国家也无法有效利用国外的区位优势。对外直接投资处于空白状态，国外直接投资的流入也处于很低的水平。这些国家往往依赖外国援助和国际贷款来维持经济发展。

（二）第二阶段：人均 GNP 处于 400—1500 美元

随着经济发展水平的提高，国内市场有所扩大，投资环境有较大改善。这些国家开始具备一定的区位优势，如较低的劳动力成本、丰富的自然资源等，从而吸引外国直接投资流入。然而，这些国家的企业所有权优势和内部化优势仍然十分有限。外国直接投资流入迅速增加，但由于企业竞争力不足，对外直接投资刚刚起步且处于较低水平。大多数发展中国家处于这一阶段。

（三）第三阶段：人均 GNP 在 2000—4750 美元

经济实力有了显著提高，国内部分企业开始拥有所有权优势和内部化优势。这些企业具备了在国际市场上竞争的能力，并开始寻求通过对外直接投资扩大市场份额和获取资源。对外直接投资迅速增长，同时外国直接投资的流入量也保持较高水平。国际直接投资

的流入量和流出量都达到较大的规模。大多数新兴工业化国家处于这一阶段。

（四）第四阶段：人均 GNP 超过 5000 美元

这一阶段的国家主要是发达国家，它们拥有强大的所有权优势和内部化优势。这些国家的企业从全球战略的高度利用东道国的区位优势，通过对外直接投资实现全球化经营和资源配置。对外直接投资达到了相当大的规模，且远远超过外国直接投资的流入量。这些国家成为国际投资的主要输出国和资本流动的净输出国。

四、投资发展周期理论的评价

投资发展周期理论揭示了经济发展水平与国际投资地位之间的动态关系，为发展中国家制定外资政策和对外投资战略提供了理论依据。并且该理论被广泛应用于分析不同国家在国际投资中的地位和趋势，以及指导国家制定相关政策和战略。虽然投资发展周期理论在解释经济发展水平与国际投资地位关系方面具有一定的说服力，但现代国际投资实践表明，不仅发达国家对外投资规模不断扩大，而且不少发展中国家和地区的对外投资也很活跃。因此，该理论在某些方面可能无法完全反映当代国际投资的实际情况。

思考与练习

1. 发展中国家跨国企业缘于小规模技术的比较优势表现在哪些方面？
2. 简述技术地方化理论的主要内容。
3. 简要分析发展中国家对外直接投资的产业分布特征。
4. 邓宁将经济发展阶段划分包括哪些？各阶段有何特征？

第四章　国际直接投资理论的最新进展

学习目标

1. 了解国际直接投资理论的最新进展。

2. 掌握资源基础论、产业集群理论、非股权安排理论、优势获取论以及外包生产理论的起源、主要内容以及评价等核心内容。

3. 理解跨国公司如何通过对外直接投资提升其竞争力、获取战略资源及优化生产模式。

4. 分析不同国际直接投资理论对跨国公司竞争战略的影响。

20 世纪 90 年代以来，全球化进程的加速与跨国公司对外直接投资规模的不断扩大，推动了国际经济合作与竞争的深刻变革。跨国公司在全球市场上的投资活动呈现出前所未有的扩张趋势，投资的方式与手段也日趋多样化和复杂化，形成了与过去不同的新特点和新趋势。因此，经济学家们开始深入分析跨国公司对外直接投资的内在机制和外部驱动因素，并提出了一些新的理论观点和见解。本章将重点介绍五个具有广泛影响的国际直接投资理论，即资源基础论、产业集群理论、非股权安排理论、优势获取论以及外包生产理论。这些理论从不同的角度和层面出发，探讨了跨国公司如何通过对外直接投资提升其竞争力、获取战略资源、优化生产模式以及适应全球化竞争环境的变革。

第一节 资源基础论

一、理论起源

资源基础论思想最早源于彭罗斯在 1959 年出版的《企业成长论》一书。彭罗斯在书中提出，企业是资源的集合体，企业的成长除了要受到市场竞争状况等外在因素制约外，还要受到经营资源以及组织能力的制约。20 世纪 80 年代以来，学者们开始重点关注资源的特性和竞争优势的关系。1984 年，沃纳菲尔特在《战略管理杂志》上发表了《企业资源基础论》一文，标志着资源基础论的正式诞生。他指出，与外部环境相比，公司内部环境具有更重要的意义，对企业创造市场优势具有决定性的作用；企业内部的组织能力、资源和知识的积累是企业获得超额收益、保持竞争优势的关键，进而得出了企业从以资源替代产品的思考角度作出战略决策的结论。

巴尼、皮特拉夫、爱密特和格兰特等学者为资源基础论的不断发展作出了重要贡献。资源基础论的核心思想是企业拥有异质的资源，这种异质资源表现为企业的知识和能力，是企业获得竞争优势的源泉。1991 年，巴尼提出了一个较为综合的分析框架，来阐述产生持续竞争优势的企业资源特性。他认为，作为竞争优势源泉的资源应当具备以下四个条件：有价值、稀缺、不能完全被仿制、其他资源无法替代。该框架的根本假设是：第一，企业资源具有异质性；第二，企业资源具有不易流动性。在这样的前提下，当企业资源具备价值、稀缺等特性时，企业则可以产生竞争优势；而当企业资源同时又具备不可模仿和不可替代等特性时，企业就可以获得持续的竞争优势。

二、资源基础论主要内容

资源基础论认为，企业是各种资源的集合体。由于各种不同的原因，企业拥有的资源各不相同，具有异质性，这种异质性决定了企业竞争力的差异。概括地讲，资源基础理论主要包括以下三方面的内容。

（一）企业竞争优势的来源：特殊的异质资源

资源基础论认为，各种资源具有多种用途，其中又以货币资金最为重要。企业的经营决策就是指定各种资源的特定用途，且决策一旦实施就不可还原。因此，在任何一个时点上，企业都会拥有基于先前资源配置基础上进行决策后带来的资源储备，这种资源储备将限制、影响企业下一步的决策，即资源的开发过程倾向于降低企业灵活性。例如，拥有 1 亿元货币资金的企业几乎可能涉足任何产业，但它一旦将这 1 亿元资金用来购买了化工设备及化工原料，它就只可能从事特定的化工生产。尽管如此，企业仍然热衷于资源的开发利用，因为资源的开发增加了资源的专用性，有可能提高产出效率及资源的价值。如果决策得当，上面那家只能从事化工生产的企业也许会从化工生产中赚回 2 亿元。

（二）竞争优势的持续性：资源的不可模仿性

企业竞争优势根源于企业的特殊资源，这种特殊资源能够给企业带来经济租金。在经济利益的驱动下，没有获得经济租金的企业肯定会模仿优势企业，其结果则是企业趋同，租金消散。因此，企业竞争优势及经济租金的存在说明优势企业的特殊资源肯定能被其他企业模仿。资源基础论的研究者们对这一问题进行了广泛的探讨，他们认为至少有三大因素阻碍了企业之间的互相模仿。

一是因果关系含糊。企业面临的环境变化具有不确定性，企业的日常活动具有高度的复杂性，而企业的租金是企业所有活动的综合结果，即使是专业的研究人员也很难说出各项活动与企业租金的关系，劣势企业更是不知该模仿什么，不该模仿什么。并且，劣势企业对优势企业的观察是有成本的，劣势企业观察得越全面、越仔细，观察成本就越高，劣势企业即使能够通过模仿获得少量租金，也可能被观察成本所抵消。二是路径依赖性。企业可能因为远见或者偶然拥有某种资源，占据某种优势，但这种资源或优势的价值在事前或当时并不被大家所认识，也没有人去模仿。后来环境发生变化，形势日渐明朗，资源或优势的价值日渐显露出来，成为企业追逐的对象。然而，由于时过境迁，其他企业再也不可能获得那种资源或优势，或者再也不可能以那么低的成本获得那种资源或优势，拥有那种资源或优势的企业则可稳定地获得租金。三是模仿成本。企业的模仿行为存在成本，模仿成本主要包括时间成本和资金成本。如果企业的模仿行为需要花费较长时间才能达到预期目标，在这段时间内完全可能因为环境的变化使优势资源丧失价值，进而使企业的模仿行为毫无意义。在这样一种威慑下，很多企业选择放弃模仿。即使模仿时间较短，优势资源不会丧失价值，企业的模仿行为也会耗费大量的资金，且资金的消耗量具有不确定性，如果模仿行为带来的收益不足以补偿成本，企业也不会选择模仿行为。

（三）特殊资源的获取与管理

资源基础论为企业的长远发展指明了方向，即培育、获取能给企业带来竞争优势的特殊资源。由于资源基础论还处于发展之中，企业决策总是面临着诸多不确定性和复杂性，资源基础论不可能给企业提供一套获取特殊资源的具体操作方法，仅能提供一些方向性的建议。具体来说，企业可从以下三方面着手发展企业独特的优势资源。

一是组织学习。资源基础论的研究人员几乎毫不例外地把企业特殊的资源指向了企业的知识和能力，而获取知识和能力的基本途径是学习。由于企业的知识和能力不是每一个员工知识和能力的简单加总，而是员工知识和能力的有机结合，通过有组织的学习不仅可以提高个人的知识和能力，而且可以促进个人知识和能力向组织的知识和能力转化，使知识和能力聚焦，产生更大的合力。二是知识管理。知识只有被特定工作岗位上的人掌握才能发挥相应的作用，企业的知识最终只有通过员工的活动才能体现出来。企业在经营活动中需要不断地从外界吸收知识，需要不断地对员工创造的知识进行加工整理，需要将特定的知识传递给特定工作岗位的人，企业处置知识的效率和速度将影响企业的竞争优势。因此，企业对知识微观活动过程进行管理，有助于企业获取特殊的资源，增强竞争优势。三是建立外部网络。对于弱势企业来说，仅仅依靠自己的力量来发展其需要的全部知识和能力是一件花费大、效果差的事情，通过建立战略联盟、知识联盟来学习优势企业的知识和技能则要便捷得多。来自不同公司的员工在一起工作、学习还可激发员工的创造力，促进知识的创造和能力的培养。

三、资源基础论评价

资源基础理论自提出以来，便为企业如何利用自身的独特资源和能力获取竞争优势提供了深刻的洞察。与传统的以外部环境为导向的理论不同，资源基础论强调企业的内部资源，认为竞争优势来源于那些稀缺、难以模仿和不可替代的资源。这一理论为企业制定长期战略提供了有力支持。然而，尽管资源基础理论为企业提供了新的视角，但该理论仍存在部分局限性。

资源基础论的优点在于：一是重视独特资源的竞争力。资源基础理论提出，企业的持续竞争优势来源于拥有其他企业难以模仿的独特资源。这种观点使企业更加关注自身的独特优势，而非单纯地依赖外部市场的机会。二是为企业战略制定提供清晰方向。资源基础论帮助企业识别哪些资源是其竞争优势的源泉。通过评估资源的稀缺性、不可模仿性、不可替代性和难以转移性，企业可以更好地进行资源配置。这一理论帮助企业在面对市场选择时，明确哪些资源可以转化为市场机会，从而为战略制定提供理论支持。三是强调长期竞争优势的来源。通过有效利用稀缺且不可模仿的资源，企业可以获得持续的竞争优势。相比外部市场环境的瞬息万变，资源本身往往具有较强的持久性。四是适应动态能力的发展。资源基础论的扩展概念“动态能力”认为，企业不仅要拥有独特的资源，还要具备重新配置、整合和创新资源的能力，以应对外部环境的变化。这一扩展使得资源基础理论能够适应现代企业面对快速变化的环境，并为企业在不断变化的市场中维持竞争力提供了有力的理论支撑。五是强调企业的独特性与战略差异化。资源基础理论强调每个企业的资源配置和能力的独特性，这为战略管理提供了多样化的视角。通过差异化的资源组合，企业能够在市场中形成独特的竞争优势，而非盲目跟随行业标准或市场导向。

资源基础论的局限性在于：一是资源评估的主观性和难度。资源的评估和识别往往带有较强的主观性，尤其是对于无形资源的量化比较困难。企业如何界定哪些资源构成“核心竞争力”可能存在较大的不确定性。二是忽视外部环境的影响。虽然资源基础论强调内部资源的重要性，但它对外部环境因素的影响考虑较少。在快速变化的市场中，外部环境对企业的影响不可忽视。即便企业拥有强大的资源，也可能因为外部市场条件的改变而失去优势。特别是在全球化和技术驱动的今天，外部环境的变化可能迅速削弱内在资源的竞争力。三是资源固化和资源过度依赖的风险。随着时间的推移，企业可能因为过于依赖既有的资源，导致资源固化和更新缓慢。资源的优势会逐渐被竞争对手模仿或替代，特别是在技术创新快速发展的行业中。过度依赖历史资源而忽视新的市场机会和资源开发，可能导致企业失去创新能力和市场适应性。四是资源的持续性和不可替代性不易保证。即使企业拥有稀缺和独特的资源，随着市场环境的变化，资源的稀缺性和不可替代性也可能受到威胁。此外，企业的创新能力和资源的利用效率也是不断变化的，资源的持续性往往受到管理决策和外部竞争环境的影响。五是忽视合作与联盟的潜力。资源基础理论过于强调企业自身资源的重要性，较少考虑到企业之间的合作与联盟所能带来的竞争优势。现代企业尤其是跨国公司，在全球化竞争中往往通过合作伙伴、外包、战略联盟等方式共享资源，快速弥补自身资源的短板。资源基础论没有充分考虑到这种外部资源共享的可能性，限制了其应用的广度和深度。

四、资源基础论新发展

主流的资源基础论对跨国公司的认识有其历史和经济背景。在那样的背景下，人们把理论研究的对象集中于那些具有垄断优势的、巨大的新跨国公司是十分自然的，把跨国经营看作是垄断优势利用和推广的结果也是合乎情理的。实际上，跨国经营活动本身也会给企业带来优势，对跨国公司本质的把握更应该从跨国公司经营活动和优势获取是一个互动的过程的角度去理解。从今天来看，跨国经营不仅是企业所具备的优势的结果，更是产生优势的手段。目前，跨国公司成为全球一体化中最重要的载体，资源基础论和对于跨国公司行为的解释更具有指导意义。应更关注跨国公司之间在全球范围的竞争战略的调整，如对外部资源的争夺、对新兴市场的争夺等。因此，对跨国公司的研究也从解释“为什么”到解释“怎么样”，研究重点从存在机制逐步转向发展机制。这些研究使跨国公司理论向前迈出了一大步，研究的重点更加侧重于经营战略、投资决策等方向。这些研究构成了新资源基础论。

从公司组织结构的角度看，主流的资源基础理论把跨国公司看作是结构化的组织，强调清晰的层级结构形式。但是，随着国际市场和国际经营环境发生巨大的变化，近年来，跨国公司战略联盟以及众多合同安排形式的急剧发展，出现了边界模糊的虚拟企业形式，这一切都对原有的资源基础论的观点提出了挑战。在国际合作安排方式下，许多昔日竞争对手如今变成了合作伙伴，由此形成了群体网络，跨国公司被相应地定义为：由外国组织网络所包容的内部差别化的网络组织。对这种组织进行深入研究，必然会导致跨国公司理论的变革和人们对跨国公司认识的转变。如果把跨国经营看作跨国公司获取优势的手段，强调跨国公司跨国经营的工具性本质，那么从资源的角度看，跨国经营就是跨国公司在全球范围获取资源、整合资源的过程；而从知识和学习的角度看，跨国经营是企业将组织边界扩展到海外进行学习、实践知识的结合、积累和创造的过程。跨国公司网络组织就是为资源整合而成立的，这个组织是一个通过不同关系所联结的资源而构成的内部多样化和差异化的网络。虽然资源基础论可以用来分析跨国公司竞争优势的来源，但是这一理论难免有些片面。原有的资源基础论强调企业内部资源对获取竞争优势的重要性，因此可以认为是跨国公司竞争优势的内生理论。资源基础论不仅局限于对资源特性的分析，而且其研究将视野局限于企业内部资源，忽视了对行业环境的分析，这种分析在全球性的竞争环境和全球网络化条件下就显得较为静态化而不合时宜。

随着经济全球化和资源分散化的日益演进，越来越多的企业认识到，单凭企业自身的力量很难在激烈的市场环境中求得生存和发展。资源基础论把研究视野局限于企业的内部，然而事实上企业的关键性资源可以从企业外部获得。从企业的社会嵌入性上来看，企业所依存的外部社会网络是影响企业行动决策所必不可少的关键性资源，它不仅关系到企业内部现有资源信息的分布状况，而且还在很大程度上决定了企业未来可控制资源集的大小和获得能力。巴尼（Barney，1991）提出：如果将企业内部资源与外部环境结合，那么影响企业竞争优势的资源可被定义为一种新的资源框架，其资源等于传统资源加网络资源。这里传统资源更多的是指企业内部的资源，而网络资源是指企业外部的社会资源，是一种用来制定和实施企业战略的特殊类型的企业资源。

对于跨国公司而言，其竞争优势不仅来源于跨国公司内部母子公司之间的资源协同，更来源于跨国公司在全球范围内对整个行业战略资源的协同。把资源基础论关于企业是资源的集合体这一概念稍加外延和拓展，这个资源集的范围就可以包括企业外部的、行业内的资源。如果把整个世界看成一个由各个区位和节点构成的巨大资源网络，那么对于跨国公司而言，其竞争优势就来源于对这个资源网络中资源的获得、整合和转移。能为跨国公司带来竞争优势的资源范围，不仅仅局限于跨国公司内部母公司的专有资源和东道国子公司的财务资源，还包括跨国公司外部的其他资源，尤其是其所在的全球行业资源。而在外部资源的获得上，跨国公司可以通过战略联盟、业务外包等方式，形成全球范围的动态的、系统的资源组合。

综上所述，在动态环境下，跨国公司的竞争优势建立在对全球资源动态的识别、获取以及有效配置和整合的基础上，可利用的资源范围既包括企业内部母公司与子公司的特定资源，也包括公司外部存在于全球各个区位的特定资源。跨国公司竞争优势的差异就在于对内部资源和外部资源整合配置效率的差异。

第二节 产业集群理论

一、理论起源

新古典经济学家马歇尔（A. Marshall）第一个较为系统地研究了产业集群现象，他于20世纪初提出的产业区理论奠定了产业集群理论的基础，他认为产业集群是由于外部规模经济所导致的。20世纪80年代以后，波特（Michael E. Porter）的钻石理论和以克鲁格曼（Paul R. Krugman）为代表的新经济地理学理论的产生，标志着产业集群理论的初步形成。波特在《国家竞争优势》中，提出了著名的“钻石体系”。他从组织变革、价值链、经济效率和柔性方面所创造的竞争优势角度重新审视产业集群的形成机理和价值。随着产业集群的发展，产业集群的竞争优势及竞争力引起了人们的关注。帕德莫尔等（Padmore et al.，1998）在波特“钻石模型”的基础上构建了评价产业集群竞争力的GEM模型。该模型通过系统方法来评价产业集群的优势和劣势，确定了影响产业集群竞争力的因素：资源、设施、供应商和相关辅助产业，企业的结构、战略和竞争本地市场及外部市场。该模型强调产业集群的基础条件、企业联系和内外部市场比钻石模型更加注重集群企业的联系和内外部环境条件。

传统国际贸易理论认为，区域竞争优势主要集中在生产要素、资源禀赋差异以及便利交通所形成的成本优势基础上。波特的观点对传统国际贸易理论有所突破。产业集群理论的含义是：在一个特定区域的一个特别领域，集聚着一组相互关联的公司、供应商、关联产业和专门化的制度和协会，通过这种区域集聚形成有效的市场竞争，构建出专业化生产要素优化集聚洼地，使企业共享区域公共设施、市场环境和外部经济，降低信息交流和物流成本，形成区域集聚效应、规模效应、外部效应和区域竞争力。

二、产业集群理论主要内容

当代产业集群中的区域创新网络是动态和开放的系统，集群内的知识系统对技术动力具有重要的影响，其中外界知识对技术变化发挥着很大的作用。封闭的知识系统不利于集群保持长期的竞争力，例如，拉贝络蒂（Rabelloti，1995）将墨西哥制鞋产业集群的低效率归因于其封闭性。在经济日益全球化的今天，跨国公司内部以及彼此之间的资金、劳动力、技术和信息的全球性流动使某些重要集群区域的发展不再是一个孤立的过程，地方化的区域创新为了适应全球化竞争的挑战，必须保持与外界的紧密联系，因此必须从全球化的视角看待集群的区域化发展。而跨国公司也间接或直接地参与到某些集群的地方经济系统中，跨国公司不仅将某些业务外包给具有地方特色的产业区的加工企业，而且还将某些部门如研发部门、区域总部直接设在了相关的集群区内部，成为集群区经济系统中的一部分。在现实经济生活中，跨国公司不仅参与了集群区域的创新网络，而且通过自身的全球网络组织为集群区域与外界的联系架起了一座桥梁，成为联结经济全球化与集群区域的纽带，使某些集群成为经济全球化过程中国际分工网络的有益补充，而不仅仅是当地化的地方性网络组织。

马库森（Markusen，1996）根据集群的结构特征和参与企业的性质将集群分为四种典型的产业区类型：（1）马歇尔式工业区（小企业网络构成）；（2）轮轴式产业区（其地域结构围绕一种或几种工业的一个或几个核心大企业）；（3）卫星平台式产业区（主要由大型或跨国公司的子公司组成，这些子公司可能是高科技也可能是低成本的制造和加工机构）；（4）国家力量依赖型的产业区。其中，轮轴式产业区和卫星平台式产业区都提出了对集群中大型或跨国公司参与的关注。按照战略性知识要素，又可以将这些集群分为三类：生产型知识集群、技术型知识集群以及市场型知识集群。

第一，生产型知识集群。弹性生产系统的灵活性和不断创新的区域生产效率成为当代跨国公司可以通过外包或参与方式加以吸收为己所用的重要竞争优势源泉。市场容量的扩大和分工协作的深化都有助于小企业的孵化，从而促进集群优势的动态演化。集群网络中的密切关系形成了供应商与买方跨国公司长期的供应联系，技术间的相互转移能够帮助供应商开发新产品和生产技术，从而进入新的、多样化的国际市场。当地方性供应网络以跨国公司或其子公司为核心时，集群中的跨国公司可以为地方性企业提供进入国际市场的机会。其中，信息是开发新市场的关键资源，无论是新机会的信息还是对可能出现的困难的预测，都减少了当地企业国际化经营中的不确定性，而集群中跨国公司本身成为这种信息的重要来源。不仅如此，地方供应商成为著名跨国公司的供应商对获取其他的客户有很大的促进作用，值得信赖的效果来源于供应商满足跨国公司高质量要求的标准。

第二，技术型知识集群。该类集群重要的区位优势在于隐性知识的传播、扩散与创新以及高科技人才的集聚。隐性知识的吸收和传播需要跨国公司参与集群高度的根植性，从而获得与当地社会文化网络的一致性。有研究表明，跨国公司位于优势集群区域中的子公司更具有独立性，更扎根于当地土壤和环境，且更国际化。因此，这些地方“根植性”的特色网络使跨国公司除了选择直接参与别无选择。该类集群不仅成为跨国公司全球竞争的重要优势来源，同时集群内与高科技相伴的勇于承担风险的精神也极大地鼓励了高科技人才自主创业，而集群内跨国公司通过培训、正式与非正式交流所形成的人际关系网络更提供了便利机会。因此，该类集群往往成为孵化小企业的摇篮，更值得关注的是，其中一部分企业借助集群中跨国公司全球范围内的信息流与关系网络，自创立之初便开始跨国经营，成长为跨国公司，硅谷的雅虎、网景公司便是典型例子。此外，集群网络中特定的外部性也直接促进了中小企业的国际化进程，更多的小企业也迅速走上了跨国经营之路，如企业获得进入特定市场的关键技术和销售技巧，或因为市场、产品和技术信息流的提高而使国际经营的成本大大降低。这些由当地企业蜕变而成的跨国公司反过来将促进集群区与外界的联系，加速产业集群的创新与发展。在对美国得克萨斯州地区的高科技企业集群研究中，埃切韦里－卡罗尔（Echeverri－Carroll，1998）等认为与跨国公司的联系为当地小企业供应商独立的国际经营提供了充足的信息和资源。

第三，市场型知识集群。该类集群位于全球或区域性的世界级大城市，处于市场的国际性枢纽位置，是人才、资金和信息流高度集中的辐射中心。跨国公司在此类地区可对瞬息万变的市场信息及时予以反馈、准确把握资本市场行情，为跨国公司设立区域总部、树立国际市场形象提供了重要环境。麦加锡（Mcgahey，1990）指出，国际金融集群为跨国公司提供了优良的设施条件和信息“高速公路”，构建了借贷双方大量集中的广阔市场，同时还涵盖政治及社会稳定、经济自由、法律公正、政府透明的软环境。跨国公司的进入不仅是为了满足该区域的市场需求，更多的是为了在全球信息搜寻与转移的网络中获取重要信息，并为周边地区的分支机构和子公司提供全方位的服务。集群的形成扩大了市场的规模和容量，跨国公司的高级需求和人才培训直接促进了当地企业的成长，进而扩大了集群的网络组织，使跨国公司与当地企业的融合更紧密，增加了地方的黏性，推动了集群的动态发展。此外，一些其他的变量对跨国公司参与的集群有着重要影响，如技术的复杂性程度、政府及其他外力的推动作用、集群网络关系的强度与深度、跨国公司子公司在集群中独立自主决策的能力等，这些都为兼具理论和现实意义的研究提供了广阔的发展空间。

三、产业集群理论评价

产业集群理论已成为理解和推动地区经济发展、提升产业竞争力的核心框架之一。该理论强调，企业和产业的地理集聚不仅能够促进资源共享、降低交易成本，还能够加速技术创新、促进知识扩散，从而增强集群内企业和地区的整体竞争力。然而，尽管产业集群理论在解释地区经济竞争力和企业发展方面具有重要的理论意义和实践价值，但其在应用方面存在一定局限性。

产业集群理论优点在于：一是促进全球资源配置与效率提升，推动技术创新与知识转移。跨国公司通过对外直接投资，凭借产业集群的优势，能够在全球范围内高效配置资源。集群内的企业可以通过共享资源、技术和信息，降低运营成本并提高资源利用效率。产业集群为技术创新和知识转移提供了有效的渠道，跨国公司通过对外直接投资，可以借助目标地区的产业集群加速技术创新和管理创新。集群内的企业、科研机构和政府之间的合作可以促进技术的快速扩散，而跨国公司则能从中获得技术创新成果并将其带回母国或其他投资地区，从而提升其在全球市场的创新能力。二是增强市场响应能力与灵活性，促进本地经济发展与就业机会。产业集群内的企业通过相互合作与竞争能够迅速响应市场需求变化。集群内企业的密切互动和知识共享使得跨国公司在面对市场波动时能保持较高的适应性和竞争力。跨国公司通过在集群中设立子公司、研发中心或生产基地，能够带动本地产业升级，创造大量就业机会并提升地方技术水平和产业竞争力。这不仅能增强跨国公司的全球布局，还能促进投资地区的经济发展和社会福利。三是增强跨国公司在全球价值链中的地位。产业集群理论强调集群内的资源共享和协同效应，跨国公司通过在集群内进行投资，能够提高其在全球价值链中的地位。通过利用集群的优势，跨国公司不仅能优化生产流程，提升供应链效率，还能够通过集群内的合作伙伴关系，更顺畅地进入新市场和拓展全球业务。

产业集群理论缺点在于：一是过度依赖特定地区或产业集群。跨国公司在选择产业集群进行投资时，可能会过度依赖某一特定地区或产业集群，导致其全球业务受局部区域或行业的影响。若该产业集群遭遇外部环境变化（如政策调整、市场萎缩、技术革新等）或自然灾害、经济危机等风险，跨国公司的整体战略可能会受到严重影响，进而威胁到其全球布局的稳定性。二是资源浪费与竞争过度。在一些产业集群中，过度的竞争可能导致资源的浪费，尤其是在集群内的跨国公司彼此竞争的情况下。企业之间为了抢占市场份额、获取资源或扩大产能，可能会进行低效竞争，导致集群内部分资源得不到最优配置。尤其是在某些市场过度饱和时，企业之间的恶性竞争可能会影响整个集群的健康发展。三是集群发展不平衡。跨国公司集中投资在某一特定产业集群可能导致该集群内企业和资源的过度集中，从而影响其他产业和区域的均衡发展。这种单一产业或区域的过度集中化可能限制其他产业和地区的创新和发展空间，导致经济结构失衡，甚至加剧地区和产业之间的贫富差距。

第三节　非股权安排理论

一、理论起源

在20世纪90年代以前，跨国公司主要是通过股权安排对其国际化的生产和销售体系实施控制、整合与指挥，因此以前的理论研究也主要以股权安排（Equity Arrangement）为核心展开。最具代表性的理论是由邓宁（John Harry Dunning）提出的所有权—位置—内部化（OLI）理论，该理论强调跨国公司通过对外直接投资来利用其所有权优势、地域位置优势和内部化优势。这一时期的理论主要探讨企业如何通过股权投资在全球市场中建立竞争优势。20世纪90年代以后，跨国公司与其他企业间的非股权安排（Non－equity Arrangement）或非股权联系（Non－equity Linkages）出现，并获得迅速发展，其形式包括许可证合同、管理合同，特许经营合同、销售合同、技术援助或技术咨询合同、工程承包交钥匙合同、国际战略联盟、制造合同和分包合同等。非股权安排越来越为跨国公司所青睐，形成了目前股权安排与非股权安排同时并存和发展的格局。

二、非股权安排理论主要内容

非股权安排形式的国际投资是指外国投资者（如跨国公司）并没有在东道国企业中占有股权，而是通过与东道国企业签订有关技术或管理等方面的合同，取得对该东道国企业的某种控制管理权。

（一）非股权安排的形式

一是许可证合同（technical licensing）。许可证合同又称特许权合同或技术授权，是指跨国公司（授权方）与东道国企业（被授权方）签订合同，允许东道国使用跨国公司独有的注册商标（trademark）、专利（patent）以及技术诀窍（know - how）等。

二是管理合约（management contract）。管理合约又称经营合同、风险合同或工作合同，是指跨国公司与东道国企业签订协议，向东道国企业派出专业管理人员，从事日常管理工作，由此取得一定管理与控制权的投资方式。

三是交钥匙工程承包合同（turn - key contract）。交钥匙工程承包合同指跨国公司为外国企业或外国政府从事工程建设，在工程完工后，跨国企业负责试生产，在保证工程开工后的产品产量、质量等指标达到合同规定标准后，才将工程移交给工程的业主。在这种投资方式中，跨国公司不仅可获取一笔可观的工程承包费用，而且还可为以后公司产品进入工程项目所在国市场进行免费宣传。

四是销售协议（sales agreement）。销售协议，是指跨国公司与东道国销售企业达成协议，利用东道国销售企业的销售网络，拓展跨国公司产品在东道国销售的范围。

五是产品分成合同（Production - sharing Contract）。这种合同基本上与自然资源部门的管理合同类似，跨国公司也是起承包商的作用。不同之处在于，这类合同中规定，东道国与跨国公司依照预先商定的分配方案分享企业的产品，外国公司购买的全部设备在一定期限后最终归东道国政府所有。

六是经济合作（Economic Cooperation）。经济合作又称工业合作。这种形式主要是在跨国公司与前苏联、东欧国家开展所谓“东西方工业合作”的基础上发展起来的。在20世纪80年代末以前，因为前苏联、东欧国家严格控制跨国公司建立拥有全部股权的子公司，使跨国公司在这些地区缺乏直接投资的机会，加之这些国家缺少硬通货，所以跨国公司主要采取工业合作形式打开市场，工业合作是一种长期合同，其合作方式多种多样，主要有提供成套项目或出租工厂、承包合同或转包、生产协作和专业化、联合销售和联合投标等。

七是技术援助或技术咨询合约（technical assistance or technical consulting agreement）。技术援助或技术咨询合约，是指跨国公司向东道国企业提供技术人员，为东道国企业提供所需的技术服务，并按合同规定，收取劳务费用。该合约既可以作为许可证合同或管理协议的一部分，也可以作为一个单独合同。与管理合约相区别，技术援助或技术咨询合同中的技术人员并未拥有对东道国企业的管理权，相反，跨国公司提供的技术人员必须在东道国企业的管理下进行工作。技术援助或技术咨询合同的劳务费支付方式，也有固定支付和比率支付两种。其中，比率支付方式，通常按投产后产品销售额的一定比例计算。

（二）非股权安排理论特性

非股权安排理论认为，跨国公司所具备核心优势的特性是一些跨国公司选择非股权安排以及进行国际战略联盟的内在原因。这些特性可以概括为：

第一，独特性。独特性是指不易模仿性（non - imitable）、不可交易性（non - tradable）和不可分割性（non - separable）。这几个特点可以通俗地概括为学不到、买不来和拆不开。

第二，绝缘性。跨国公司的核心优势之所以能够长久维系，主要是由于一种绝缘机制（isolating mechanism）在发挥作用。这种绝缘机制包括两个方面：第一个方面是模仿障碍，包括模仿的法律限制、在获得资源和吸引客户方面享有的特殊权利、对历史条件和历史传统的依赖、在特定社会环境和企业组织系统中长期培育获得的特定优势。第二个方面是先发优势，主要指先行制定技术标准和技术规范而产生的路径依赖与锁定（path dependence and lock - in）。

第三，整体性。整体性是指某些独特的知识、技术诀窍和能力等是在跨国公司特定的组织系统中，通过集体学习和长期培育而形成的，它已经沉淀在企业文化中，渗透在企业运作的各个环节中，所以具有整体性。

第四，隐含性。隐含性是指跨国公司具有的知识、技术诀窍和能力往往是隐含的，难以用语言文字传递和包装出售。企业采用非股权安排的原因主要有：不涉及权力要求，东道国企业拥有更多自主权；依靠借款偿付的利息一般低于红利收入，经营得当可取得更高收益；在高通货膨胀时期，借款利息有时低于通货膨胀率等。

三、非股权安排理论评价

非股权安排理论在跨国公司对外直接投资中的应用广泛。跨国公司通过非股权安排与其他企业或国家建立合作关系，而不需要直接收购或投资股权。在跨国公司对外直接投资中，非股权安排为企业提供了一种低风险、具备灵活性且拥有一定合作效益的方式，尤其适用于那些市场风险较高、政策不稳定或需要快速适应的地区。然而，这种方式也存在控制力较弱、合作风险较大等缺点。因此，跨国公司需要根据不同市场的具体情况，权衡选择是否采用非股权安排，或将其作为股权投资的补充方式。

非股权安排理论的优点在于：一是降低资本投入与风险。跨国公司在进行对外直接投资时，如果选择股权安排，通常需要投入大量资金，并承担与直接投资相关的政治、市场和汇率风险。而非股权安排通常不涉及股权收购，企业可以通过合约、协议等方式进入市场，从而减少资金投入和相关风险。二是灵活性更强。非股权安排通常不涉及复杂的股东结构和管理层合作，允许跨国公司在合作关系中保持较大的灵活性。这对于那些面临市场不确定性或政治风险较高的国家来说，意义尤为重要。三是适应市场变化。在不断变化的全球市场环境中，非股权安排为跨国公司提供了更高的适应性。企业可以通过非股权合作模式快速进入新市场，并根据市场情况调整合作内容。四是资源共享与协同效应。非股权安排使跨国公司能够与本地公司共享资源、技术、知识和市场渠道，增强竞争力。这种合作关系可以帮助跨国公司更有效地应对不同国家和地区的竞争压力，同时也能在当地市场获得更深层次的市场理解和客户基础。

非股权安排理论的局限性在于：一是控制权较弱。非股权安排通常意味着跨国公司无法完全控制合作伙伴的经营决策。在某些情况下，合作伙伴可能会有不同的战略目标和利益诉求，导致合作关系中的矛盾和冲突。二是合作风险较大。非股权安排虽然可以避免直接投资带来的高风险，但它依然存在合作伙伴风险。如果合作伙伴在运营上出现问题，跨国公司可能会受到影响。三是依赖性较强。跨国公司在采用非股权安排时往往依赖合作伙伴的资源和能力。这种依赖性在某些情况下可能成为限制。四是知识产权风险较高。在非股权安排中，特别是涉及技术许可、专利授权等合作形式时，跨国公司可能面临知识产权泄露的风险。如果合作伙伴在没有适当保护措施的情况下使用技术或知识，可能会导致技术外流、竞争加剧，甚至失去市场优势。五是长远发展受限。虽然非股权安排在短期内可以带来灵活性和低风险，但从长远来看，跨国公司可能错失通过完全控制子公司或收购其他企业所带来的规模效益、市场领导地位以及更多的战略自由度。

第四节　优势获取理论

一、理论起源

优势获取理论（Advantage - seeking Theory）也称为战略资产寻求理论，该理论的代表人物是邓宁。1993 年，邓宁出版了《全球经济与跨国公司》一书，在该书中邓宁首次提出了对外直接投资的战略资产寻求型（strategic - asset seeking）动机。1998 年，邓宁进一步将一国企业开展对外直接投资的动机分为两大类：一类是优势扩张型，另一类是战略资产寻求型。优势扩张型的对外投资是以本国企业具有的所有权特定优势为基础和前提，开展对外投资的动机主要是扩张企业的所有权优势，寻求境外的自然资源、销售市场或提高资产的使用效率。战略资产寻求型境外投资的动机和目的是获取东道国的战略性资产，寻求能补充自己已有优势的资源和能力，如技术、知识、管理技能和高素质的人力资源等，以增强企业的核心优势，在对外投资中培育、强化并提高企业自身的竞争优势。

二、优势获取理论主要内容

邓宁（John Harry Dunning）在其对跨国公司对外直接投资动机的研究中，提出了“优势扩张型”（Market - Seeking）和“战略资产寻求型”（Strategic Asset - Seeking）两种不同类型的投资动机。这一理论是跨国企业国际化和全球扩张行为的经典分析框架之一。具体来说，邓宁在分析跨国公司对外直接投资时，认为这些动机背后的主要驱动力是不同类型的市场机会和资源获取目标。

（一）优势扩张型的对外投资

优势扩张型的对外投资是指跨国公司为了扩大市场份额、拓展新市场或获得规模经济等目的，在全球范围内进行的投资。此类投资主要基于以下几种动机：首先是市场需求扩展。跨国公司会通过对外直接投资进入需求增长迅速的市场，尤其是发展中国家或新兴市场国家，以便直接接触当地市场，满足消费者需求。通过投资建立生产设施、销售网络等方式，企业可以更好地接触到目标市场，降低运输成本，提高产品的市场响应速度。其次是规避贸易壁垒。一些跨国公司进行对外直接投资的动机是为了规避目的国的关税、配额或其他贸易壁垒。通过在当地建立生产基地或分支机构，公司可以绕过这些壁垒，直接参与当地的市场竞争。除此之外，提升规模经济也是跨国公司重要投资动机之一。通过在海外投资建立生产设施，跨国公司可以实现生产规模的扩大，降低单位生产成本，提升竞争力。尤其对于那些在全球市场上有较高市场份额的大型公司来说，全球扩张能够帮助其更有效地整合资源，提升整体效率。

（二）战略资产寻求型的对外投资

与优势扩张型不同，战略资产寻求型的对外投资是指跨国公司为了获取某些关键资源、技术、品牌、管理能力等竞争优势而进行的投资。这类投资背后的动机包括：第一，技术和创新资源的获取。跨国公司会选择在技术较为先进的国家进行投资，特别是在那些拥有创新能力和研发资源的市场，以便通过合作、并购等方式获取先进技术、研发能力或知识产权。这种类型的投资不仅有助于公司在技术领域的提升，还可以促进其在全球市场中的产品创新和竞争力增强。第二，品牌和市场进入壁垒。许多跨国公司通过对外直接投资获取具有较高品牌价值的企业或市场，以便借助现有的品牌影响力迅速进入新市场。例如，通过收购本地的知名品牌或公司，跨国企业可以绕过竞争并建立品牌忠诚度。第三，人才和管理能力的整合。一些跨国公司选择通过对外直接投资进入拥有特殊管理经验、优秀人才或某些独特管理模式的地区，来提升自己的全球管理水平。这不仅是为了获取当地的资源，还能通过国际化管理和创新策略提升公司的整体运营效率。

借助战略资产寻求理论，人们可以认识到为什么发展中国家或新兴工业化国家的企业要到发达国家去投资。这些国家的企业在发达国家开展直接投资，不完全是因为它们具备了某种可以在发达国家利用的所有权优势，而主要是它们意图获取发达国家的技术或技能。当它们发现东道国企业具有的这些技术或技能更为优越，或者在母国的某一产品市场根本不存在时，它们就会开展对外直接投资。一国企业不仅要获得另一国企业在技术和营销上的协同，还要获得和吸收其创造出来的资产，特别是国外竞争者、供应者和客户的知识性资产；对外投资不仅是母国企业利用其已有的所有权特定优势的手段，也是扩大这些优势的工具。传统的优势扩张型投资理论认为企业应首先具有某种优势，然后才能开展对外直接投资。而战略资产寻求型投资理论主张企业在对外投资中培育和强化优势，把优势的增强看成一个动态的过程，是一个追求的目标，而不是一个既定的结果。随着全球化的推进，跨国公司在不同市场和地区的投资活动愈加多样化。特别是在近年，战略资产寻求型的对外投资呈现增长趋势，尤其是在技术、创新以及品牌等领域的收购活动日益频繁。

这一理论不仅对理解跨国公司如何进行全球战略布局提供了有力的支持，也为政策制定者和企业战略决策者提供了重要的参考框架。

三、优势获取理论评价

优势获取理论解释了跨国公司如何通过对外直接投资来获得竞争优势，特别是在资源、技术、市场等方面的战略资产获取。这一理论强调跨国公司通过海外投资寻求并获取各种战略性优势，如技术、品牌、管理经验或市场准入等，以增强其全球竞争力。这一理论提供了对跨国公司行为的深刻洞悉，但也存在一定的局限性。

优势获取理论的优点在于：一是解释了跨国公司国际化动机的多样性。优势获取理论通过区分“优势扩张型”和“战略资产寻求型”两种投资动机，有效地解释了跨国公司在不同环境下的投资决策。这使理论更加灵活，能够涵盖跨国公司在全球扩张过程中所面临的多种情境和需求。二是强调资源和能力的获取。该理论突出了跨国公司在进行对外投资时，不仅仅是为了市场扩张，更重要的是通过海外投资获取战略资源和能力。这一视角拓宽了对跨国公司行为的理解，尤其适用于当今全球竞争日益激烈的背景。三是适应不同国家和地区的市场环境。由于不同地区的资源、市场和政策环境各异，跨国公司通过寻求战略资产而进行的对外投资，能够更好地应对不同市场的挑战与机遇。优势获取理论有助于理解跨国公司如何根据不同国家的条件调整其投资策略。四是理论的普适性。优势获取理论不仅适用于发达国家的跨国公司，也对发展中国家的跨国公司具有解释力。尤其是在新兴市场中，很多企业通过对外投资获取市场准入和战略资源，从而提升其竞争力。

优势获取理论的局限性在于：一是过于宽泛，缺乏具体操作性。尽管优势获取理论在理论上能够解释跨国公司对外投资的多样化动机，但在实际操作中，其缺乏足够的具体性。如何准确地评估和衡量“战略资产”以及如何界定“优势扩张”常常变得模糊，企业在实际操作时难以完全依赖这一理论进行决策。二是忽视了非市场因素的影响。优势获取理论更多关注于市场因素和资源获取，但在全球投资中，跨国公司往往还需要考虑政治、文化和社会等非市场因素。这些因素在跨国公司决策中起着重要作用，但该理论未能充分考虑这些维度。三是未充分考虑竞争因素。在理论框架中，优势获取的重点通常放在如何通过对外直接投资获得资源或市场，而对竞争动态的讨论较少。然而，跨国公司在全球扩张中必须面对来自其他跨国企业的竞争，这一因素往往会影响其对外投资的策略选择。四是适应性问题。虽然理论在解释跨国公司行为时具有一定的普适性，但在某些特定的行业和国家背景下，优势获取理论可能并不完全适用。例如，在高度依赖技术创新的行业，技术获取可能更侧重于合资和并购，而不仅仅是市场和资源寻求。

第五节 外包生产理论

一、理论起源

在交易费用理论出现之前，用于解释企业经营行为的是新古典厂商理论，依据这一理论，厂商会按照生产的边际收益和边际成本确定自己的产量和价格。1937年，科斯的经典论文《论企业的性质》拉开了交易费用的经济学研究帷幕，科斯首次将交易费用作为基本信息单位引入企业理论中，指出市场运作需要交易成本，而节约交易成本正是企业存在的必要条件。1960年，科斯在《社会成本问题》一文中提出了外部性、产权与交易费用的互动关系，论证了在真实环境中有产权安排比无产权安排更容易解决外部性问题和节约交易费用。其他学者将他的主要发现总结为两个科斯定理。

阿罗在1969年最先使用“交易费用”这一名词，交易费用的范畴大于单纯的市场失灵所作的界定，通常情况下交易费用妨碍甚至忽视了市场形成。这一观点提升了有目的的组织行为在企业市场关系中的主动性。威廉姆森在科斯的基础上更加深入地研究了交易费用和规制结构的问题，使交易费用理论形成了一个庞大的体系。他深刻地分析了交易费用的决定因素并作了进一步的区分。威廉姆森将决定交易费用的因素分为两组：一组为交易因素，主要指市场的不确定性和潜在的交易对手的数量，以及交易的技术结构及交易物品的技术特性，包括资产专用性程度、交易频率和不确定性；另一组是人为因素，指的是交易主体的行为假设方面，首先是有限理性，其次是机会主义倾向等。威廉姆森还将交易费用区分为事前的交易费用和事后的交易费用两部分。

由于理性和机会主义以及签署合同交易成本的存在，导致合同是不完全的，进而使活动的实施成为重要环节。用威廉姆森的话来讲，就是事后知识制度变得很重要。他认为，不同的交易特征会促使追求生产成本和交易成本最小化的主体去寻求不同的治理结构。而交易的特征主要取决于三个因素，即资产专用性、不确定性以及交易次数。在这三个因素中，威廉姆森尤其重视资产专用性，资产专用性是指为支持某项特殊交易而进行的耐久性投资，包括地点专用性、实物资产专用性、人力资产专用性、风险性资产以及品牌资产的专用性等。

基于上述分析框架，威廉姆森认为，在不存在专用性投资并且交易次数不多时，双方维持长期关系的意义不大，双方的具体身份也不重要，所以市场在这种情况下是相对有效的方式。但在存在高度专用性资产时，情况则有所不同。对高度专用性资产来说，如果交易失败，将其用于其他用途上的收益会低得多，也就是说，资产专用性程度越高，交易失败给专用资产拥有者造成的损失越大，所有者对机会主义行为造成伤害的承受力就越脆弱。在这样的条件下，关系的持久性是有价值的，因此交易双方的具体身份就变得更为重要。所以，在具有高度专用性投资并且交易需要经常进行的条件下，关系性的契约具备相对优势，此时的外包是最有效率的经济组织形式。

二、外包生产理论主要内容

跨国公司外包运作是将某种创造价值较低的、非核心的业务及其控制权交给那些比自己更有效率、更易完成任务的外部专业生产商或者供应商，并与其构建资源互补的战略联盟，以优化企业资源配置，实现企业自身发展的一种战略管理方式。外包的核心是跨国公司立足于自身核心能力的建设，通过有效整合外部能力获得长期竞争优势。外包是介于一体化企业和市场的中间治理形式，作为中间组织形式不仅与企业组织和市场采购有所区别，按控制程度不同又可分为完全外包与分包两种形式。其主要区别在于：前者在外包业务的同时，将与外包业务有关的控制权也转移给了外包商；而后者则仍由企业掌握与业务有关的控制权，包括对原材料采购以及生产过程的控制等。

如果将跨国公司外包业务纳入这一分析框架，可以看出，跨国公司外包的建立有助于合作伙伴之间在交易过程中减少相关交易费用。跨国公司在全球范围内寻找承接业务的合作对象，如果单纯进行市场交易，则交易会变得复杂且难以控制，而如果选择一体化组织，则企业内交易集合网络又会过于繁杂。由于外包伙伴之间经常沟通与合作，可以极大降低搜寻交易对象信息的费用，相互之间的信任与承诺也可减少各种履约风险。即使在履约过程中产生纠纷，联盟伙伴在长期合作的基础上也可以通过协商加以解决，从而避免无休止地讨价还价甚至提起诉讼等产生的费用。外包有利于抑制市场交易中的外部效应。外部效应通常与市场交易中当事人的行为对他人利益造成的影响有关。如果交易的外部效应很强，那么双方为了避免执行合同中受到侵害的潜在危险，交易合同的谈判与签订就会尽可能地做到详尽，这必然会消耗大量的时间与精力。出于节约交易费用的目的，市场交易趋于准内部化，即类似企业以长期合作契约替代一系列短期市场契约。

从威廉姆森的交易费用决定因素来看，外包的建立将推动合作伙伴之间的组织学习。外包这种组织业务中企业间结合的密切程度，处在市场购买与企业集团内部独立企业间关系的中间位置。当企业活动需要发展和吸收外部资源时，外包提高了双方对不确定性环境的认知能力，减少了因为交易主体的有限理性而产生的种种交易费用。

阿尔钦和德姆塞茨（Alchian & Demsetz，1972）把交易费用理论的关注点从市场交易费用引到组织内部的激励问题上。他们批判了科斯的“企业是对市场的简单替代物”的观点，认为实质上企业与市场的区分并非在于是否存在市场行为，而在于企业的团队生产。由于存在监督成本和外部性，企业内部偷懒与搭便车的行为普遍存在。解决激励相容问题的关键是合理安排有关出资者、管理者和生产者之间的财产控制权与剩余索取权的产权制度，赋予工作不易监督、成果不易衡量的一方以更多剩余索取权，以提高团队生产的效率。霍姆斯特姆在此基础上发展出一套鉴别团队成员能力的信号机制，通过资本与劳动所发送的不同能力信号安排“剩余索取权”，这些是委托代理理论的主要观点。

三、外包生产理论评价

外包生产理论是指这些公司将生产过程中的一部分或全部环节委托给其他公司，尤其是在成本较低的地区进行生产的情况。外包生产不仅是跨国公司降低成本和提高竞争力的重要策略之一，还能够通过全球资源的优化配置，获取更多的市场机会和利润。然而，这一策略也存在一些潜在的挑战和风险。

外包生产理论的优点在于：一是成本节约。外包生产最显著的优势是能够大幅降低生产成本。许多跨国公司将生产转移到劳动力成本较低的国家和地区，从而减少人工和其他生产费用。二是资源优化配置。通过外包，跨国公司可以将资源集中于其核心竞争力领域，如研发、市场营销和品牌建设等。生产环节的外包让公司能够更有效地分配其资金和人力资源，从而提高整体运营效率。三是灵活性和规模效应。外包生产能使公司在需求波动或市场变化时更加灵活。在短期内，跨国公司可以根据市场需求调整生产规模，减轻库存压力，避免过度生产和资源浪费。外包也能带来规模经济效应，降低单件产品的生产成本。四是专业化与创新。外包合作伙伴通常是专业的生产厂商，拥有高效的生产技术和丰富的经验。跨国公司通过外包生产，能够利用供应商的专业技术和创新能力，提升产品质量和生产效率。五是市场接入与扩展。外包可以帮助跨国公司更好地进入新兴市场，尤其是那些劳动力成本较低、基础设施较为完善的地区。通过在当地设立生产基地，跨国公司可以更便捷地进入这些市场，并减少关税壁垒，提高竞争力。

外包生产理论的局限性在于：一是质量控制困难。外包生产可能导致质量管理的挑战，尤其是在跨国公司与外包方之间缺乏充分沟通的情况下。虽然外包厂商可能在某些领域具备专业能力，但跨国公司很难在没有直接监督的情况下保证生产过程中的每个环节都符合其质量标准。二是存在供应链风险。外包生产增加了供应链的复杂性。如果外包厂商遭遇自然灾害、政治不稳定或其他突发事件，跨国公司可能面临生产中断、交货延迟等问题。此外，跨国公司与供应商之间的地理距离和文化差异也可能影响沟通效率和响应速度。三是过度依赖外包方。外包生产可能导致跨国公司对某些供应商的过度依赖，尤其是当外包商掌握了关键技术或生产环节时。如果外包商出现财务问题或业务倒闭，跨国公司可能会面临生产停滞和技术流失的风险。四是隐性成本。外包虽然能够在初期节省成本，但长期来看，跨国公司可能会面临一些隐性成本，如管理成本、物流成本和沟通成本等。跨国公司需要投入大量精力来管理和协调外包生产中的各项事务，尤其是当供应商数量增多时，管理工作会变得更加烦琐。

思考与练习

1. 简述资源基础论的主要内容及其新发展。
2. 列举产业集群理论中关于集群的主要分类。
3. 阐述非股权安排的主要形式，结合实际举例说明。
4. 分析优势获取理论中关于对外直接投资动机的分类。
5. 简述外包生产理论的优势及其局限性。

第五章　国际直接投资环境分析

学习目标

1. 了解国际直接投资环境的概念与分类。
2. 分析国际直接投资环境的基本特征。
3. 掌握国际直接投资环境中不同环境的影响因素。
4. 熟悉并能够运用国际直接投资环境评价方法。

党的二十大报告指出，要依托我国超大规模市场优势，以国内大循环吸引全球资源要素，推动共建“一带一路”高质量发展，提升国际循环质量和水平，稳步扩大制度型开放，构建互利共赢、多元平衡、安全高效的开放型经济体系。要使我国市场规模优势得以有效发挥，必须提升我国在国际经济循环中的参与度，这对我国构建高效的开放型经济体系具有重大意义。国际投资环境的理论和实践在这方面发挥着重大的作用。本章主要从国际直接投资的视角来介绍国际投资环境，首先介绍国际投资环境的概念以及分类，并对国际直接投资的影响因素进行分析，在此基础上，介绍几种主要的国际直接投资环境评价方法。

第一节　国际直接投资环境概述

一、国际投资环境的概念

国际投资环境（International Investment Environment）是指在一定时间内，东道国或某

一地区存在的决定和影响国际直接投资活动开展和预期投资收益的各种因素及其相互依赖、相互制约所形成的有机统一体。

国际投资环境作为国际直接投资活动的外部条件，是国际直接投资活动的前提。国际直接投资作为一种跨国投资，由于与东道国在政治、经济、文化、法律等方面存在差异，投资者在投资决策之前进行投资环境分析尤为重要，通过必要的方法和途径对东道国投资环境各类因素进行调查评估，选择安全程度高且获利较大的国家或者地区作为首要投资地。

二、国际投资环境的分类

（一）国际环境和国内环境

依据国际直接投资行为的外部条件形成和波及范围的不同，国际投资环境可以划分为国际环境和国内环境。国际环境是指与东道国所处的国际环境状况相关联的超国别性因素的总和，如所处经济区域、国际政治地位、与其他国家关系等；国内环境是指东道国自身的国别性因素总和，如自然条件、经济发展状况、政治状况等。

（二）硬环境和软环境

依据国际直接投资外部条件性质的不同，国际投资环境可以划分为“硬环境”和“软环境”。硬环境是指与投资直接相关的物质条件，如自然资源、基础设施等；软环境是指各种非物质形态的社会人文方面的条件，如政策法规、教育水平、办事效率等。

（三）自然因素环境、人为自然因素环境、人为因素环境

依据国际直接投资活动各种影响因素稳定性的不同，国际投资环境可以划分为自然因素环境、人为自然因素环境和人为因素环境，其中自然因素环境相对稳定，人为自然因素环境长期是可变动的，人为因素环境短期内可变动，如表5－1所示。其中，人为自然因素环境中所包含的因素是国际直接投资能否成功的关键，因此，若东道国的B类因素较为缺乏优势，就必须增强A类和C类因素作为弥补。

表5－1　按稳定性分类的国际投资环境

A. 自然因素环境	B. 人为自然因素环境	C. 人为因素环境
自然资源	实际增长率	开放进程
地理条件	经济结构	投资刺激

续表

A. 自然因素环境	B. 人为自然因素环境	C. 人为因素环境
人力资源	劳动效率	政策连续性
自然气候	市场完备性	贸易政策
……	……	……
(相对稳定)	(中期可变)	(短期可变)

三、国际投资环境的基本特征

(一) 综合性

国际投资环境是由众多因素构成的有机整体，它不仅包括经济因素，还有政治、法制、管理、物质技术、社会文化、自然地理等众多并非单纯经济层面反映的因素，而每一方面的因素又是包含着若干要素的一个系统，并且所有因素都以其特有方式作用于投资，这种综合性特点要求人们在改善或评价投资环境的实践中，必须全面顾及所有的因素及其系统；既要全盘考虑有利因素、主要因素和关键因素，也要兼顾不利因素、次要因素和非关键因素；同时，要努力探求和优选国际直接投资环境因素的最佳组合模式。

(二) 先在性

国际投资环境是先于投资行为而客观存在的。无论是自然环境和地理位置这些不可变因素，还是政治、经济、物质技术、社会文化等可变因素均是如此。正是由于这种先在性特点，国际投资环境对投资者的投资决策、投资方向、投资规模以及投资者的收益产生着影响并起着决定性作用。因此，东道国和地区要卓有成效地吸引外资，须提前营造良好的投资环境。

(三) 差异性

国际投资环境在不同国家或地区之间以及对不同投资行业适应性的差异，是绝对且显而易见的。因此，在一定时期内，一些国家或地区会成为国际投资的热点地区，而另一些国家或地区则会遭受投资者的冷落。即使是一个既定的投资环境，因其构成因素或结构方式的特殊性，也不可能对所有行业或项目的投资具有同等的作用。例如，有的投资环境适于农业或畜牧业投资，有的适于水产业投资，有的适于旅游业投资，有的适于工业投资；适于工业投资的环境，也有适于原材料工业、能源工业、加工工业等投资的区别，或者有适于知识和技术密集工业与劳动密集工业投资之分。

（四）动态性

国际投资环境本身及其评价观念都在变化之中。一般来说，在投资环境的构成因素中，除自然条件和地理位置等不可变动外，其他因素如政治、经济、法律、管理、社会文化、物质技术等都将随着时间的推移而不同程度地发生变化。诸多因素的变化势必导致东道国投资环境结构的相应调整，从而使投资环境总体发生变动。与此同时，评价投资环境的标准和观念，也随世界政治、经济和科技的发展而发生变化和调整。例如，国际形势从战争、政局不稳转变为和平与发展的世界主流；制约投资及经营条件逐步向发达的社会经济条件转变；科技进步及其在生产中的加速应用，使偏重自然资源变为注重人力资源标准。认识这种动态性特点，则可以明确投资环境的优劣不是绝对的而是相对的，改善投资环境是无止境的。重视研究目前和预测未来的评价投资环境的标准与观念，以及提高改善投资环境的自觉性和预见性，也都具有重要意义。

（五）主观性

国际投资者具有按照自身需求评价和选择环境的权威性。相对于国际投资主体而言，任何东道国的投资环境都是客观存在的。东道国的投资环境到底是优是劣，是否能吸引外商前去投资，并不以东道国和地区的评价及意愿为转移，而是取决于国际投资者的评价标准及决策。东道国的投资环境是为吸引国际投资而“设置”的，它必须具有获得投资者青睐和好评、激发投资者欲望、诱使投资者作出投资决策的足够魅力。只有国际投资者才是评价投资环境的最具资格的权威主体。

第二节　国际直接投资的影响因素分析

国际投资环境是东道国的自然、政治、经济、法律、社会文化等多种因素综合构成的，每一项因素包括较多的具体内容，对每一项因素进行分析是国际投资环境评价方法和标准的基础环节。

一、国际直接投资环境中自然环境因素分析

自然环境因素是指自然或历史上长期形成的与投资有关的自然、人口及地理等条件，它由地理位置、自然资源、气候、人口等子因素组成。

（一）地理位置

第一，投资国与东道国的距离。投资国与东道国如果在地理位置上比较接近，往往会为国际投资活动提供诸多便利。一方面，两国距离相近，有利于减少运输时间和运输成本；另一方面，毗邻国家间语言、历史、文化、风俗等方面的相似性，也能在一定程度上促进国际投资活动的顺利进行。

第二，投资地点与重要国际运输线的距离。投资地点靠近重要国际运输线，能够提高运输效率，极大程度地减少原材料的运进成本和生产成品的运出成本。基于此，国际投资者在分析投资的可行性时，往往把投资地点是否靠近国际重要运输线作为投资决策的重要参考依据之一。例如，香港是世界上经济最为开放的地区和著名的国际贸易中心，其凭借优越的地理位置和良好的港口条件，吸引了大量国际投资。

第三，投资地点与资源产地的距离。企业进行生产活动需要大量的原材料和燃料。与资源产地的距离会直接影响企业生产所需的原材料和燃料的运输成本，进而影响企业的经济效益。因此，与资源产地的距离对吸引外资具有重要影响。一般而言，投资者为降低投资成本、提高投资效益，往往会选择那些原材料、燃料价格比较低廉的地区进行投资。

专栏5-1　案例分析

坦桑尼亚投资中心关注标轨铁路投资机会①

据《每日新闻》2020年9月18日报道，坦桑尼亚投资中心已着手制定计划，发掘并推介坦桑尼亚标准轨距铁路（SGR）带来的投资机会。16日，投资中心执行董事卡兹博士与坦桑尼亚铁路公司、港务局、税务局、陆路运输监管局等部门代表召开会议，表示标轨铁路的建设伴随着许多其他部门蓬勃发展的投资机会。目前，达累斯萨拉姆至莫罗戈罗段的铁路建设已完成87%，即将进入最后阶段，因此投资中心决定召开相关政府机构会议，随后再召开一次利益相关者会议。卡兹博士表示，这条铁

① 资料来源：坦桑尼亚投资中心关注标轨铁路投资机会［EB/OL］.（2020-09-26）［2021-01-10］. http：// www . mofcom . g ov. en/ article /i/ jyjl /k/ 202009 /20200903004587. shtml.

路的建设目的不仅仅是改善交通运输，也是政府改善投资环境的一部分。坦桑尼亚投资中心认为，发掘确定铁路沿线可以开展的经济活动和投资机会是很重要的。坦桑尼亚铁路公司代表表示将积极配合，使标轨铁路更好地造福公众。

（二）自然资源

自然资源是指天然存在的各种资源，包括水资源、矿产资源、各种原材料等。自然资源对人类的生产活动具有重要影响，东道国可以大力发挥自然资源在东道国投资环境中的巨大优势，进而吸引大量的国际投资，促进当地的经济发展。一国的自然资源能否在引进外资中发挥重要作用，主要取决于以下两个因素：

第一，资源本身的条件。所谓资源本身的条件，是指一国所拥有的自然资源的数量、质量、品种、分布状况和开采价值等。资源本身的条件在一定程度上可以说是决定东道国对外资吸引力大小的根本因素。投资者只有觉得当地的自然资源数量多、质量好、品种多样、分布状况良好、具有较高的开采价值时，才会选择进行投资。

第二，投资国对国外自然资源的依赖程度。对于那些工业高度发达的国家来说，它们急需大量的资源以满足其日益增长的工业需求，而其本国资源的数量往往是有限的。由于资源的巨大需求已远远超出了其自身的供给能力，这便产生了某些国家（主要是工业国）对外国（主要是发展中国家）资源的严重依赖。

专栏 5-2　案例分析

沙特阿拉伯矿业发展开拓新领域①

据沙特阿拉伯权威英文媒体《阿拉伯新闻》2020 年 9 月 15 日报道，沙特阿拉伯专家表示，按照沙特阿拉伯“2030 愿景”规划，2030 年，矿业将成为沙特阿拉伯第三大支柱产业。沙特阿拉伯矿业资源丰富，加之相关部门简化审批手续、提供税收优惠、优化营商环境，将吸引全球投资者来沙特阿拉伯投资发展矿业。

沙特阿拉伯发展矿业不仅可以带动 GDP 增长，还可以促进偏远地区经济发展、改善当地居民就业和落后面貌，使当地居民共享沙特阿拉伯矿业发展成果。例如，沙特阿拉伯“北方承诺”项目致力于改善北部边境欠发达地区居民生活。项目建设7 年来已为瓦阿德·沙马尔（Waad - Shamal）地区创造了 2 万个就业岗位，成为沙特阿

① 资料来源：沙特阿拉伯矿业发展开拓新领域［EB/OL］（2020 - 09 - 23）［2021 - 01 - 12］. http://www.mofcom.gov.cn/article/i/jyjl/k/202009/20200903003485.shtml.

拉伯矿业中心之一。随着该地磷肥项目的实施，沙特阿拉伯将成为世界第二大磷肥生产国和重要出口国。同时，沙特阿拉伯还将在当地建设可为50余万家庭提供电力的发电设施。瓦阿德·沙马尔将建设成拥有庞大公路、供水网络和卫生、购物、休闲设施的矿业新城。拉斯喀尔（Ras Al－Khair）工业城的建设也是成功案例。该区域大型炼铝厂产能为74万吨，并于2016年开始开采磷肥，现已成为沙特阿拉伯东部矿业、发电和居住中心。

沙特阿拉伯工矿部负责矿业的次大臣哈立德·穆代费尔（Khalid Al－Mudaifer）表示，瓦阿德·沙马尔矿业新城的成功建设表明，发展矿业与繁荣当地社区可以共生共存、相互促进。他希望通过引入更多境内、外投资，进一步发掘沙特阿拉伯矿业潜力，建设更多类似中心。同时他指出，沙特阿拉伯各部门将全力支持矿业发展，使沙特阿拉伯矿业投资环境不断优化，在地区占有独特优势。

（三）气候条件与人口条件

气候主要是指投资地域所处的各种气候状况，如温度、湿度等。气候条件会对投资活动的开展产生重要影响。气候宜人的地方，往往温度与湿度适中，人口数量也较多，市场规模往往较大，这些因素都有利于生产效率的提高；反之，气候恶劣的地方，往往人口数量少，市场规模小，不太适宜直接投资。

人口因素主要包括出生率、死亡率、疾病、人口增长率和人口密度。人口因素对国际投资具有重要影响。一方面，人口因素决定某一产品的需求规模，人口数量越多，产品的需求规模越大；另一方面，人口因素还决定需求的种类，如年轻人和老年人对产品的需求种类往往会有很大差异。

专栏5－3　案例分析

印尼青年企业家协会支持政府最新通过的《创造就业综合法令》[①]

据印尼安塔拉国家通讯社网站2020年10月14日雅加达消息，印尼青年企业家协会（Hipmi）总主席马尔达尼日前表示，印尼政府最新通过的《创造就业综合法令》将能创造就业机会并促进中小微企业的发展，同时也有利于改善印尼的投资环境。马尔达尼称，到2025年，印尼的人口红利将带来1.485亿人的新增就业人口，而私营企业将在吸收劳动力方面发挥关键作用。印尼需要私营企业界足够大的投资才

① 资料来源：印尼青年企业家协会支持政府最新通过的创造就业综合法令［EB/OL］（2020－10－14）［2021－01－12］. http://www.mofcom.gov.cn/article/I/jyjl/i/202010/20201003007850.shtml.

能创造充分的就业岗位。人口红利理应为经济带来红利，但如果没有足够的就业机会，则反而会带来灾难。他呼吁各方认真研读《创造就业综合法令》，不要被谣言迷惑，对法令的不同意见可以通过法律渠道解决。

二、国际直接投资环境中政治环境因素分析

政治环境是指东道国的政治体制、政权的稳定性、政策的连续性、执政者的治国能力及政府部门的行政效率、国际关系等构成的政治和社会的综合条件。政治环境因素是投资者进行投资时首先要考虑的一个重要因素，对于投资者而言往往愿意到政治环境稳定的国家或地区进行投资。

（一）政治体制

政治体制包括国家的管理形式、政权组织形式、选举制度、公民行使政治权利的制度等方面。一般来说，政治体制比较健全的国家往往政治上比较民主和开放，政府的决策方式和行为规范也会比较透明，这样的国家一般会对外资持开放的态度；相反，政治体制不健全的国家，在政治上也会比较保守和落后，政府的决策方式和行为规范一般也会缺乏透明性，对外资往往持比较谨慎的态度。

（二）政权的稳定性

政权的稳定性是指执政党在执政过程中不应受到任何内部与外部问题的困扰和动摇，执政党应具有应对一切冲突的应变能力。在国际投资中，政权的稳定性对投资者的区位选择具有重要意义，稳定的政权不仅有利于投资者维护既定的投资利益，也有利于投资者结合东道国的具体情况制定长远的投资发展规划，坚定投资者继续在东道国进行长期投资的信心。

（三）政策的连续性

政策的连续性是指政府的政策既不受政府正常选举的影响，也不会因为政府的正常更迭而改变。在国际投资中，连续的政府政策往往会引起外国投资者较高的关注。政府政策的连续性越强，表明该国的政治越稳定，越能吸引外国投资者的投资；反之，政府的政策缺乏连续性，则会降低投资者的投资信心，影响投资者的投资积极性。

（四）执政者的治国能力及政府部门的行政效率

执政者的治国能力表现在多个方面，如政府对法治建设的重视、对发展教育事业的重视、对维护社会治安的重视、处理突发事件的能力等。一般而言，执政者的治国能力越强越有利于为投资者创造稳定的社会政治环境，越有利于吸引外国投资者的投资。政府部门的行政效率，包括行政人员的办事能力和所提供的公共服务的质量等方面。行政人员的办事能力越强、办事效率越高、所提供的公共服务的质量越高，越有利于提高投资者的投资积极性；反之，则不利于吸引投资。

（五）国际关系

国际关系主要是指东道国与邻国的关系、与投资国的关系、与其他国家的关系、在国际组织中的地位及作用等。一般来说，东道国与邻国以及投资国的关系越好、与其他国家的交往越密切、在国际组织中越能发挥重要作用，往往表明该国的投资环境越好，就越能吸引外国投资者的加入。

专栏5－4　案例分析

商务部副部长兼国际贸易谈判副代表王受文与新方共同主持召开第30届中国—新西兰经贸联委会①

2020年9月23日，第30届中国—新西兰经贸联委会以视频会议形式召开，商务部副部长兼国际贸易谈判副代表王受文与新西兰外交贸易部代理副秘书长马克·辛克莱共同主持，中国驻新西兰大使吴玺、新西兰驻华大使傅恩莱出席。

王受文表示，习近平主席2019年在会见来访的新西兰总理阿德恩时指出，中方愿和新方共同努力，推动中新关系继续“领跑”中国和西方国家关系。双方在当前特殊时期召开此次会议，体现了两国政府对双边经贸关系的高度重视，展示了双方对扩大互利经贸合作的良好愿望，释放了团结合作、共度时艰的积极信号。中新两国经济高度互补，双边经贸合作潜力巨大。2020年，中国正在加快构建以国内大循环为主体、国内国际双循环相互促进的新发展格局，深入推进新一轮高水平对外开放，新西兰正进行经济转型，两国经贸合作将迎来新的发展机遇。中方愿同新方一道，不断

① 资料来源：商务部副部长兼国际贸易谈判副代表王受文与新方共同主持召开第30届中国—新西兰经贸联委会［EB/OL］.（2019－09－27）［2021－01－15］. http：// www. mofcom. gov. cn /article /zt_ dsgjhz/ hzdt/ 202009/ 20200903004640. shtml.

探索新的合作模式，继续推动双边经贸关系健康稳定发展，为中新两国和全球经济复苏带来新动能，为两国人民带来更多实实在在的利益。

辛克莱表示，新中关系是新西兰最重要的双边关系之一。经贸合作是双边关系的基石，新方高度重视发展对华经贸关系，致力于拓展各领域务实合作。新方感谢中方在抗击疫情领域给予的支持，愿继续与中方加强包括疫苗在内的抗疫合作。新方愿充分利用经贸联委会机制，与中方积极筹划下一阶段合作，深挖合作潜力，培育服务贸易和数字经济合作的新增长点，促进两国和区域经济恢复增长，推动双方务实合作向更高水平发展。新方支持以世贸组织为核心的多边贸易体制，支持对世贸组织进行改革，愿与包括中国在内的各经济体共同维护多边主义和自由贸易，发挥亚太经济合作组织重要作用。

双方一致同意，继续就两国经济形势和政策保持密切沟通，深化“一带一路”框架内合作，推动自贸协定升级进程，保持贸易开放和供应链产业链畅通，营造良好投资环境，扩大农业等领域合作。中方支持新方举办2021年亚太经济合作组织会议，双方将继续在多边区域事务中加强沟通协调。

三、国际直接投资环境中经济环境因素分析

经济环境是国际投资环境中最直接、最基本的因素。经济环境因素主要包括经济稳定性、经济发展水平、经济体制、收入水平、产业发展状况等方面。东道国的经济环境是外商投资目的得以实现的基本保障。因此经济环境因素不仅是影响外商决策的关键因素，也是东道国投资环境改善中的重要一环。

（一）经济稳定性

经济稳定是指一国实现充分就业、物价稳定和国际收支平衡，以及经济的持续、稳定、协调发展。对于投资者而言，一国的经济稳定程度是其是否进行投资的重要因素。经济的稳定性越强，往往意味着在该国进行投资的预期收益和利润水平越高；而经济稳定状况较差，则会直接影响投资者的投资效果和利润水平，因而会降低投资者的投资意愿。

（二）经济发展水平

经济发展水平是指一个国家经济发展的规模、速度和所达到的水准。反映一个国家经

济发展水平的常用指标有国民生产总值、国民收入、人均国民收入、经济发展速度、经济增长速度等。经济发展水平不同的国家，其投资需求和市场结构存在较大的差异。例如，就消费品市场而言，发达国家在市场营销中多注重品质竞争，强调产品的款式、特色和性能；而发展中国家则侧重于产品的功能性和实用性，并通常采取价格竞争这一竞争手段。因此，投资者在进行投资之前必须考虑投资国的经济发展水平，以此为基础制定合适的投资策略。

（三）经济体制

经济体制指一个国家在一定区域内制定并执行经济决策的各种机制的总和，通常指国家经济组织的形式。它规定了国家与企业、企业与企业、企业与各经济部门之间的关系，并通过一定的管理手段和方法来调控或影响社会经济活动的范围、内容和方式等。就国际投资而言，国与国之间的经济体制越近似，经济体制越完善，相互之间的资本流动就越容易进行，从而越有利于国际投资活动的顺利开展。

（四）收入水平

收入水平会直接影响一个国家居民的消费能力和消费水平，进而影响投资者的投资规模和投资收益。收入水平越高的国家，居民的消费意愿和消费能力越强，消费水平也会越高，也就意味着该国具有较强的市场消费潜力，这必然会对外国投资者产生较大的吸引力，促使其不断扩大投资规模。

（五）产业发展状况

产业发展状况是指产业的产生、成长和进化过程，它既包括单个产业的进化过程，又包括产业总体，即整个国民经济的进化过程。东道国的产业发展状况良好，意味着该国具有较强的发展潜力，能够为投资者带来较高的收益，有利于吸引外国投资者的投资。

四、国际直接投资环境中法律环境因素分析

法律环境是指国家或地方政府颁布的各项法规、法令、条例等。法律环境对国际投资活动的开展具有一定的调节作用。投资者研究并熟悉法律环境，不仅可以保证自身严格依法经营和运用法律手段保障自身权益，还可通过法律条文的变化对投资需求及其走势进行预测。

第一，法律的完备性。法律的完备性是指国际投资的法律文件是否完备、健全。完备

健全的法律在国际投资环境中具有重要意义，它可以保护投资者的合法权益，减少投资者的顾虑，提高投资者的投资积极性。国际投资方面的法律主要包括公司法、外商投资法、劳动者权益保护法等，主要涉及对外资进入的法律规定、对外资经营活动的法律规定、对外资的优惠政策三个方面。

第二，法律的公正性。法律的公正性是指在执行法律时，能公正地以同一标准对待每一个诉讼主体。法律的公正性会对投资者产生重要影响，如果一国能够做到严格公正执法，投资者会感觉在该国进行投资时自己的利益能够得到最大限度的保障，这必然会对投资者产生较大的吸引力，促使投资者在该国进行长期投资。

第三，法律的稳定性。法律的稳定性，是指法律在一定时期内不变更的属性。法律是社会关系的调整器，在一定的社会关系内容和性质发生变化之前，随意废止或修改相应的法律，不利于发挥法律社会关系调整器的功能，还会使法律失去规范所具有的行为指导作用。对于国际投资活动而言，一个国家的法律朝令夕改，会增加投资者的风险，降低投资者的投资意愿。

专栏 5-5　案例分析

联合早报社论：印尼总统佐科经济改革步伐阻碍重重[①]

《联合早报》2020 年 10 月 13 日报道：印度尼西亚国会 10 月 5 日快速通过备受争议的《创造就业法案》，引发民间强烈抗议，超过 200 万人走上街头示威。全国 33 个劳工组织以及众多学生、学者批评法案是在缺乏协商的情况下通过的，严重破坏了劳工权益，过于偏向资方，并将削弱环境保护。

印尼政府在这份 900 多页涵盖多项内容的新法中，一口气修订 79 项劳工法，涉及 1200 个条款，希望借此加快经济改革步伐、改善投资环境以吸引更多外资。《创造就业法案》通过后，即刻引发全国各地抗议示威活动与罢工，最后演变为警民冲突，示威者放火烧毁和破坏多栋建筑、公共设施和警岗，数天骚乱中超过 3800 人被捕。

印尼总统佐科 10 月 9 日捍卫这项新法，并指抗议者受到社交媒体上假消息的影响。他说，新法没有废除最低工资，也没有废除环境影响评估，大企业投资案仍要经过环境影响评估，中小企业则将以辅导方式使其符合环保规定。佐科认为新法是必要的，因为新冠疫情已影响到 350 万印尼人的生计，并导致 690 万人失业。佐科政府认为，新法案将通过简化法规、削减烦琐手续，以吸引更多外国的直接投资，这是振兴

① 资料来源：联合早报社论：印尼总统佐科经济改革步伐阻碍重重［EB/OL］.（2020－10－13）［2021－01－17］. http：// www . mofcom . gov. cn /article /I /jyjl /j/ 202010/ 20201003007530. shtml.

印尼当前不景气经济的关键。

佐科 2019 年 10 月承诺要在同年年底前修改劳工法吸引外资后，2020 年以来，印尼工人响应工会号召一再示威抗议，要求国会拒绝通过佐科政府提出的改革法案。但劳工改革法案是佐科第二个五年任期的首要任务，他在 2019 年 10 月 20 日宣誓就任时，就立下推动印尼经济发展的宏愿，要在 2045 年也就是印尼独立 100 周年时，让印尼成为全球第五大经济体。

印尼人口有 2.6858 亿人，每年有 290 万年轻人进入劳动力市场，加上庞大的失业人口，创造就业机会是佐科政府面对的严峻挑战，这也是印尼九个政党中七个支持这项针对经济改革新法案的原因。但一些分析师则对这项法案的作用持谨慎乐观态度，并认为大规模示威活动将影响当局招商引资的努力，促使投资者重新评估对印尼的投资计划。

佐科曾指出，企业长期抱怨劳工法规定的巨额遣散费、复杂的最低工资制度，以及对雇用和解雇工人设定的限制，这些不友善的劳工法令一日不修，外国投资者将继续选择到其他东南亚国家投资。佐科要尽快将限制经济增长的“手铐”全部取下，但创造亲商环境来吸引投资的阻力不小，印尼之前的总统也曾尝试推出类似新法，但均因工会组织的强烈反对而以失败告终。

新冠疫情暴发后，印尼经济元气大伤，疫情对印尼经济造成的冲击日益明显，更多印尼人收入减少和失去工作，佐科尝试改变影响广大民众的劳工法令，招致反对是意料之中的事。佐科政府推出简化工资结构、工作时间及工作裁减等条例，让新法令有推行下去的机会，因为它预计最终能创造数百万个就业机会。

新冠疫情已拖延佐科许多经济政策和基础设施建设计划，如果他坚持在第二任期内大力推动各领域改革，尽管各方阻碍重重，但印尼经济平稳发展，基础设施建设步伐加快，进而提升了整体劳动力素质。

五、国际直接投资环境中社会文化环境因素分析

社会文化环境是指在一种社会形态下已形成的信念、价值观念、宗教信仰、道德规范审美观念以及世代相传的风俗习惯等被社会所公认的各种行为规范。东道国社会文化环境是对国际投资行为和生产经营管理具有重大影响的因素，是国际投资软环境当中的重要一环。

（一）价值观念

价值观念是基于人的一定的思维感官而做出的认知、理解、判断或抉择，也就是人们

认定事物、辨定是非的一种思维或取向。人与人之间的价值观念不同，消费习惯和消费方式也会不同，这必然会对整个市场的消费结构和市场规模产生一定的影响。因此，投资者在进行投资决策时要与目标市场消费者的价值观念联系起来，要考虑到不同市场消费者的价值观念差异，在此基础上制定不同的投资策略。

（二）宗教信仰

宗教信仰是指信奉某种特定宗教的人群对其所信仰的神圣对象，由认同崇拜而产生的坚定不移的信念，这种思想信念贯穿于特定的宗教仪式和宗教活动中，并用来指导和规范自己的行为，它属于一种特殊的社会意识形态和文化现象。宗教信仰是进行国际投资活动时需要考虑的重要因素，如信仰宗教者通常禁食或禁用某些商品等，这些必须引起投资者的注意。

（三）语言和文化传统

由于不同的语言和文化传统所造成的社会观念、消费习惯和思维方式是不同的，因此，语言和文化传统会对国际投资活动产生不同程度的影响。投资国与东道国在语言和文化传统方面的差异越小，往往越有利于双方的沟通和交流，从而越有利于国际投资活动的开展；反之，则可能会阻碍国际投资活动的顺利进行。

（四）风俗习惯

风俗习惯是指个人或集体的传统风尚、礼节、习性，是特定社会文化区域内人们共同遵守的行为模式或规范，主要包括民族风俗、节日习俗、传统礼仪等。由于风俗习惯能在一定程度上影响人们的消费心理和消费习惯，因此也是影响投资者投资活动的一个重要因素。

第三节　国际直接投资环境评估方法

国际投资环境评估是对具体投资环境的一种分析，已成为国际投资活动中不可缺少的一个环节。投资者在投资活动决策前运用投资环境分析方法，对东道国的投资环境从大到小、从宏观到微观、从规范到实证进行全面的评估。对东道国投资环境进行全面评估，是跨国投资者对外直接投资项目可行性研究和论证的一个重要组成部分。投资环境评估结论是跨国投资者选择对外投资的国别、行业、方式与规模，以及最后制定投资决策的重要依据。

目前，国际投资环境的评估方法有很多，本节对几种常用的评估方法进行介绍，主要包括冷热对比分析法、投资环境等级评分法、加权等级评分法、要素评估分类法、闵氏评估法、成本分析法、投资障碍分析法等。

一、冷热对比分析法

（一）冷热对比分析法的起源

1968 年，美国学者伊西阿·利特法克（Isian A. Litvak）和彼得·班廷（Piter M. Barting）根据他们对 20 世纪 60 年代后半期美国、加拿大、南非等国大量工商界人士进行的调查资料，在《国际商业安排的概念构架》一文中提出通过七种因素对各国投资环境进行综合、统一尺度的比较分析，从而产生了投资环境冷热对比分析法。

（二）冷热对比分析法的基本方法

冷热对比分析法的基本方法是，从投资者和投资国的立场出发，选定对投资环境有重要影响的七大因素，据此对目标国逐一进行评估，并将其由“热”至“冷”依次排列，“热国”表示投资环境优良，“冷国”表示投资环境欠佳。

（三）冷热对比分析法的七大因素

冷热对比分析法的七大因素包括：

（1）政治稳定性：一国的政治稳定性高时，这一因素为“热”因素。

（2）市场机会：一国的市场机会大时，为“热”因素。

（3）经济发展和成就：一国的经济发展快、成就大，为“热”因素。

（4）文化一体化：指一国国内各阶层的人民在相互关系以及风俗习惯、价值观、宗教信仰等方面的差异程度。文化统一时，为“热”因素。

（5）法令阻碍：指一国法律的完善、繁简程度给企业带来的困难，以及对今后工商环境造成的影响。法令阻碍大时，为“冷”因素。

（6）实质阻碍：一国的自然条件，如地形、地理位置、气候、降水量、风力等，往往会对企业的有效经营产生阻碍。实质阻碍高时，为“冷”因素。

（7）地理及文化差距：两国距离遥远，文化、社会观念及语言上有差异，都会对沟通和联系产生不利影响，妨碍思想交流。地理及文化差距大时，为“冷”因素。

在上述多种因素的制约下，一国投资环境越好，即"热国越热"，外国投资者在该国的投资参与比重就越大；相反，若一国投资环境越差（即"冷国"），则该国的外资投资比重就越小。冷热对比分析法是最早的一种投资环境评估方法，虽然在因素（指标）的选择及其评判上过于笼统和粗糙，但它却为评估投资环境提供了可利用的框架，为以后投资环境评估方法的发展和完善奠定了基础。

二、投资环境等级评分法

（一）投资环境等级评分法的定义

投资环境等级评分法，又称等级评分法或多因素分析法，是美国经济学家罗伯特·斯托鲍夫提出的，因此，也称罗氏等级评分法。这种方法从东道国政府对外国直接投资者的限制和鼓励政策出发，具体分析了影响投资环境的各种微观因素。这些因素分为八个关键项目。根据八项关键项目所起作用和影响程度的不同而确定不同的等级分数，又把每一大因素再分为若干个子因素，按有利或不利的程度给予不同的评分最后把各因素的等级得分加总，作为对其投资环境的总体评价。总分越高，表示其投资环境越好；总分越低，则表示其投资环境越差。

（二）投资环境等级评分法的八大因素

投资环境等级评分法的八大因素包括货币稳定性、近5年通货膨胀率、资本外调、外商股权、外国企业与本地企业之间的差别待遇和控制、政治稳定性、当地资本供应能力、给予关税保护的态度。在这八大因素中，罗伯特又把每一个因素分解为若干子因素，然后根据各个因素对投资环境的有利程度予以评分，满分为100分，具体如表5－2所示。

表5－2　　投资环境等级评分法

考察因素	评分/分
1. 货币稳定性	4—20
自由兑换货币	20
官价和黑市价之差不超过10%	18
官价和黑市价之差在10%—40%	14
官价和黑市价之差在40%—100%	8
官价和黑市价之差超过100%	4

续表

考察因素	评分/分
2. 近5年通货膨胀率	2—14
低于1%	14
1%—3%	12
3%—7%	10
7%—10%	8
10%—15%	6
15%—35%	4
超过35%	2
3. 资本外调	0—12
无限制	12
有时限制	8
对资本外调有限制	6
对资本和利润收入有限制	4
严格限制	2
完全不准外调	0
4. 外商股权	0—12
允许占100%，并表示欢迎	12
允许占100%，但并不表示欢迎	10
允许占多数股权	8
允许最多占50%	6
只允许占少数	4
只允许占30%以下	2
完全不允许外商控制股权	0
5. 外国企业与本地企业之间的差别待遇和控制	0—12
对外国企业与本地企业一视同仁	12
对外国企业略有限制但无控制	10
对外国企业不限制但有若干控制	8
对外国企业有限制并有控制	6
对外国企业有些控制，且有严格限制	4
严格限制与控制	2
根本不准外国人投资	0

续表

考察因素	评分/分
6. 政治稳定性	0—12
长期稳定	12
稳定，不过依赖某一重要人物	10
稳定，但要依赖邻国的政策	8
内部有纠纷，但政府有控制局面的能力	6
来自国内与国外的强大压力对政策有影响	4
有政变或发生根本变化的可能	2
不稳定，极有可能发生政变	0
7. 当地资本供应能力	0—10
发达的资本市场，公开的证券交易	10
有部分本地资本投资证券市场	8
有限的资本市场，缺乏资本	6
有短期资本	4
对资本有严格限制	2
资本纷纷外逃	0
8. 给予关税保护的态度	2—8
全力保护	8
有相当保护	6
有些保护	4
非常少或无保护	2
总　计	8 ~ 100

（三）投资环境等级评分法的优缺点

投资环境等级评分法的优点主要体现在：投资环境等级评分法所选取的都是对投资环境有直接影响、投资决策者最关心的因素，同时这些因素都具有较为具体的内容，评价时所需的资料易于取得又易于比较，一般的投资者都可以使用。

投资环境等级评分法的缺点主要体现在：一是评分内容有待完善。投资环境等级评分法没有考虑影响项目建设和企业生产经营的外部因素，例如，投资地点的基础设施、法律制度、行政机关的办事效率等。二是评分标准有待完善。投资环境等级评分法的各项因素难以适当加权，而且有些因素可能具有决定性作用。投资环境等级评分法中所涉及的评分标准只适合一般性投资评估，不能单纯用这个评分方法进行说明并下结论。

三、加权等级评分法

加权等级评分法是投资环境等级评分法的演进，该方法由美国学者威廉·A. 戴姆赞于1972年提出。按照这种方法，企业在运用这种方法时大体可以分为三个步骤：（1）对环境因素的重要性进行排列，并列出相应的重要性权数；（2）根据各环境因素对投资环境产生不利影响或有利影响的程度进行等级评分，每个因素的评分范围都是从0（完全不利的影响）到100（完全有利的影响）；（3）将各种环境因素的实际得分乘以相应的权数，并进行加总。具体形式如表5-3所示。

表5-3　　加权等级评分法

按重要性排列的环境因素	A国			B国		
	（1）重要性权数	（2）等级评分 0—100/分	（3）加权等级评分 （1）×（2）	（1）重要性权数	（2）等级评分 0—100/分	（3）加权等级评分 （1）×（2）
1. 财产被没收的可能性	10	90	900	10	55	550
2. 动乱或战争造成损失的可能性	9	80	720	9	50	450
3. 收益返回	8	70	560	8	50	400
4. 政府的歧视性限制	8	70	560	8	60	480
5. 在当地以合理成本获得资本的可能性	7	50	350	7	90	630
6. 政治稳定性	7	80	560	7	50	350
7. 资本的返回	7	80	560	7	60	420
8. 货币的稳定性	6	70	420	6	30	180
9. 价格稳定性	5	40	200	5	30	150
10. 税收水平	4	80	320	4	90	360
11. 劳资关系	3	70	210	3	80	240
12. 政府给予外来投资的优惠待遇	2	0	0	2	90	180
加权等级总分			5360			4390

四、要素评估分类法

要素评估分类法是一种定量评估方法。它是将硬环境和软环境因素归纳为八大类，依据各类因素间的相关性，提出如下经济模型：

$$I = \frac{AE(B + D + G + H)}{CF} + X \tag{5-1}$$

式（5-1）中，X 是一个随机变量，其值可正可负。八大指标因子中，B（城市规划完善度因子）、D（劳动生产率因子）、G（市场因子）、H（管理权因子）地位基本相同，而 A（投资环境激励系数）、E（地区基础因子）、C（利税因子）、F（效率因子）的地位较为特殊，投资环境因素中 A 和 E 的改善，能够优化投资环境：C、F 的作用方向相反。

按照上述公式求出的准数值 I 越高，表明投资环境越好，预期的投资收益越高。这种方法能比较顺利、定量地评估投资环境的优劣。

五、闵氏评估法

香港中文大学闵建蜀教授在投资环境等级评分法的基础上提出了两种有密切联系而又有一定区别的投资环境考察方法——闵氏多因素评估法和闵氏关键因素评估法。

（一）闵氏多因素评估法

闵氏多因素评估法是对某国投资环境作一般性的评估所采用的方法，它较少从具体投资项目的投资动机出发来考察投资环境。投资环境总分的取值范围在 11—55 分。越接近 11，说明投资环境越差；越接近 55，说明投资环境越好。

闵氏多因素评估法将影响投资环境的因素分为 11 类，分别为政治环境、经济环境、财务环境、市场环境、基础设施、技术条件、辅助工业、法律制度、行政机构效率、文化环境、竞争环境，每一类因素又由一组子因素组成，如表 5-4 所示。

表 5-4　闵氏多因素评估法的主要因素及其子因素

影响因素	子因素
政治环境	政治稳定性，国有化可能性，当地政府的外资政策等
经济环境	经济增长，物价水平等
财务环境	资本与利润外调，汇率，融资的可能性等
市场环境	市场规模，分销网点，营销的辅助机构，地理位置等
基础设施	通信，交通运输，外部经济等
技术条件	科技水平，适合工资的劳动生产力，专业人才的供应等
助工业	辅助工业的发展水平、配套情况等
法律制度	商法、劳工法、专利法等各项法律是否健全，执法是否公正等
行政机构效率	机构的设置，办事程序，工作人员的素质等
文化环境	当地社会是否接纳外资公司及对其的信任与合作程度，外资公司是否适应当地社会风俗等
竞争环境	当地竞争对手的强弱，同类产品进口额在当地市场所占份额等

（二）闵氏关键因素评估法

闵氏关键因素评估法与闵氏多因素评估法不同，它从具体投资动机的角度出发，在影响投资环境的一般因素中，找出影响具体项目投资动机实现的关键因素，根据这些因素，对某国的投资环境作出评价。具体如表5－5所示。

表5－5　闵氏关键因素评估法

投资动机	影响投资的关键因素
降低成本	适合当地工资水平的劳动生产率，土地费用，原材料与元件价格，运输成本
发展当地市场	市场规模，营销辅助机构，文化环境，地理位置，运输条件，通信条件
材料和元件供应	资源，当地货币汇率的变化，当地的通货膨胀，运输条件
风险分散	政治稳定性，国有化可能性，货币汇率，通货膨胀率
追随竞争者	市场规模，地理位置，营销的辅助机构，法律制度等
获得当地生产和管理技术	科技发展水平，劳动生产率

闵氏关键因素评估法的具体评价方法如下：首先，了解投资者所要达到的特定目标，并确定与之密切相关的环境因素；其次，确定关键因素重要性的比重、评分等级，并选择若干个国家和地区作为投资地点；最后，进行评估打分，算出结果。以发展当地市场这一投资动机为例，其关键因素评分表如表5－6所示。

表5－6　关键因素评分表

国家或地区	市场规模（0.4）	营销辅助机构（0.2）	文化环境（0.1）	地理位置（0.1）	运输条件（0.1）	通信条件（0.1）	评分
A	8	5	6	4	4	5	6.1
B	7	6	5	4	6	4	5.9
C	9	6	6	5	3	4	6.6

闵氏关键因素评估法只是对具有特定目标和要求的投资环境进行评价，因而存在一定的片面性，并不能代替一般性评价。一般是先采用闵氏多因素评估法进行投资环境的整体性评价，再使用闵氏关键因素评估法对特定因素进行评价，这样有助于加强评价的全面性、客观性和正确性。可以说，闵氏多因素评估法与闵氏关键因素评估法互为补充，运用闵氏评估法既可以得到对投资环境的整体性评价结论，又能得到具体投资项目的专门评估结论，从而实现了一般与特殊的结合。

六、成本分析法

成本分析法是西方常用的一种评估方法。这一方法把投资环境的因素均折合为数字作为成本的构成，然后比较成本的大小，得出是否适合进行投资的决策。英国经济学家拉格曼对此作了深入的研究，提出了“拉格曼公式”。

设 C 为投资国国内生产正常成本；C'为东道国生产正常成本；M'为出口销售成本（包括运输、保险和关税等）；D'为技术专利成本（包括泄露、仿制等）；A'为国外经营的附加成本。则：$C+M'$为直接出口成本；$C'+A'$为建立子公司、直接投资的成本；$C'+D'$为转让技术专利、国外生产的成本。比较这三种成本的大小，有以下三组六种关系，如表 5－7 所示。

表 5－7　成本分析法下的六种关系

关系	结果
$C+M'<C'+A'$	选择直接出口，因为直接出口比对外直接投资有利
$C+M'<C'+D'$	选择直接出口，因为直接出口比转让技术专利有利
$C'+A'<C+M'$	建立子公司，因为直接投资比直接出口有利
$C'+A'<C'+D'$	建立子公司，因为直接投资比转让技术专利有利
$C'+D'<C'+A'$	转让技术专利，因为转让技术专利比对外直接投资有利
$C'+D'<C+M'$	转让技术专利，因为转让技术专利比直接出口有利

其中，只有在第二组情况下适于作出投资决策。

七、投资障碍分析法

投资障碍分析法是依据潜在的阻碍国际投资运行因素的多寡与程度来评价投资环境优劣的一种方法。这是一种简单易行的、以定性分析为主的国际投资环境评估方法。

其要点是：列出国外投资环境中阻碍投资的主要因素，并在所有潜在东道国中进行对照比较，以投资环境中阻碍因素的多与少来断定其好与坏。阻碍国际投资顺利进行的障碍因素主要包括以下 10 类：政治障碍、经济障碍、资金障碍、人力资源障碍、国有化风险障碍、歧视性政策障碍、政府干预障碍、进口限制、法律及行政制度障碍、外汇管制，如表 5－8 所示。

表 5－8　　投资障碍分析法的评估因素

障碍因素	评价内容
政治障碍	政治制度与投资国不同；政局动荡不稳
经济障碍	经济停滞或增长缓慢；外汇短缺；劳动力成本高；通货膨胀和货币贬值；基础设施差；原材料等基础行业薄弱
资金障碍	资本数量有限；没有完善的资本市场；资金融通困难
人力资源障碍	技术人员和熟练工人短缺
国有化风险障碍	国有化政策与没收政策
歧视性政策障碍	禁止外资进入某些行业；对当地的股权比例要求过高；要求有当地人参与企业管理；要求雇用当地人员，限制外籍人员数量
政府干预障碍	国有企业参与竞争；物价管制；要求使用本地原材料
进口限制	限制工业制品进口；限制生产资料进口
法律及行政制度障碍	东道国国内法律、法规不健全；没有有效的仲裁制度；行政管理效率低；贪污受贿行为严重
外汇管制	一般外汇管制；限制资本和利润汇回；限制提成费汇回

思考与练习

1. 简述国际直接投资环境的分类及其特点。

2. 分析国际直接投资环境的基本特征及其对投资决策的影响。

3. 运用所学知识，分析一个国家或地区的国际直接投资环境，包括自然环境、政治环境、经济环境、法律环境和社会文化环境。

4. 选择一种国际直接投资环境评价方法，对一个国家或地区的投资环境进行评价。

5. 阐述不同国际直接投资环境评价方法在实际应用中的适用性。

第六章　传统国际间接投资理论

学习目标

1. 了解传统国际间接投资的概念和特征。
2. 掌握传统国际间接投资的发展历程和趋势。
3. 熟悉传统国际间接投资的主要理论。
4. 分析传统国际间接投资的动机和影响。
5. 认识传统国际间接投资的操作方式和工具。

国际间接投资早在自由资本主义时期就已出现。随着资本主义发展到垄断阶段，国际间接投资便迅速发展起来。19世纪末20世纪初，资本主义垄断代替竞争并取得统治地位后，在少数发达资本主义国家中便出现了所谓的“过剩资本”。这些国家为了获取高额利润，争夺商品销售市场，便竞相把这些资本输出到国外去。总的说来，到第二次世界大战结束为止，资本主义国家的对外投资主要是间接投资。第二次世界大战后，随着生产国际化和国际直接投资的发展，国际间接投资在资本国际流动总额中的比重逐渐下降，但是，国际间接投资仍在国际资本流动中占有重要地位，仍然是国际资本流动的基本形式之一。

第一节 资本积累和扩大再生产规律理论

一、扩大再生产理论

扩大再生产是指在扩大的规模上进行的再生产过程。其基础是剩余价值中的一部分用于生产性积累。扩大再生产可以分为外延型扩大再生产和内含型扩大再生产两种。外延型扩大再生产是通过增加生产要素的数量而实现的扩大再生产。内含型扩大再生产是通过提高生产要素的使用效率而实现的扩大再生产。

在扩大再生产的情况下，资本家从工人身上剥削来的剩余价值，不是全部用于个人消费，而是有一部分转化为资本，用以购买追加的生产资料和劳动力，使生产在扩大的规模上重复进行。

根据马克思主义政治经济学理论，扩大再生产需要满足如下两个前提条件：

（1）$\text{I}(v+m) > \text{II}c$，即第一部类为第二部类提供的生产资料，除了满足第二部类简单再生产对生产资料的需要外，还必须有余额用来满足两大部类扩大再生产对追加生产资料的需要。

（2）$\text{II}\left(c+m-\frac{m}{x}\right) > \text{I}\left(v+\frac{m}{x}\right)$，即第二部类为第一部类提供的消费资料，除了满足第一部类简单再生产时工人和投资者的个人消费的需要外，还必须有余额用来满足两大部类扩大再生产追加工人对消费资料的需要。

根据上述前提条件，假定社会资本扩大再生产如下：

$$\text{I}：4000c+1000v+1000m=6000 \quad (6-1)$$

$$\text{II}：1500c+750v+750m=3000$$

同社会资本简单再生产一样，社会资本扩大再生产情况下的社会总产品也是通过三方面的交换实现的。但多了积累因素，社会总产品要提供追加生产资料和追加消费资料，从而必须重新组合。假定第一部类积累率为50%，且原有资本有机构成不变，两大部类的产品价值按照它们在扩大再生产中的最终用途就会重新组合为：

$$\text{I}：(4000c+400\Delta c)+(1000v+100\Delta v)+500\frac{m}{x}=6000 \quad (6-2)$$

$$\text{Ⅱ}:(1500c+100\Delta c)+(750v+50\Delta v)+600\frac{m}{x}=3000$$

通过第一部类内部的交换、第二部类内部的交换和两大部类之间的交换，社会总产品全部得到实现。下一年的社会资本扩大再生产得以进行。这一实现过程如图 6－1 所示：

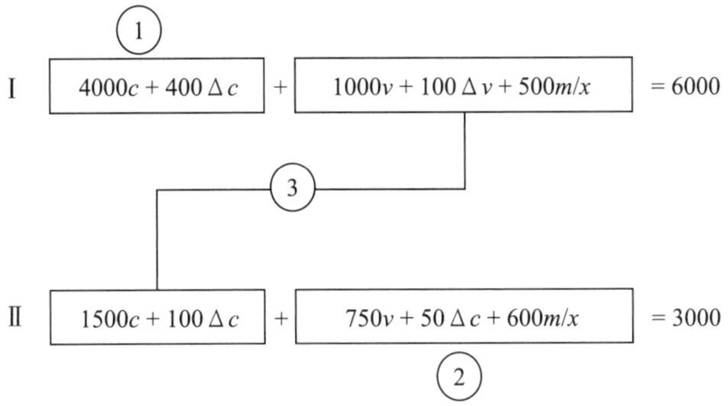

图 6－1　扩大再生产的实现过程

可见，扩大再生产的基本实现条件公式为：

$$\text{Ⅰ}\left(v+\Delta v+\frac{m}{x}\right)=\text{Ⅱ}\ (c+\Delta c) \tag{6-3}$$

该公式表明：第一部类为第二部类生产的生产资料必须同第二部类对生产资料的需要相一致；第二部类为第一部类生产的消费资料必须同第一部类对消费资料的需要相一致。

由这一基本实现条件还可以派生出另两个实现条件公式：

$$\text{Ⅰ}(c+v+m)=\text{Ⅰ}(c+\Delta c)+\text{Ⅱ}(c+\Delta c) \tag{6-4}$$

即第一部类生产的全部生产资料必须满足两大部类维持原有生产规模所需的生产资料和扩大再生产对追加的生产资料的需要。

$$\text{Ⅱ}\ (c+v+m)=\text{Ⅰ}\left(v+\Delta v+\frac{m}{x}\right)+\text{Ⅱ}\left(v+\Delta v+\frac{m}{x}\right) \tag{6-5}$$

即第二部类生产的全部消费资料必须满足两大部类原有工人以及扩大再生产追加工人和投资者对消费资料的需要。

二、资本积累理论

资本积累（capital accumulation）就是剩余价值转化为资本，即剩余价值的资本化。资本所有者把从劳动者那里赚来的利润的一部分用于个人消费，另一部分转化为资本，用于购买扩大生产规模所需追加的资本要素和劳动要素。因此，剩余价值是资本积累的源泉，资本积累则是企业扩大再生产的前提条件。

从资本主义的生产过程看，资本积累是资本主义扩大再生产的源泉，剩余价值是资本积累的源泉。资本积累的规模与剩余价值的量成正比。资本家占有的剩余价值越多，资本积累的规模就越大；而资本积累的规模越大，资本家可以获得的剩余价值也就越多。资本积累的实质就在于通过剩余价值的资本化进而获得更多的剩余价值。

如果剩余价值分为个人消费基金和积累基金的比例不变，那么，积累规模就取决于剩余价值的绝对量。凡是能够影响剩余价值量的因素，也就都会影响积累的规模。因此，就生产过程本身来说，积累规模的大小取决于以下几个因素：

第一，劳动力的剥削程度。在其他条件相等的情况下，剥削程度越高，工人所创造的剩余价值就越多，资本积累也就越多。为了提高剥削程度，资本家除了经常采取延长劳动日或提高劳动强度的办法以外，还经常采取压低工资的办法，把工资压低到劳动力价值以下。这样就增加了剩余价值的数量，从而使积累基金的数量相应地增加起来。

第二，社会劳动生产率水平的高低。劳动生产率提高，商品的价值必然随之下降，这就会产生以下几种情况：首先，是使劳动力这一商品的价值下降，从而使剩余价值率提高、剩余价值量增加。其次，是使同样数量的可变资本可以购买更多的劳动力，并使同样数量的不变资本可以购买更多的生产资料，这样，资本家就可以用同样数量的资本从更多的工人身上榨取出更多的剩余价值。最后，除了以上两种情况会增大资本积累的规模以外，资本家还可以在不减少甚至增加自己个人消费的情况下，改变剩余价值分为积累基金和消费基金的比例，以增大积累基金。例如，原来在 2000 元剩余价值中，资本家要用 1000 元购买消费品，现在由于商品便宜了，假定只用 500 元就可以购买到同样多甚至更多的消费品，这样，他就可以把另外 500 元转化为积累基金，从而把积累基金的总额由 1000 元增加到 1500 元。此外，劳动生产率的提高，对于旧资本的再生产也会发生直接的影响。例如，随着科学技术的进步，会出现效率更高的新机器。如果开始时个别企业更换了这种新机器，它便可以获得额外剩余价值；如果各个企业普遍采用了新机器，那就会增加相对剩余价值。所以，旧资本在生产效率更高的形态上的更新，会进一步促进资本的积累。

第三，资本积累的规模还取决于所用资本和所费资本之间的差额。在生产过程中，劳动资料如机器、厂房等，是全部地被使用着，但只是逐渐地、部分地被耗费着，因而它们的价值也只是部分地被转移到新的产品中去。这样，在所用资本和所费资本之间便形成了一个或大或小的差额。这个差额的大小，是由劳动资料的质量和数量决定的。劳动资料的质量越好，越经久耐用，则每次生产过程中所转移的价值便越小，而这个差额便越大。所用资本和所费资本的差额越大，越有利于资本积累。随着资本的增大，所用资本与所费资本之间的差额也日益扩大，因而它作为影响资本积累规模的重要因素的作用也日益显著。

第四，资本积累的规模还取决于垫付资本的大小。如果对劳动者的剥削程度是一定的，剩余价值量就取决于被剥削的劳动者人数的多少。假如不变资本和可变资本的比例不变，那么，随着资本的增大，可变资本也相应增大，被剥削的劳动者人数就会增多。所以垫付资本越大，剩余价值量就越大，从而积累的规模也就越大。

随着资本积累的增长，资本的集中日益加速，资本家之间的剥夺也愈加剧烈。资本积累的增长，资本集中的加速，必然使资本主义的基本矛盾——生产的社会性和私人资本主义占有形式之间的矛盾——越来越尖锐化。在资本积累过程中，资本主义生产越来越具有社会性质，这主要表现在以下三个方面：（1）随着资本积累的增长，生产的规模日益扩大，在各个资本主义企业里，都有许多劳动者在一起共同进行生产。这时，生产资料变成了许多人共同使用的生产资料，生产本身变成了许多人协同进行的社会化的大生产，而产品也变成了社会的产品——每一件产品都要经过许多工人的手才能生产出来。（2）与规模巨大的资本主义企业相适应，资本主义的社会分工和生产专业化也有了广泛的发展，各个企业、各个部门之间互相联系和互相依赖的程度也日益加强。这个企业生产上所需要的机器设备和原料等，要依靠其他企业供应，而另一些企业则又需要使用这个企业的产品。在这种情况下，一个企业或部门，如果离开了别的企业或部门，就无法进行生产。（3）生产规模的扩大和社会分工的发展，把各个分散的地方市场汇合成为统一的国内市场，并使国际市场也迅速扩大起来。生产变成了为广大地区以至为全国、全世界而进行的生产，整个社会的经济活动密切地联结成为一个整体。但是，在资本主义生产越来越具有社会性质的同时，资本积累又引起另一个后果，即资本越来越集中于少数资本家手中。一小撮大资本家凭借他们对生产资料的私有权，控制着整个社会的生产，无情地剥削和奴役广大工人群众，将他们所创造的生产成果据为己有。

资本积累所造成的这两种后果之间存在尖锐的矛盾。生产的社会性质要求由社会占有生产资料，并由社会对生产进行统一经营和计划管理，要求生产成果也归社会占有和根据社会的需要进行分配。但是，在资本主义制度下，生产资料却归少数资本家私人占有，生产什么，生产多少，不是根据整个社会的需要来安排，而是完全服从于资本家追逐剩余价值的目的，按照资本家个人的意愿来进行；生产出来的产品则完全由资本家所占有，并按照他们的私利来进行交换和分配。这样，在生产的社会性和私人资本主义占有形式之间便发生了深刻的矛盾。

三、资本积累与扩大再生产规律的关系

假定某一资本家有 10000 元资本，其中 8000 元为不变资本，2000 元为可变资本；剩余价值率为 100%。这样，在当年的生产结束以后，工人就为资本家创造出 2000 元的剩余

价值。又假定资本家为了扩大再生产只把剩余价值的一半即 1000 元用作个人消费，而把其余的 1000 元剩余价值转化为资本。如果不变资本与可变资本的比例不变，那么，就会有 800 元的不变资本与 200 元的可变资本分别追加到原有资本中去。这样总资本就增大到 11000 元，其中 8800 元为不变资本，2200 元为可变资本。资本增大了，资本家就可以购买更多的生产资料和劳动力，扩大生产规模。如果剩余价值率仍为 100%，到第二年末，资本家就可以获得 2200 元的剩余价值。这样进行下去，资本数量就会不断增加，生产规模就会不断扩大，剩余价值也就会不断增多。

由此可见，剩余价值是资本积累的唯一源泉，而资本积累则是资本主义扩大再生产的唯一源泉。不断地利用无偿占有的别人劳动的成果，来继续无偿占有别人更多的劳动，以增殖资本价值，扩大资本规模，是资本主义占有方式的本质，也是资本积累的本质。

资本积累和扩大再生产是资本主义发展的必然趋势。原因在于：（1）剩余价值的生产，是资本主义生产方式的绝对规律，资本家追逐剩余价值的欲望是无止境的，为了获得更多的剩余价值，他们除了提高剥削程度以外，还必须扩大自己的资本，购买更多的生产资料，雇用更多的工人，进行扩大再生产。这样，对剩余价值的追求，就成了推动资本家尽量扩大生产的内在动力。（2）资本主义的竞争也迫使每个资本家不断实行积累。只有不断实行资本积累，资本家才能不断地改进技术，扩大生产，从而增强自己的竞争能力，使自己在激烈的竞争中获胜，而不致被对方打败。因此，马克思说："竞争会把资本主义生产方式的内在规律，当作外部的强制规律，统治着每一个资本家。它强迫每一个资本家为维持他所有的资本而不断去扩大他所有的资本，但资本的扩大只有借助于累进的积累。"

第二节 资本输出理论

一、马克思的资本输出理论

"资本过剩"是资本输出的物质基础和必要前提。马克思认为，基于资本主义生产方式的内在矛盾和运动规律，资本主义国内不仅存在相对于有支付能力需求的生产过剩和相对于资本增殖需要的劳动力过剩，而且也存在利润率下降规律作用下相对的资本过剩。马克思指出："所谓的资本过剩，实质上总是指利润率的下降不能由利润量的增加来抵消的那种资本——新形成的资本嫩芽总是这样——的过剩，或者是指那种自己不能独立行动而以信用形式交给大经营部门的指挥者去支配的资本的过剩。资本的这种过剩是由引起相对过剩人口的同一些情况产生的，因而是相对过剩人口的补充现象，虽然二者处在对立的两极上：一方面是失业的资本，另一方面是失业的工人人口。”资本主义国家中存在大量相对过剩的资本，是资本输出的物质基础和必要前提。

追求高额利润率是资本输出的根本原因。资本主义基本经济规律是剩余价值规律。为了追求最大限度的剩余价值或利润，资本家不仅在国内寻找并控制有利的投资场所，而且还突破国界在世界范围内寻找出路。“如果资本输往国外，那么，这种情况之所以发生，并不是因为它在国内已经绝对不能使用，而是因为它在国外能够按更高的利润率来使用。”资本有机构成和剩余价值率是影响利润率的重要因素。马克思分析了经济落后国家利润率较高的两种情况。一种是由于资本有机构成较低和剩余价值率较高而形成的高利润率。马克思指出：向殖民地国家输出资本，“能提供较高的利润率，是因为在那里，由于发展程度较低，利润率一般较高，又由于使用奴隶和苦力等，劳动的剥削程度也较高”。另一种则是由于资本有机构成较低而形成的高利润率。马克思假定两个国家，一个是经济发达、资本有机构成较高的欧洲国家，另一个是经济落后、资本有机构成较低的亚洲国家。通过数量分析，马克思得出结论：“这个亚洲国家的利润率比这个欧洲国家的利润率高 25% 以上，尽管前者的剩余价值率只有后者的 1/4。”

资本输出促进了经济全球化，并使资本输入国成为资本输出国的附庸。经济全球化肇始于 18 世纪的第一次工业革命，它使一国内部的社会分工演变成国际分工，促使世界市场和世界经济得以形成。马克思、恩格斯指出：“不断扩大产品销路的需要，驱使资产阶级奔走于全球各地。它必须到处落户，到处开发，到处建立联系。”“资产阶级，由于开拓了世界市场，使一切国家的生产和消费都成为世界性的了。过去那种地方的和民族的自给自足和闭关自守状态，被各民族的各方面的互相往来和各方面的互相依赖所代替了。物质的生产是如此，精神的生产也是如此。”通过商品输出和资本输出，“使未开化和半开化的国家从属于文明的国家，使农民的民族从属于资产阶级的民族，使东方从属于西方。”

二、列宁的资本输出理论

列宁继承了马克思关于资本输出的基本观点，在自由竞争资本主义转变为垄断资本主义的新的历史条件下，大大丰富和发展了马克思主义的资本输出理论。列宁的资本输出理论主要包含以下内容：

资本输出是帝国主义的重要特征。帝国主义有五大基本特征，其中之一就是资本输出。尽管资本输出在自由竞争资本主义时期就已存在，但是，“对自由竞争占完全统治地位的旧资本主义来说，典型的是商品输出。对垄断占统治地位的最新资本主义来说，典型的则是资本输出。”垄断是帝国主义最深厚的经济基础和本质特征。列宁深刻论述了帝国主义阶段资本输出的客观必然性。在帝国主义阶段，资本输出之所以成为可能，主要有两方面的原因。一方面，随着私人垄断资本和国家垄断资本的发展，生产集中和资本积累大大加速，出现了大量的“过剩资本”，从而形成了帝国主义国家资本输出的客观基础。另一方面，“许多落后的国家已经卷入世界资本主义的流转，主要的铁路线已经建成或已经开始兴建，发展工业的起码条件已有保证等。”资本输出之所以成为必要，“是因为在少数国家中资本主义‘已经过度成熟’‘有利可图的’投资场所已经不够了（在农业不发达和群众贫困的条件下）”。而资本输出作为争夺和瓜分世界市场的一种手段，对于帝国主义国家具有特殊重要的意义。列宁在继承马克思有关思想的基础上，进一步深刻揭示了帝国主义国家资本输出的根本目的是攫取高额利润。他指出：“只要资本主义还是资本主义，过剩的资本就不会用来提高本国民众的生活水平（因为这样会降低资本家的利润），而会输出国外，输出到落后的国家去，以提高利润。在这些落后国家里，利润通常都是很高的，因为那里资本少，地价比较贱，工资低，原料也便宜。”

资本输出对于输出国和输入国具有不同的作用。就资本输出国而言，一方面导致了食利国的形成。另一方面，也引起了某些资本输出国经济的停滞趋势。当然，这种情况并不排除整个资本主义经济的迅速发展。资本输出对于输入国的作用主要体现在三个方面。第一，帝国主义国家通过资本输出推动商品输出，加重了对资本输入国广大人民的剥削。列宁通过对资本输出附加条件的分析，深刻地指出在帝国主义阶段，“资本输出成了鼓励商品输出的手段”。金融资本“要从一头牛身上剥下两张皮来：第一张皮是从贷款取得的利润，第二张皮是在同一笔贷款被用来购买克虏伯的产品或钢铁辛迪加的铁路材料等时取得的利润”。第二，促进了资本输入国自然经济的解体和资本主义商品经济的发展。第三，操纵和控制落后国家的经济命脉，使其成为帝国主义宗主国的原料产地、销售市场和附属国。因此，列宁曾说过，资本输出是帝国主义压迫和剥削世界上大多数民族和国家的坚实基础。

马克思和列宁在自由竞争资本主义阶段和垄断资本主义阶段初期创立的资本输出理论，具有重要的理论和现实意义。特别是关于“过剩资本”是资本输出的物质基础和必要前提、资本输出的根本目的是追求高额利润率、资本输出能拓展和强化资本主义剥削关系等基本观点，在资本主义经济的限度内，至今看来仍然是十分正确的。但第二次世界大战以后，国际投资或国际资本流动的实际状况与马克思和列宁当年考察和分析的资本输出也存在不同。

第三节 麦克道尔——肯普国际资本流动模型

在20世纪70年代，许多发展中国家实行金融抑制政策，即通过政府干预来控制利率和信贷分配，以促进投资和经济增长。然而，这种政策往往导致金融体系效率低下，资本配置不当，以及通货膨胀等问题。麦克道尔——肯普国际资本流动模型（McKinnon - King Model of International Capital Flows）是由经济学家罗纳德·麦克道尔（Ronald I. McKinnon）和爱德华·肯普（Edward S. Shaw）在20世纪70年代提出的，该模型主要关注发展中国家的金融抑制和金融自由化对国际资本流动的影响。

一、模型起源

麦克道尔模型，又称国际资本流动的一般模型，或称完全竞争理论，是一种用于解释国际资本流动的动机及其效果的理论。由麦克道尔在1960年提出，后经肯普发展，用于分析国际资本流动的一般理论模型，其分析的是国际资本流动对资本输出国、资本输入国及整个世界生产和国民收入分配的影响。麦克杜格尔和肯普认为，国际间不存在限制资本流动的因素，资本可以自由地从资本要素丰富的国家流向资本要素短缺的国家。资本流动的原因在于前者的资本价格低于后者。资本国际流动的结果将通过资本存量的调整使各国资本价格趋于均等，从而提高世界资源的利用率，增加世界各国的总产量和各国的福利。

二、麦克道尔——肯普国际资本流动模型的基本内容

假设世界由资本输出国（A国）和资本输入国（B国）组成。在封闭的经济条件下，两国存在充分的竞争，资本的价格由资本的边际生产力决定。由于资本边际生产力存在递减的现象，资本供应丰裕的输出国的资本边际生产力低于资本输入国（见图6-2）。

在图6-2中，横轴代表资本数量，纵轴代表资本边际生产力。O_A为资本输出国A国的原点，O_AQ为A国拥有的资本量，AA'为A国的资本边际生产力曲线；O_B为资本输入国B国的原点，O_BQ为B国拥有的资本量，BB'为B国的资本边际生产力曲线。O_AO_B是世界

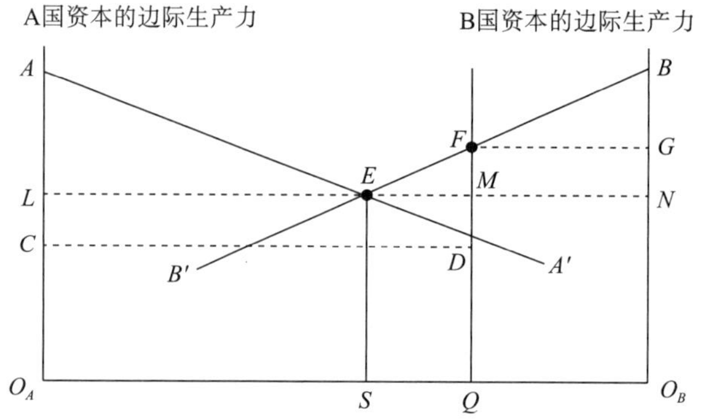

图 6－2　麦克道尔——肯普国际资本流动模型

资本总量。

在资本流动前，A 国使用 O_AQ 量的资本，生产总量为 O_ADQ，资本的价格（即资本的边际生产力）为 O_AC；此时 B 国使用 O_BQ 量的资本，生产出 O_BFQ 的产量，资本的价格为 O_BG。很明显，A 国的资本价格低于 B 国的资本价格。由于资本可以在国际间自由流动，于是资本价格较低的 A 国的资本便会流向资本价格较高的 B 国，直到两国的资本边际生产力相等，即 $O_AL = O_BN$ 时才会停止。这一过程中，有 SQ 量的资本从 A 国流入 B 国，最后导致两国的资本生产力趋于相等，即它们的资本边际生产力最后都等于 ES。

资本流动的结果，A 国的生产量变为 O_AES，B 国的生产量为 O_BES。与资本流动前的总产量 $O_ADQ + O_BFQ$ 相比，世界的总产量增加了三角形 DEF 部分。这表明，资本国际流动有利于增进全世界的产量和福利水平，它是生产资源在世界范围内得到优化配置的结果。

对于向外输出资本的 A 国来说，其国内产量因对外投资而减少了 $ESQD$，但其国民收入并没有下降，而是增加了。因为在国内产量减少的同时，该国又获得了 $ESQM$ 的对外投资总收益（对外投资量×资本的边际生产力）。只要对外投资收益大于因国内生产缩减而损失的收入，资本输出国的国民收入就会增加。图 6－2 中，A 国的收入净增加了三角形 EMD 部分。一般来说，对外投资的收益率都会高于国内投资，从纯收入的角度进行分析，输出资本很少会使一国的总收入因此减少。

而对于输入资本 B 国来说，由于使用了 QS 部分的外资，其总产量增加了 $ESQF$ 部分。其中 $ESQM$ 作为外资收益支付给 A 国，EMF 部分是 B 国国民收入的净增加。对于资本输入国来说，只要引进资本后增加的产量大于必须支付给外国投资者的报酬，该国的净收益就会增加。

由此可见，国际资本流动使资本输出国和资本输入国同时分享了世界总产量增加所带来的利益。但是，资本流动对 A、B 两国不同要素所有者的影响是不同的。对于 A 国来说，资本收入因资本输出带来的资本边际生产力的提高而增加了。但对劳动者来说，他们会因国内生产、就业的减少而降低收入。在图 6－2 中，A 国的资本收入在资本流动前为 O_ACDQ，流动后为 O_ALMQ（国内部分 O_ALES + 国外部分 $SEMQ$），净增了 $CLMD$ 部分。而劳动者的总收入在资本流动前为 ACD，资本流动后减为 ALE，有 $LCDE$ 部分的收入转移到了资本所有者手里。B 国恰恰相反，其国内资本收入因外资流入带来的资本边际生产力降低而减少，劳动者的收益则因此增加。在图 6－2 中，B 国的资本收益由资本流动前的 O_BGFQ 变为 O_BNMQ，减少了 $NGFM$。而劳动者的收入由 BFG 增加到 BEN，增加了 $GFEN$ 部分。

三、麦克道尔——肯普国际资本流动模型的评价

麦克道尔模型在一定程度上揭示了国际资本流动的一般规律，说明了资本流动能增加总产量，并使有关国家分享其利益，同时还产生了国内收入的再分配。

麦克道尔——肯普模型对后来的金融发展理论产生了深远的影响，为许多发展中国家实施金融改革提供了理论依据。然而，该模型也受到了一些批评，特别是关于金融自由化可能带来的金融不稳定和危机风险。在当今全球化的经济环境中，该模型仍然具有重要的参考价值。

第四节 双缺口理论

一、理论起源

双缺口理论又称“汇瓶颈论”或“填补缺口论”，是研究如何利用外资来填补发展中国家存在的储蓄缺口和外汇缺口的理论。由经济学家钱纳里（Hollis B. Chenery）和斯特劳特（Alan M. Strout）在 20 世纪 60 年代提出，其基本论点是，发展中国家的国内储蓄和外汇供给，与完成经济发展预期目标所必需的资金数量之间通常存在缺口，其中追加投资所需的国内储蓄缺口称为“储蓄缺口”，筹集进口品所需的外汇短缺称为“外汇缺口”。假定这两个缺口互不相等，且无替代性，则两个缺口都对发展中国家的经济发展具有很强的

约束性。在这种情况下，发展中国家可以通过引进外资来弥补上述两个缺口，使外资在克服外汇紧张和提高实际经济增长率方面发挥关键作用。例如，通过外资引进一台新型机器，该国不需要出口资源就能得到这项进口，同时也不必由国内储蓄弥补，就能得到这项投资货物，因而有助于同时减缓外汇和储蓄不足的瓶颈现象，为调节经济均衡增长创造条件。

储蓄缺口是指发展中国家在追求经济增长时，国内储蓄不足以满足投资需求的状况。由于国内储蓄率低，无法提供足够的资金用于投资，从而限制了经济的增长潜力。储蓄缺口的存在意味着发展中国家需要依赖外部资金来弥补国内储蓄的不足。外汇缺口是指发展中国家在进口资本货物、原材料和其他必需品时，外汇收入不足以支付这些进口商品的费用。外汇缺口的存在限制了发展中国家进口必需的生产资料和消费品，从而影响了经济的发展。

二、双缺口模型的基本内容

双缺口模型的核心内容就是发展中国家存在着投资—储蓄缺口和进口—出口缺口，也即储蓄缺口（Savings shortage）与外汇缺口（Foreign exchange shortage）。以 I 和 S 分别代表投资和储蓄，M 和 X 分别代表进口和出口，则有：

$$I-S=M-X \text{（即：储蓄缺口 = 外汇缺口）} \quad (6-6)$$

该等式源于开放经济下国民经济的基本核算恒等式：

总收入 = 总支出 = 消费 + 政府支出 + 投资 + 出口 − 进口

即：

$$Y=E=C+G+I+X-M \quad (6-7)$$

$$Y-C-G=S$$

由于总收入减去消费等于储蓄，因而上式稍加变化即得：

投资 − 储蓄 = 进口 − 出口

因而，该等式表现为一种事后的结果，两缺口相等在调节后才能达到。在调节前，投资、储蓄、进口和出口都是独立变动的。投资超过储蓄的数额不一定正好与进口多于出口的数额相等。因此，政府部门有必要进行调节。即在一定时期，储蓄缺口应与外汇缺口相等。储蓄缺口与外汇缺口的关系如图 6 − 3 所示。

以总产出或总收入增长率 g 表示纵轴，以资本流入 F 占总收入的比率 b 代表横轴，以 $I-S$ 曲线代表储蓄缺口，以 $M-X$ 曲线代表外汇缺口，它们相交于 E 点，即 $I-S$ 与 $M-X$ 相等，资本流入达到均衡水平 OF_0。在 F_0 的左方，资本流入尚不足以消除储蓄缺口；在 F_0 的右方，资本流入水平超出国内储蓄所能承受的增长率之外，如果资本流入此时不足以

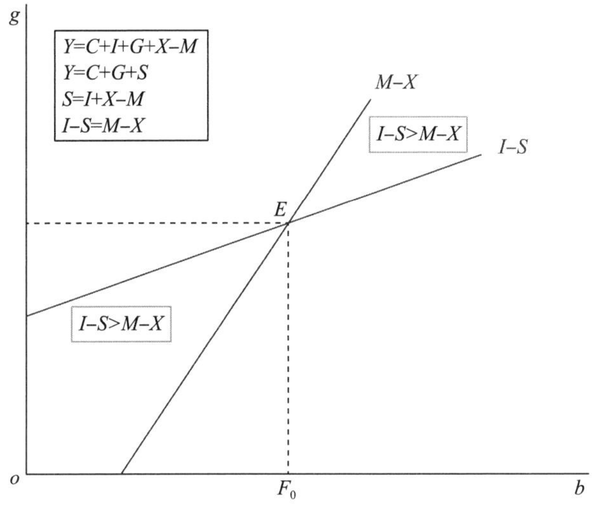

图 6－3　储蓄缺口与外汇缺口的关系

创造更多的出口，外汇缺口就会进一步扩大，导致偿债困难。

两缺口模型认为，在一定的时期内任何发展中国家的两缺口中只有一个处于支配地位。如果储蓄缺口居于支配地位，就表明该国处于充分就业的状态，而没有充分利用其外汇收入。它虽有足够的外汇可从国外购买追加的生产资料，但却没有充足的劳动力或其他资源去实现追加的投资项目。这说明该国存在生产资源短缺，从另一个角度看，就是储蓄缺口。但是，多数发展中国家都是受外汇缺口约束的国家。他们拥有过剩的生产资源，尤其是劳动力过剩，所有可动用的外汇都用于进口。如果这类国家从国外获取资金以进口必需的生产资料，并取得相应的技术援助，那么来自国外的资源就能使其追加新的投资项目。在这种情况下，外援或外资对于发展中国家解决外汇短缺、提高收入增长率确能起重要作用。

三、双缺口模型的评价

双缺口模型揭示了发展中国家经济结构调整和改革的必要性。如果外援和外资能够发挥双缺口模型所包含的改革作用，即将外部资源用于生产出口品的项目，或用于降低出口成本，直接或间接地促进出口，或者使外援通过各种途径，促使经济发展，增加收入，导致储蓄增加。否则，双缺口会继续存在，外汇和资金将长期依赖外援和外资，还本付息的偿债问题将会使一国长期处于国际收支不平衡的压力之下，最终导致债务危机。基于以上原因，双缺口模型在 20 世纪 60 年代曾被许多发展中国家当作制定外资政策的理论依据。然而，随着发展中国家利用外资实践的发展，该模型的局限性也日益明显。

一方面，它注重定量分析，并以数量分析取代了质的分析，对导致发展中国家技术落后、储蓄能力低下的真实原因避而不谈，以掩盖发达国家对发展中国家的剥削。另一方面，它并没有对外援的结构、使用、偿还及管理作出相应的分析，因而，在分析和运用“双缺口”模式时，这些问题应引起足够的重视。

思考与练习

1. 简述传统国际间接投资理论的发展脉络。
2. 传统国际间接投资是怎样发展的？
3. 为什么会出现国际间接投资？
4. 简述麦克道尔模型与双缺口模型的异同之处。

第七章　现代国际间接投资理论

学习目标

1. 掌握现代国际间接投资的基本概念和理论框架。
2. 熟悉现代国际间接投资的工具和市场。
3. 了解现代国际间接投资理论的主要理论。

现代国际投资理论在解释跨国公司行为、指导企业战略决策以及提供政策建议方面，比传统国际投资理论更全面和深入。现代国际投资理论的发展极大地改变了过去主要依赖基本分析的传统投资管理实践，使现代投资管理日益朝着系统化、科学化、组合化的方向发展。随着全球化的发展和国际经济环境的变化，现代国际投资理论在理论和实践中的重要性日益凸显。

第一节　资产选择理论

一、理论起源

现代资产选择理论（Portfolio Selection Theory），就是关于各市场主体的资产选择的行为及其均衡条件的理论。该理论既是现代金融投资学的理论基础，也是现代货币理论的基础。

该理论的现代渊源，可以追溯到希克斯在1935年发表的论文《关于货币理论简化的一个建议》。在该文中，希克斯把货币看作是一种资产，从而把边际效用应用于资产的选择，来考察人们对货币的需求。他认为任何资产都有两个参数：预期报酬和测量这些报酬变化的风险尺度即方差或标准差，因而，人们投资资产必将依赖于其成本标准差和收益的对比。而货币则是这一流动系列资产中的一极资产，它的特性是完全流动的、无风险的且无报酬的。

后来，希克斯的这一思想在弗里德曼和托宾的货币理论中得到进一步发展，使之成为现代货币理论的基础。该理论把货币和各种证券及实物都视为资产，因而，个人对货币的需求是与公众对包括货币在内的多种资产作出选择相关的。它假定个人在某一时点拥有一定量的财产，并且决定在某一时期内以哪种资产形式持有哪些资产，特别是他们应该以货币形式持有多少资产。因而，这种理论认为个人必将以资产的报酬和风险的关系为原则，抉择持有各种资产的数量和比例，以使其财富的总收益最大化。

二、现代货币理论的基础：资产选择行为

现代货币理论，始于凯恩斯在1936年出版的《就业利息和货币通论》一书。在这本掀起“凯恩斯革命”的经典著作中，凯恩斯在货币理论方面的变革，是将传统的货币数量说改造为流动性偏好论。其中一个主要的创新之处在于，凯恩斯不再像传统的货币数量说那样仅把货币看作是便利交易的工具，而是进一步把货币视为是一种资产，流动性资产系列中的一极资产。如此一来，人们对货币的持有或需求，就不仅是出于交易的动机，而且还是出于投机的动机。因此，资产相对价格的变动必然影响人们对包括货币在内的资产结构的调整，进而决定人们对货币的需求。弗里德曼和托宾二人，虽然在货币是否决定名义国民收入的基本因素等问题上存在分歧，但在将货币需求视为资产需求，并以人们对资产的理性选择行为作为分析货币需求的基础这一点上，他们是一致的，共同继承了凯恩斯的传统。

（一）弗里德曼的资产选择理论

西方理论界公认，米尔顿·弗里德曼是使货币数量说在战后“重获新生”最杰出的推动者。但是，这一复兴并不是对古典的货币数量说的简单重复，而是采用了凯恩斯以来的新颖理论和方法，把古典的货币数量说改造为现代的货币数量说，其核心是以资产选择理论为基础的货币需求理论。弗里德曼认为，个人的需求同消费者需求一样，取决于三个主要因素：（1）以各种形式持有的总财富——这相当于预算限制；（2）这种形式的财富与

其他形式财富的价格及收益情况；(3) 财富所有者的兴趣与偏好。在这三个因素中，总财富或持久收入与货币需求呈反向变动。由于个人的兴趣和偏好因素、非人力财富在总财富中的比例因素等与货币需求的关系在理论上尚无定论而被忽略，因此，弗里德曼把除货币资产之外的其他各类，非人力财富或资产划分为三类：债券、股权和实物。这样，个人持有货币的机会成本就由相对于货币预期报酬率这三类资产的预期报酬决定。弗里德曼认为，个人对货币的需求与债券和股票的预期报酬率呈反向变动；由于物价水平或通货膨胀代表了实物资产的预期报酬率，因此货币需求与物价水平或通货膨胀也呈反向变动。当其他资产的报酬上升时，就表明持有货币的机会成本增大了，作为理性的货币需求者或资产需求者来说，如同理性的消费者一样，他必将减少对货币的需求，以实现其财富总效用的最大化。由此可见，以弗里德曼为代表的现代货币数量说，是以个人的资产选择和结构调整行为为其货币理论分析的微观基础的。

（二）托宾的资产组合理论

凯恩斯的货币理论，是把货币需求区分为两个部分：交易需求和资产需求。詹姆斯·托宾被公认为是在这两个方面都对凯恩斯的理论作出了贡献的经济学家。第一个方面的贡献是，他与鲍莫尔一道共同提出了货币理论中著名的“平方根定律”。第二个方面的贡献，是把凯恩斯的流动偏好论扩展为资产组合理论。

在货币的资产需求理论中，凯恩斯认为有一个为大多数投资者认可的正常的预期利率，当市场利率降至或低于这一正常利率时，投资者将大量增加现金持有量直至完全持有现金；当市场利率高于正常利率时，投资者则大量减少现金持有量直至完全持有债券；市场利率降至无可再降的水平时则货币需求变为无限大，这即所谓的“流动性陷阱”。显然，这种理论与现实世界中的不确定性状态不相契合，同时也不能解释投资者在实际中所遵循的资产多样原则。

为弥补这些缺陷，托宾在 1958 年发表了一篇著名的论文《作为对付风险行为的流动性偏好》，用投资者避免风险的行为动机来解释人们对货币的需求。托宾认为，资产的保存形式主要是两种：货币和债券。持有债券可以得到利息，但要承担由于债券价格下跌而带来的风险，因此债券为风险性资产。持有货币虽没有收益，但也不承担此风险，故货币可称为安全资产。一般来说，收益的正效用随收益的增加而递减，风险的负效用则随风险的增加而递增。因此，如果投资者的资产结构中只有货币而没有债券，他会把一部分货币换成债券，以增加收益的正效用。但是，随着债券比例的增加，收益的边际效用递减，而风险的负效用递增，当新增加的债券所带来的收益正效用与风险负效用之和等于零时，他就会停止把货币转换为债券的行为，这时总效用达到最大；同理，如果某投资者的全部资产都是债券，为了安全和效用最大化，他将抛出债券而增加货币的持有额直到抛出最后一张债券带来的风险负效用与收益的正效用之和等于零时为止，这时总效用最大。也就是说，理性投资者最佳的资产选择和资产结构应满足下述条件：在该资产结构中，其边际收益与边际成本（风险）相抵，即“预期的资本价值损益总是等于零”。

托宾一方面继承了凯恩斯关于货币需求与利率呈反向关系的结论，另一方面还论证了货币需求的变动，是通过人们适应利率的变动而作出资产选择和资产结构调整的行为来实现的。因此，托宾用投资者的资产选择行为理论取代了凯恩斯的利率预期粘性假定。

第二节　资产组合理论

一、理论起源

现代资产组合理论最初是由美国经济学家哈里·马科维茨（Markowitz）于 1952 年创立的，马科维茨认为最佳投资组合应当是具有风险厌恶特征的投资者的无差异曲线和资产的有效边界线的交点。马科维茨认为投资者都是风险规避者，他们不愿意承担没有相应期望收益加以补偿的外加风险。投资者可以通过多元化的证券组合，将期望收益的离差减至最小，因此，马科维茨根据一套复杂的数学方法来解决如何通过多元化的组合资产中的风险问题（见图 7－1）。

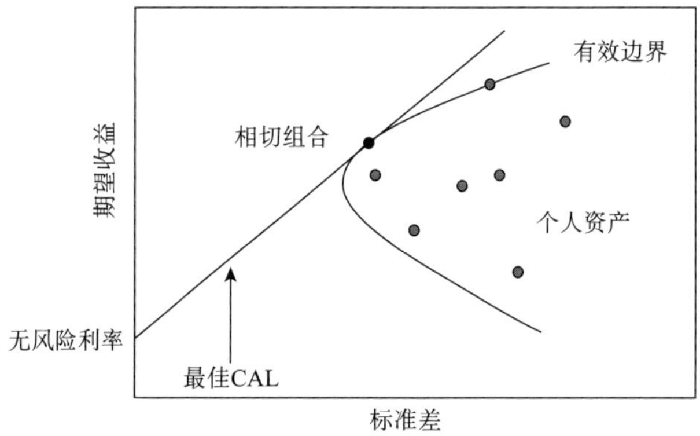

图 7－1　投资最佳组合

二、资产组合理论的基本内容

该理论假设：第一，证券市场是有效的，且不存在交易费用和税收，每个投资者都是价格接受者。投资者考虑每次投资选择时，其依据是某一持仓时间内的证券收益的概率分布。第二，投资者的目标是在给定的风险水平上收益最大或在给定的收益水平上风险最低。投资者是根据证券的期望收益率估测证券组合的风险。第三，投资者的决定仅仅是依据证券的风险和收益。在一定的风险水平上，投资者期望收益最大；相对应的是在一定的收益水平上，投资者希望风险最小。第四，投资者将基于收益的均值和标准差或方差来选择最优资产投资组合，如果要他们选择风险（方差）较高的方案，他们都要求超额收益作为补偿。

利用马科维茨模型，在承认市场是有效的，且在不考虑交易成本的基础上，将收益率作为衡量单只股票收益指标，而将收益率标准差作为衡量单只股票的风险指标。当然，标准差越大，说明该只股票的投资风险也越大，反之亦然。而一种股票收益的均值衡量的是该股票的平均收益情况，收益的方差则衡量该种股票的波动程度，收益的标准差越大，代表收益越不稳定。两种及两种以上股票之间的协方差表现为这些股票之间的相关程度。协方差为0时，表现为其中一个的变化对其他没有任何影响，即为不相关；协方差为正数时表现为正相关，协方差越大则正相关性越强；协方差为负数时表示负相关，协方差越大则负相关越强。

假定投资者有一笔资金投资两种风险资产，则投资者在证券1和证券2上的初期资产比例即为W和（1－W）。随着两种证券相关性的不同，资产组合收益率的方差会发生变化，且相关性越低，组合的方差越低。因此通过在这两种证券之间分配适当的比重，可以构造一个方差比原来两种证券方差都要小得多的资产组合。

在一定时期内，资产收益率是该资产期初与期末价格差额的相对数，即：

$$r_{it} = \frac{(P_{it} - P_{it-1}) + D_{it}}{P_{it-1}} \tag{7-1}$$

其中，r_{it}为资产i在第t期的收益率；P_{it}、P_{it-1}分别为资产i在第t、$t-1$期的期末价格；D_{it}为资产i在第t期的现金股利；$t=1, 2, \cdots, T$。

任意风险资产由于未来的收益存在一定的不确定性，因此存在着风险。为了对其风险进行度量，可将资产的收益率视为随机变量，并根据其收益率概率分布的历史信息，利用收益率的均值和方差估计该资产的未来收益和风险，即：

$$\mu_i = E(r_i) = \frac{1}{T}\sum_{t=1}^{r} r_{it} \tag{7-2}$$

$$\sigma_i^2 = var(r_i) = \frac{1}{T}\sum_{t=1}^{r}(r_{it} - \mu_i)^2$$

$$\sigma_{ij} = cov(r_i, r_j) = \frac{1}{T}\sum_{t=1}^{r}(r_{it} - \mu_i)(r_{jt} - \mu_j)$$

对于由 N 种资产构成的资产组合 p 中，资产组合的收益和风险为：

$$\mu_p = E(r_p) = E[\sum_{i=1}^{N} x_i r_i] = \sum_{i=1}^{N} x_i \mu_i \tag{7-3}$$

$$\sigma_p^2 = \sum_{i=1}^{N}\sum_{j=1}^{N} x_i x_j \sigma_{ij} = X' \sum X$$

其中，x_i为资产 i 在资产组合 p 中所占权重，$X = [x_1, \cdots x_n]'$；σ_{ij}为证券与收益率之间的协方差，代表证券间的相关程度；当 $i-j$ 时表示证券收益率的方差；Σ 为证券收益率的方差协方差矩阵。

可以发现，资产组合的收益是组合中各资产收益的加权平均，而资产组合的风险除依赖于组合中各资产风险和该资产所占权重外，还取决于各资产收益率之间的协方差。投资分散化原则就是根据不同资产间相关程度的差异对资产组合风险的影响，进行多元化投资以达到分散风险的目的。

马科维茨根据资产组合收益与风险的关系，提出资产组合的选择原则，即：在既定风险水平下，收益最大；或者在既定收益水平下，风险最小。依据这一原则，加入卖空与否的限制条件便可得到均值—方差模型。在不允许卖空的条件下的模型为：

$$\min \sigma_p^2 = \sum_{i=1}^{N} x_i^2 \sigma_i^2 + \sum_{i=1}^{N}\sum_{\substack{j=1 \\ j\neq i}}^{N} x_i x_j \sigma_{ij} \tag{7-4}$$

$$\text{s. t.} \begin{cases} \sum_{i}^{N} x_i \mu_i = \mu_p \\ \sum_{i=1}^{N} x_i = 1 \\ x_i \geqslant 0 (i = 1, 2, \cdots, N) \end{cases}$$

在允许卖空的条件下的模型为：

$$\min \sigma_p^2 = \sum_{i=1}^{N} x_i^2 \sigma_i^2 + \sum_{i=1}^{N}\sum_{j=1}^{N} x_i x_j \sigma_{ij} \tag{7-5}$$

$$\text{s. t.} \begin{cases} \sum_{i=1}^{N} x_i \mu_i = \mu_p \\ \sum_{i=1}^{N} x_i = 1 \end{cases}$$

三、资产组合理论的评价

马科维茨的创造性工作，成为后来一系列金融理论形成的重要基石，该理论直到今天仍有许多值得研究之处。资产组合理论关于分散投资的合理性阐述为基金管理业的存在提供了重要的理论依据。投资组合的方差公式说明，投资组合的方差并不是组合中各个证券方差的简单线性组合，而是在很大程度上取决于证券之间的相关关系。单个证券本身的收益和标准差指标对投资者可能并不具有吸引力，但如果它与投资组合中的证券相关性小甚至是负相关，它就会被纳入组合。当组合中的证券数量较多时，投资组合的方差大小在很大程度上更多地取决于证券之间的协方差，单个证券的方差则会居于次要地位。因此投资组合的方差公式为分散投资的合理性不但提供了理论上的解释，而且提供了有效分散投资的实际指引。

但该理论也存在一些局限性，马科维茨资产组合理论是建立在一系列严格的假设前提基础之上的。如在收益率服从正态分布的假设前提下，方差成为了风险的合理度量。但是，目前越来越多的实证研究结果都对投资收益服从正态分布的假设提出了怀疑。

一方面是理论假设的局限性。马科维茨认为大多数理性的投资者都是风险的厌恶者，但人们对此假定的真实性持怀疑态度。现实中投资者对风险的态度都远比马科维茨的假定要复杂得多。例如，投资者在遇到一种证券能得到 7%—23% 的收益，和另一种证券的收益为 9%—21% 时，他愿意接受前者而放弃后者显然是不理智的，因为两种证券的平均收益都是 15%。另外，马科维茨认为预测期收益和风险的估算是对一组证券实际收益和风险的正确度量，相关系数也是对未来关系的正确反映；方差是度量风险的一个最适当的指标等观点令人难以信服，因为历史数字资料不大可能重复出现，一种证券的各种变量也会随时间的推移而经常变化，理论上，应用价格的短期波动决定一种证券的预期收益，应有一个高的或者一个低的预期方差。但在实践中，如果投资者受到有限流动性的约束，或者他们确实是某些证券的持有者，那么，短期价格的波动本身并不对他们产生什么实际意义的风险。这些因素都可能造成理论假设与现实的脱节。

另一方面是缺乏可操作性。马科维茨模型中使用的收益率期望值、方差和协方差都是根据历史资料得出的，这些参数估计依赖于统计方法和样本的选择，这就可能造成结果的偏差；另外，模型要求的数据量过多，计算烦琐，要求一套高级且相当复杂的计算机程序来进行操作，但许多执业的投资管理人员并不理解其理论中所含的数学概念。此外，证券市场变化频繁，每有变化，就必须对现有组合中的全部证券进行重新评估调整，以保持所需要的风险——收益均衡关系，因此要求连续不断的大量数学计算工作予以保证，在实践中不但操作难度太大，而且还会造成巨额浪费。

第三节　资本资产定价理论

一、理论起源

从20世纪60年代初开始，以夏普（W. Sharpe，1964），林特纳（J. Lintner，1965）和莫辛（J. Mossin，1966）为代表的一些经济学家，从实证的角度出发，探索证券投资的现实，即马科维茨的理论在现实中的应用能否得到简化？如果投资者都采用马科维茨资产组合理论选择最优资产组合，那么资产的均衡价格将如何在收益与风险的权衡中形成？或者说，在市场均衡状态下，资产的价格如何依风险而确定？

这些学者的研究直接导致了资本资产定价模型（Capital Asset Pricing Model，CAPM）的产生。作为基于风险资产期望收益均衡基础上的预测模型之一，CAPM阐述了在投资者都运用马科维茨的理论进行投资管理的条件下市场均衡状态的形成过程，把资产的预期收益与预期风险之间的理论关系用一个简单的线性关系表达出来，即认为一个资产的预期收益率与衡量该资产风险的一个尺度β值之间呈正相关关系。资本资产定价模型主要研究证券市场中资产的预期收益率与风险资产之间的关系，以及均衡价格是如何形成的。资本资产定价理论是现代金融市场价格理论的支柱，广泛应用于投资决策和公司理财等领域。

二、资本资产定价理论的内容

资本资产定价模型（Capital Asset Pricing Model，CAPM）的基本假设如下：

（1）投资者是厌恶风险的，其目的是使预期收益达到最大化。

（2）所有的投资者对所有证券的均值、方差都有相同的估计。

（3）不考虑税收因素的影响。

（4）完全的资本市场，即：无交易成本；所有资产完全可分；投资者是价格接受者；所有资产数目一定。

（5）存在无风险资产，投资者可在无风险利率下进行无限制的借贷。

（6）资本市场处于均衡状态。

在上述假设的基础之上，夏普研究后认为，所有的投资者面临同样的投资条件，这样他们就都会按马科维茨模型作出完全相同的决策。这时构成的资产组合点一定是有效前沿上夏普比率最大的点。而这一点正是市场资产组合 M 点，这条经过 rf 与市场资产组合 M 点的线称为资本市场线（见图 7－2）。资本市场线是无风险资产与市场证券组合的连线，它代表着均衡市场上的有效边界。

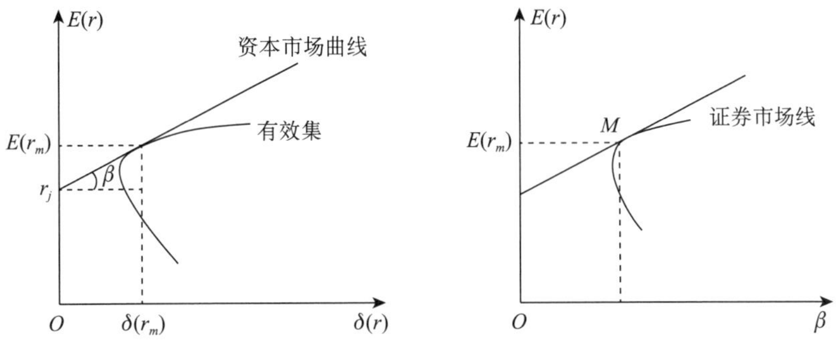

图 7－2　资本市场线

所有的投资者都必然处于这条资本市场线上，当知道某种资产的 β 值，即可从资本市场线上找到该种风险资产的证券市场线，从这条证券市场线上即可找到证券预期收益率与风险的关系，即：

$$E(r_j)=r_f+(E(r_m)-r_f)\beta_j \tag{7-6}$$

其中：$E(r_j)$是资产 j 的预期回报率；r_f是无风险利率；β_j是［贝塔系数］，即资产 j 的系统性风险；$E(r_m)$是市场 m 的预期市场回报率；$E(r_m)-r_f$是市场风险溢价（market risk premium），即预期市场回报率与无风险回报率之差。

设股票市场的预期回报率为 $E(r_m)$，无风险利率为 r_f，那么，市场风险溢价就是 $E(r_m)-br_f$，这是投资者由于承担了与股票市场相关的不可分散风险而预期得到的回报。考虑某资产（如某公司股票），设其预期回报率为 R_i，由于市场的无风险利率为 r_f，故该资产的风险溢价为 $E(r_j)-r_f$。资本资产定价模型描述了该资产的风险溢价与市场的风险溢价之间的关系 $E(r_j)-r_f=\beta_j(E(r_m)-r_f)$式中，$\beta$ 系数是常数，称为资产 β（asset beta）。β 系数表示了资产的回报率对市场变动的敏感程度（sensitivity），可以衡量该资产的不可分散风险。如果给定 β，即能确定某资产现值的正确贴现率，这一贴现率是该资产或另一相同风险资产的预期收益率。

$$贴现率=R_f+\beta\ (R_m-R_f) \tag{7-7}$$

（资本资产定价模型的说明：1. 单个证券的期望收益率由两个部分组成，无风险利率以及对所承担风险的补偿——风险溢价。2. 风险溢价的大小取决于 β 值的大小。β 值越高，表明单个证券的风险越高，所得到的补偿也就越高。3. β 度量的是单个证券的系统风险，非系统性风险没有风险补偿。）

根据 CAPM 的规定，贝塔系数是用以度量一项资产系统风险的指针，是用来衡量一种证券或一个投资组合相对总体市场的波动性（volatility）的一种风险评估工具。从市场组合的角度看，可以视单项资产的系统风险是对市场组合变动的反应程度，用贝塔系数度量。β 表示的是相对于市场收益率变动、个别资产收益率同时发生变动的程度，是一个标准化的度量单项资产对市场组合方差贡献的指标。资本资产定价模型也就是说，如果一个股票的价格和市场的价格波动性是一致的，那么这个股票的贝塔值就是 1。当 $\beta>0$，证券组合的和收益率变化与市场组合同向变动，即证券的价格与市场行情同跌同涨。当 $\beta<0$，证券组合的和收益率变化与市场组合反向变动，即市场整体行情上升，证券价格却下跌，市场整体行情下降，证券价格却上升。

三、资本资产定价理论的评价

CAPM 给出了一个非常简单的结论：只有一种原因会使投资者得到更高回报，即投资高风险的股票。CAPM 模型在证券理论界已经得到普遍认可。投资专家用它来作资本预算或其他决策；立法机构用它来规范基金界人士的费用率；评级机构用它来测定投资管理者的业绩。该理论在现代金融理论中占据着主导地位。

但 CAPM 也存在一定的局限性。事实证明建立在大量调研基础上的选择性投资能够取得优异的收益成果。同时市场指数不一定真正反映全部股票的市场情况，一个投资者完全有可能将其资产组合做得和市场指数一样，但在实际市场上的投资却未必能取得预期的收益。

CAPM 模型假定股票市场是均衡的，且所有投资者对股票的预期都是相同的。但事实并非如此，在证券投资中，有所谓“最后乐观的投资者”和“最后悲观的出卖者”，这类现象用 CAPM 模型很难加以阐释。另外，CAPM 中的 β 值难以确定。某些证券由于缺乏历史数据，其 β 值不易估计。此外，由于经济的不断发展变化，各种证券的 β 值也会产生相应的变化，因此，依据历史数据估算出的 β 值对未来的指导作用也要打折扣。

第四节　套利定价理论

一、理论起源

CAPM模型自应用以来一直在金融定价模式领域占统治地位，然而，史蒂芬·A. 罗斯（Stephen A Ross）认为，事实上无法找到实际的证券来证明这一模型，并于1976年在《经济理论》杂志上发表了题为《资本资产定价的套购理论》的文章，在该文中，他提出了“套利定价理论”，简称APT模型。套利定价理论认为，套利行为是现代有效率市场（即市场均衡价格）形成的一个决定因素。如果市场未达到均衡状态的话，市场上就会存在无风险套利机会。并且该理论运用多个因素来解释风险资产收益，依据无套利原则，得到风险资产均衡收益与多个因素之间存在（近似的）线性关系。

套利是指某种资产在不同的市场上存在两种及两种以上的价格，这种情况下投资者进行的低价买进高价卖出，获取无风险收益的活动。单个证券价格的差异以及证券组合价格的差异是构成套利的主要因素。

二、套利定价理论的基本内容

（一）套利定价理论的前提假设

（1）投资者是理性的，若存在不增加风险却能增加收益的机会，他们必定会利用这一机会进行套利；

（2）证券之间的关联性是受同一个或多个因素的影响，且证券的收益率与这些影响因素之间是线性关系；

（3）投资者的预期收益不一定是均匀的；

（4）市场是完全竞争市场；

（5）证券的组合是多种多样的。

(二) 套利定价理论的模型

1. 因素模型

该模型认为，在经济活动中，存在着大量的共同因素对大多数企业产生影响。当这些因素发生变化时，证券的价格会相应的波动，由于各种证券对共同因素的反应敏感程度不同，证券价格的波动程度也不同。反映这种共同因素与证券价格变动关系的模型称为因素模型，具体分为：

(1) 单因素模型 (Single - Factor Model)，即证券收益率只受到单一因素的影响。其一般形式为：

$$R_i = a_i + b_i F + \varepsilon_i \tag{7-8}$$

证券 i 的期望收益率为：

$$E(R_i) = E(a_i + b_i F + \varepsilon_i) = a_i + b_i E(F) \tag{7-9}$$

在以上式中，R_i表示 i 的收益率，a_i表示当因素 F 期望值为 0 时证券 i 的期望收益率，F 表示共同因素的值，b_i表示证券 i 对因素 F 的变动敏感度，ε_i表示证券收益率与期望收益率的偏差。

(2) 双因素模型 (Two - Factor Model)，即证券收益率的共同因素有两个。公式表示为：

$$R_i = a_i + b_{i1} F_1 + b_{i2} F_2 + \varepsilon_i \tag{7-10}$$

上式 7 - 10 中，F_1和 F_2表示影响证券收益的两个因素，b_{i1}、b_{i2}分别表示证券 i 对这两个因素的敏感程度，ε_i是随机误差项，a_i是当每个因素都为 0 时证券 i 期望收益率。此时，投资组合收益为：

$$\begin{aligned} R_p &= \sum_{i=0}^{n} X_i R_i = \sum_{i=1}^{n} X_i (a_i + b_{i1} F_1 + b_{i2} F_2 + \varepsilon_i) \\ &= \sum_{i=1}^{n} X_i a_i + \sum_{i=1}^{n} X_i b_{i1} F_1 + \sum_{i=1}^{n} X_i b_{i2} F_2 + \sum_{i=1}^{n} X_i \varepsilon_i \end{aligned} \tag{7-11}$$

(3) 多因素模型 (Multiple - Factor Model)，即证券收益受到多种因素作用的影响。一般形式为：

$$R_i = a_i + b_{i1} F_1 + \cdots + b_{im} F_m + \varepsilon_i \tag{7-12}$$

证券的期望收益率为：

$$E(R_i) = a_i + b_{i1} E(F_1) + \cdots + b_{im} E(F_m) \tag{7-13}$$

该模型说明，某种证券或证券组合对相同因素反应的敏感程度相同，则它们的期望收益率也会相同。如果存在证券或证券组合和期望收益率不同时，“近似套利机会”就会存在。投资者会利用这种投资收益的不同进行套利，直至套利机会消失。这便是套利定价理论的逻辑核心。

2. 套利定价模型

罗斯认为，因素模型是决定证券市场价格的基础，而无风险套利行为的结果，将会使一切套利机会消失，使同一风险因素的风险报酬趋于相等，进而形成统一的市场价格，即证券价格达到均衡。公式表示为：

$$E(R_i) = R_f + b_{i1}\lambda_1 + b_{i2}\lambda_2 + \cdots + b_n\lambda_n = R_f + \sum_{j=1}^{n} b_{ij}\lambda_j \quad (7-14)$$

上式 7 - 14 中，R_f表示无风险资产的收益率，b_j（$j=1$，2，⋯，n），λ_j表示第 j 个风险因素 F_j的边际贡献。该模型说明，市场均衡状态下，证券的预期收益率与其对因素的敏感性呈相关关系，且以无风险资产的收益率为截距。

三、套利定价理论与资本资产定价模型的评价

一方面，CAPM 建立在效用理论基础上，它依赖于对投资者的风险厌恶程度的假定；而 APT 建立在相同的商品以相同的价格出售这一经济原则之上，对投资者的偏好并无明确的前提要求。另一方面，CAPM 仅考虑来自市场的风险，可能会遗漏来自市场外的宏观经济环境对证券收益的影响。而多因素 APT 不仅考虑了市场内的风险，还考虑了市场外的风险，对证券收益的解释性较强。并且，CAPM 所依赖的市场资产组合往往难以观测，而 APT 中要求的基准资产组合不一定是整个市场资产组合，任何与影响证券收益的系统因素高度相关的充分分散化的资产组合均可充当基准资产组合。但 CAPM 明确指出了证券收益依赖于整个市场资产组合。而 APT 虽然建立于因素模型基础上，却并没有明确指出影响证券收益的因素具体有哪些。由于这一原因，尽管 APT 在应用方面有很大的吸引力，但它仍不能取代 CAPM。

第五节　期权定价理论

一、理论起源

期权即指购买者支付一定数量的权利金后，获得了可以在预定时间按预定价格买入或

者卖出某种资产的权利。期权交易有着悠久的历史，期权的思想萌芽至少可以追溯到公元前1800年的《汉穆拉比法典》，但期权的快速发展到20世纪50年代以后才开始，真正标准化的场内期权交易只有30多年的历史。公认的期权定价理论的始祖是法国数学家巴舍利耶（Bachelier），他在其博士论文“投机理论”中首次提出了股票价格服从布朗运动的假设，并运用它来对欧式买权进行定价。但他的假设前提是不现实的，即零利率和允许股票价格为负值。

随着世界金融市场的迅猛发展，金融机构在投融资过程中将面临许多金融风险，如汇率风险、信用风险等。为了解决这一问题，金融衍生产品应运而生，其价格或投资回报最终取决于标的资产的价格。期权是一种基本的金融衍生产品，期权费反映出买卖双方对某一权利做出的价值判断，但期权的价格很难从市场中直接反映，近30多年来，期权定价问题始终是数理金融学界研究的热点之一，并且取得了丰硕的成果。1973年，美国芝加哥大学的布莱克和斯科尔斯教授（Black、Scholes）在美国《政治经济学杂志》上发表了一篇名为《期权定价与公司负债》的论文，同年，美国哈佛大学的默顿教授（Merton）则在另一刊物《贝尔经济与管理科学杂志》上发表了另一篇名为《期权的理性定价理论》的论文。这两篇论文奠定了期权定价理论的理论基础，斯科尔斯和默顿教授（Scholes、Merton）因此而获得了1997年的诺贝尔经济学奖，以表彰他们在评估衍生金融工具价值方面的杰出贡献。

二、期权定价理论的基本内容

布莱克—斯科尔斯模型（简称B－S模型）有如下7个假设条件：

（1）允许使用全部所得买空衍生证券。

（2）没有交易费用或税收。所有证券都是高度可分的。

（3）在衍生证券的有效期内没有红利支付。

（4）不存在无风险套利机会。

（5）证券交易是连续的。

（6）无风险利率 r 为常数，且对所有到期日都相同。

（7）标的物价格的变动符合几何布朗运动，即：

$$ds = \mu Sdt + \sigma Sdz \tag{7-15}$$

其中，ds 为标的物价格的无穷小的变化值；dt 为时间的无穷小的变化值；σ 为标的资产价格的波动性，也就是标的资产在每一无穷小的期间内的平均收益率的标准差；dz 为遵循维纳过程的变量 Z 在 dt 时间内的变化量，$dz = \varepsilon \cdot \sqrt{dt}$，$\varepsilon$ 为服从标准正态分布（0—1

分布）的随机值。

在上述假设条件基础上，布莱克与斯科尔斯首先分析现货看涨期权的定价模型。在推导过程中，用到 ITO 定理，从该定理中可得到 S 与 t 的函数 G 遵循的过程为：

$$dz = \left(\frac{\partial G}{\partial S}\mu S + \frac{\partial G}{\partial t} + \frac{1}{2}\partial^2 G/\partial S^2 \sigma^2 S^2\right)dt + \frac{\partial G}{\partial S}\sigma S dz \tag{7-16}$$

这表明 S 和 G 都受同一个基本的不确定性来源 dz 的影响，即股票价格和衍生证券的价格都受同一种基本的不确定性的影响，因此，可以建立无风险证券组合。在此基础上，得出 Black - Scholes 微分方程：

$$\frac{\partial f}{\partial t} + rS\frac{\partial f}{\partial S} + \frac{1}{2}\sigma^2 S^2 \partial^2 f/\partial S^2 = rf \tag{7-17}$$

其中，r 为无风险利率，f 是依赖于 S 的衍生证券的价格。Black - Scholes 微分方程性质是该方程不包含任何受投资者的风险偏好影响的变量，方程中出现的变量为股票当前价格、时间、股票价格方差和无风险利率，它们都独立于风险偏好。基于该事实可知：在对 f 进行定价时，可以使用任何一种风险偏好，而且可以假设所有的投资者都是风险中性的。这一假设在很大程度上简化了衍生证券的分析。求解 Black - Scholes 微分方程，即可得出现货看涨期权的定价模型：

$$c = SN(d_1) - X e^{-rT}N(dz) \tag{7-18}$$

$$d_1 = [\ln(S/X) + (r + \sigma^2/2)T]/\sigma\sqrt{T}$$

$$d_2 = d_1 - \sigma\sqrt{T}$$

其中，c 为看涨期权的价格；S 为标的资产的现行价格；X 为期权的协定价格；r 为瞬间的无风险利率；T 为以年表示的权利期间的长短（即折算为年的目前至期权到期日的时间）；$\ln(\cdot)$ 为自然对数；e 为自然对数之底的近似值（2.71828）；σ 为标的物价格的波动性；$N(\cdot)$ 为累积正态分布函数。即影响期权价格的各因素 S、X、T、σ 均已在公式中反映。

布莱克、斯科尔斯还进一步修正推导出期货看涨期权的定价模型：

$$c = [FN(d_1) - XN(d_2)]e^{-rT} \tag{7-19}$$

$$d_1 = [\ln(F/X) + (r + \sigma^2/2)T]/\sigma\sqrt{T}$$

$$d_2 = d_1 - \sigma\sqrt{T}$$

其中，F 为期货价格，若期货价格在整个权利期间毫无波动，即 $\sigma = 0$，则 $N(d_1) = N(d_2) = 1$，则以上看涨期权定价模型可简化为：

$$c = (F - X)e^{-rT} \tag{7-20}$$

这说明，在标的期货价格稳定不变的条件下，看涨期权的价格是以无风险利率贴现的内在价值的现值。

在此基础上，布莱克和斯科尔斯通过看跌期权与看涨期权的平价关系来推算出现货看跌期权的价格模型。看跌期权与看涨期权的平价关系是指看跌期权的价格与看涨期权的价格必须维持在无套利机会的均衡水平的价格关系。在现货市场上，公式表示为：$S = X + c - p$，即 $p = c - S + X$，在考虑货币的时间价值后，可表示为 $p = c - S + Xe^{-rT}$。在此基础上，将 $c = SN(d_1) - Xe^{-rT}N(d_2)$ 代入，便可得到现货看跌期权价格模型：

$$P\& = S[N(d_1) - 1] + Xe^{-rT}[1 - N(d_2)] = Xe^{-rT}N(-d_2) - SN(d_1) \qquad (7-21)$$

对于期货期权，看跌期权与看涨期权的平价关系为 $p = c + PV(X - F) = c + Xe^{-rT} - Fe^{-rT}$，同样可求出期货看跌期权价格模型为：

$$p = Xe^{-rT}[1 - N(d_2)] + Fe^{-rT}[N(d_1) - 1] = Xe^{-rT}N(-d_2) - Fe^{-rT}N(-d_1) \qquad (7-22)$$

总之，布莱克—斯科尔斯定价公式可以解决基于不付红利的股票的欧式看涨期权、美式看涨期权、欧式看跌期权的定价问题。但对于美式看跌期权定价还没有得出一个精确的解析公式。

三、B-S 模型的评价

B-S 模型为金融衍生产品市场提供了坚实的技术支持，自诞生以来就为众多经济学家所关注，并迅速被金融实务界广泛运用，对金融衍生产品市场的影响与日俱增。仅以美国芝加哥期权交易所为例，1974 年 3 月股票期权成交量就已超过 1972 年 OTC 市场全年的交易量，1974 年全年成交合约所代表的股数，已超过美国证交所全年的股票成交量。交易的股票期权已从 1973 年的 16 家最热门股票发展到目前的 1400 多种。同时，各种新的期权品种也在不断推出，如指数期权、期货期权、外汇期权、利率期权、互换期权，且其影响已远远超出了期权交易领域。公司决策者运用这一理论作为投资决策分析的有力工具；证券分析家利用这一理论来估算公司债券；不少经济学家更将其扩大应用到从工资谈判到分析币值波动的各个方面；在担保和保险合同中也得到了广泛应用。近年来，我国也有不少学者试图应用期权定价的思想来解决国有大型企业管理和智力资源的定价问题。事实上，期权定价理论可以用来评价任何价值取决于不确定的未来资产价值的类似期权的商品。期权定价理论之所以有如此强的应用性，默顿认为有以下三个关键因素：第一，应用性强而相应的假设弱；第二，作为定价模型的变量，要么可以直接观察到，要么可以根据历史数据估算；第三，用在其他期权（如指数期权、外汇期权等）或者类似期权的定价方法和方法论的通用性。

此外，有必要指出，B-S 模型也存在着一些不足之处：B-S 模型假定过去的股票价格波动率代表了现在或将来的变化。然而实际市场中这些数据是不断地变化的，在这种情况下运用 B－S 模型推算出的期权价格就很有可能是错误的。虽然 B－S 模型的假设条件相对较弱，但是其与现实资本市场情况仍有较多出入：由于市场行为是由参与其中的无数各式各样的投资者（套期保值者、套利者、投机者）行为综合而成的，在一定条件下，即使符合一定的数学规律，也不能用一个严格意义上的数学模型来概括 B－S 模型假定股票价格在任何给定的未来时间的概率分布为对数正态分布，但若真实分布的右侧拖尾比对数正态分布的右侧拖尾宽，模型将趋向于低估处于虚值状态的看涨期权和处于实值状态的看跌期权的价格，若真实分布的左侧拖尾比对数正态分布的左侧拖尾宽，模型趋向于低估处于虚值状态的看跌期权和处于实值状态的看涨期权的价格；若两侧的拖尾都比对数正态分布的两侧拖尾窄时，就会出现相反的偏差。

思考与练习

1. 现代国际间接投资理论与传统理论相比，有哪些创新之处和不同点？请结合具体理论进行分析。

2. 选择两种或以上的现代国际间接投资理论，比较它们的异同点。

3. 分析当前国际金融市场环境对现代国际间接投资理论的影响，如全球化进程、金融科技创新等。

4. 国际资本流动对金融稳定性有哪些主要的影响渠道？请结合理论和实际案例进行分析。

5. 不同类型的资本流动对金融稳定性的影响是否存在差异？

第八章　国际资本流动理论

学习目标

1. 掌握国际资本流动的基本概念。
2. 了解国际资本流动的主要理论。
3. 熟悉国际资本流动的渠道和工具。
4. 理解国际资本流动的动因。

资本跨国界自由流动的能力，不仅影响着国家的宏观经济政策，也对全球经济格局产生深远影响。在19世纪后期至20世纪30年代，国际资本流动对全球经济和资本市场的稳定产生了越来越大的影响。学术界对国际资本流动机制的研究也进入了较为深入的阶段，很多学者从利率方面研究引起国际资本流动的主要因素。例如，沃尔特·巴奇哈特（Walter Bagehot）、维克塞尔（Knut Wicksell）、艾尔弗雷德·马歇尔（Afred Marshall）和欧文·费雪（Irving Fisher）等认为，利率是促使资本跨国流动的主要因素之一。又如，沃尔特·巴奇哈特认为，利率差异是引起国际信贷资金在全球范围内流动的主要因素。维克塞尔也指出一国的高利率不仅可以吸引国外资本的流入，而且还可以吸引在外的国内资本回流，并且随着利率的变化，国际资本的流动呈周期性趋势。马歇尔在此基础上还进一步指出信息获取的难易程度和投资收益的保障度也是影响国际资本流动的主要因素。欧文·费雪利用比较优势理论，认为利率差异是资本跨国流动的主要因素，但随着资本在国际间自由流动，世界各国的利率最终趋于相等，由此提出国际资本流动的利率理论模型。佛雷兹·马可罗普（Fritz Machlup）指出，资本之所以会从利率高的国家流向利率低的国家，是因为投资者是为了规避风险，而不是为了获得更高的报酬。艾弗森（Iverson）认为，除了利差外，投资组合的分散化倾向和各种政治因素以及个人偏好等也会促使国际资本流动。

第一节　利率决定说

一、学说起源与发展

关于利率的决定问题，实际上由来已久，从政治经济学产生之日起，经济学家们就开始了此类问题的讨论，但真正能自成体系的早期利率决定理论形成于 18 世纪末期。此后经过两个多世纪的发展，利率决定理论已逐步完成了由局部均衡分析向一般均衡分析的飞跃。

在西方利率决定理论发展过程中，先后出现了早期的利率决定理论、实际利率理论、凯恩斯流动性偏好理论、可贷资金理论和新古典综合派 IS－LM 理论等利率决定理论。新古典综合派的 IS－LM 模型理论既考虑了商品市场的均衡，又考虑了货币市场的均衡，一度被认为最完善的利率决定理论，而且由于 IS－LM 模型出现的相当一段时间，很好地反映了西方经济发展现状，西方各国政府都积极利用财政政策和货币政策促进经济持续发展，因而受到西方大部分经济学家的赞赏。

（一）马克思的利率决定理论

最早的利率决定理论是马克思利率决定理论。马克思的利率决定理论是以剩余价值在不同资本家之间分割为起点的。马克思认为，产业资本家和商业资本家在生产和流通过程中产生和实现剩余价值，利润又是剩余价值的转化形式，货币资本家把资本借给产业资本家和商业资本家，从中获得的补偿利息就是产业资本家和商业资本家利润的一部分。利息是放弃使用产业资本而获利的出借人应得到的一种报酬，是产业利润的一部分。而市场真实利率水平则主要取决于市场中借贷资本的供求状况。应该说，马克思以产业资本作为研究的对象，摒弃了重商主义者和重农主义者对资本认识的片面性，这对利率理论的发展具有十分重要的意义。

（二）古典学派的利率决定理论

古典学派认为，一个自由竞争的市场本身存在一种强大的力量可以使市场达到和维持充分就业的状态。在充分就业的状态下，储蓄和投资都可以表示成利率的函数，而此时的投资函数和利率函数共同决定了一个均衡利率。在古典的利率决定理论中，以英国马歇尔的“储蓄投资利率论”和美国费雪的“借贷资本利率论”为代表。

马歇尔是以西尼尔的资本节欲说为基础，创造了“等待说”理论。他认为利息是人们延期消费等待的报酬，人们因等待而形成的延期消费构成了储蓄，利率越高，则人们的“节欲”就越强，人们越愿意延期消费，资本供给就越多。他又根据萨伊的资本生产力说提出，支出投资决定了资本的需求，由于边际生产力递减，因而资本的需求随着利率的升高而下降。因此，当资本供给等于资本需求时，市场达到均衡。所以，马歇尔认为：“利率即为任何市场上使用资本的代价，故利息常趋近于一个均衡点，使得该市场在该利率下对资本的需求量，恰好等于该利率下即将来到的资本的总供给量”。费雪认为利率只是现在财货与将来财货进行交换时的一种贴水，有一部分是主观因素决定的，即现在财货对将来的边际偏好。这种偏好被费雪称作“时间偏好”，决定利率的另一部分是客观因素，即投资机会。时间偏好程度和投资机会决定了利率水平。费雪认为，在决定市场利率的两大因素中，人们的时间偏好起核心作用。

（三）凯恩斯的流动性偏好理论

凯恩斯和他的追随者们在利率决定问题上的观点与古典学派正好相反，认为利率不是由储蓄和投资的相互作用决定的，而是认为利率决定理论是一种货币理论，是由货币供给量和货币需求量的关系决定。凯恩斯认为，储蓄量是消费者消费行为的总和结果，它等于社会的总收入减去总消费支出，而投资量则是企业投资行为的总和结果，它等于由本期生产活动而引起的资本品的增值，也等于总收入减去总消费。流动性偏好利率理论认为，利率决定于货币需求数量和货币供给数量两个因素。货币需求是一个内生变量，决定于人们流动性偏好，利息是对人们放弃流动性的补偿，因此利率就是对人们流动性偏好的衡量指标。所谓流动性偏好是指人们在选择其财富的持有形式时，大多数倾向于选择货币，因为货币具有完全的流动性和最小的风险性。货币的需求量起因于三种动机，即交易动机、预防动机和投机动机。

（四）可供资金理论

可供资金理论的主要代表是剑桥学派的罗伯森和瑞典学派的俄林，该理论同时考虑了储蓄投资理论和凯恩斯流动性偏好理论的优点，摒弃了它们的不足，认为利率决定应该同时考虑货币因素和实质因素。在罗伯森等看来，“古典”的储蓄与投资决定利率的实物利率理论基本上是正确的，不过该理论所强调的只是长期中决定利率的实物因素，而没有考虑到信用创造活动等因素的影响。换言之，古典利率理论只考虑了非货币因素而忽视了货币因素。实际上，在短期内，货币因素如信用创造活动、人们窖藏货币的习惯等因素对利率也是有影响的；而在长期中，利率仍然由实物因素所决定。因此，为了使理论完整，就必须综合考虑货币的和非货币的因素，按可贷资金的需求与供给的相互关系来对利率的决定进行全面的分析。

（五）IS－LM 模型

希克斯和汉森提出的 IS－LM 模型针对以前出现模型的缺陷，即都没有考虑收入因素作出了改进。在实际中，如果不考虑收入，就无法确定利率水平。因为储蓄和投资都是收入的函数，收入增加将会导致储蓄的增加，如果事先不知道收入水平就无法知道利率水平；利率的变动影响着投资，投资变化又引起收入的变化，因此如果不事先知道利率水平，也就无法得到收入水平。此外，收入的变动又会引起货币需求的变动，此时主要是交易需求和谨慎需求的变动，若货币供给不变，投机需求必将随之变化，进一步影响利率水平。因此，在研究利率决定理论时需要考虑收入的影响。IS－LM 模型认为其核心内容是利率受制于投资函数、储蓄函数、货币需求函数和货币供给函数四个因素，同时利率与收入之间存在着相互决定的关系。IS－LM 模型从一般均衡的角度进行分析，同时考虑了商品市场和货币市场的均衡，虽然 IS－LM 模型本身在解释利率形成过程中存在不少弱点，其说服力也有待加强，但它却是目前对利率决定机制相对最为完善的解释。

（六）利率决定说的当代发展

随着经济和金融市场的演变，利率决定说继续发展，涵盖了更广泛的因素，如全球资本流动、货币政策以及金融市场的微观结构等。现代研究强调了金融市场的不完全性、信息不对称和交易成本对利率决定的影响。利率决定说的发展反映了经济学理论的不断深化和对经济现象理解的逐步完善。从早期的简单货币供求理论到现代的复杂综合模型，利率决定说已成为宏观经济学和金融学中不可或缺的一部分。

二、利率决定说的基本内容

利率决定说主要探讨利率水平是如何影响国际资本流动的。在这一理论框架下，利率被视为资本流动的关键驱动因素之一。具体而言，利率差异导致资本从利率较低的国家流向利率较高的国家，以寻求更高的回报。这一过程通常被称为利率套利。

利率决定说（Interest Rate Determination Theory）是国际宏观经济学和国际金融学中的

一个重要概念，它着重分析利率作为资金成本和回报率的主要指标，对国际资本流动方向和规模的影响。该理论认为，利率差异是推动短期资本跨国界流动的主要动力之一。在开放经济中，资本会从利率较低的国家和地区流向利率较高的国家和地区，以寻求更高的投资回报。这种资本流动不仅包括短期的金融资本，如债券和银行存款，也包括长期的直接投资，如外国直接投资（FDI）。

利率决定说重点关注的是利率差异、资本流动性、风险和预期、货币政策、市场效率这几个要素。首先，不同国家间的利率差异是导致资本跨国流动的关键因素，投资者倾向于将资金投向能够提供更高利率的市场；其次，资本的流动性越高，利率差异对资本流动的影响越大。在完全自由的资本市场中，资本可以迅速且无成本地跨国界流动；此外，投资者在进行投资决策时，会考虑到利率以外的其他因素，如货币风险、政治风险、经济预期等。这些风险和预期因素可能会降低或消除利率差异对资本流动的吸引力；同时，国家的货币政策，特别是中央银行的利率调整，对国内利率水平有直接影响，进而影响资本流入和流出；最后，利率决定说假设市场参与者拥有充分的信息，能够迅速对利率变化作出反应，市场能够高效地分配资本。

三、利率决定说的应用

利率决定说应用于生活的方方面面，涵盖了从个人理财、企业决定到宏观经济政策制定的各个领域，贯穿了微观、中观和宏观。

从微观的角度来看，利率决定说影响着消费者个人的理财规划和消费者信贷成本。消费者在进行理财规划时，利率是一个核心考虑的因素。储蓄账户、定期存款和其他固定收益投资的利率直接影响个人储蓄的回报。利率的变动在很大程度上影响着消费者作出的财务决策。同时，利率决定了消费者信贷的成本，如房贷、汽车贷款和信用卡债务等成本。利率的上升会增加消费者的还款负担，同理，利率的下降则很大程度上会刺激消费。

从中观的角度来看，利率决定说影响企业的融资与投资决策和融资成本。企业在进行资本预算和投资决策时，必须考虑利率水平。低利率环境降低了企业的融资成本，鼓励企业进行扩张和资本投资。低利率环境提高了企业的盈利能力和竞争力，此时企业需要密切关注利率变动，以优化其资本结构和融资策略。相反，高利率环境可能会抑制企业的投资意愿，影响其增长和盈利能力。

从宏观的角度来看，利率决定说影响整个金融市场的运作，货币政策的实施，金融稳定性维护，国际资本流动和汇率，长期经济增长和可持续发展等诸多方面。以金融市场的运作为例，利率是金融市场的基石，影响股票、债券和其他金融资产的定价。在固定收益市场，利率的上升通常会导致债券价格下降，而利率的下降则会使债券价格上升。此外，利率变动也会影响金融市场的流动性和稳定性。

需要注意的是，该理论也存在着局限性。如市场不完全性，即现实世界中的市场往往存在摩擦和不完全性，如信息不对称、交易成本等。这违背了利率决定说对于市场参与者拥有充分的信息，能够迅速对利率变化作出反应，市场能够高效地分配资本的假设；又如，政府和中央银行的政策干预可能会影响资本流动的自然趋势。最后，存在短期焦点问题，即利率决定说过于强调短期资本流动，而对长期投资和直接投资的影响分析不足。

第二节　资本流量与存量理论

资本流量与存量理论是理解国际资本流动的基础。这一理论区分了资本的流动量（Flow）与资本存量（Stock）。资本流量通常是指在一定时期内资本在国家之间的流动情况，反映了新投资的趋势和动向。资本存量则代表了某一特定时间点上积累的资本总量，显示了一个国家在全球资本市场中的地位和影响力。

一、资本流量定义

资本流量是经济学中用来描述一定时期内发生的经济价值或物量的变动的概念。它反映了在一段时间内经济价值或物量的产生、转换、交换、转移和消失，体现了经济价值或物量的变化。

在国民经济核算中，资本流量核算是重要的组成部分，它包括了国内生产总值核算、投入产出核算、资金流量核算、国际收支核算等，这些都属于流量核算的范畴。资本流量核算以收入分配和资金运动为核算对象，描述一定时期各机构部门收入的分配和使用，资金的筹集和运用情况。此外，资本流量也涉及居民与非居民之间的资本转移，以及非生产非金融资产的取得和处置。在国际收支体系下，贷方表示居民从非居民获得的资本转移，借方表示居民向非居民提供的资本转移。

在经济学中，流量是在一段时期内某一变量的加总，如国内生产总值、投资总额等，它们都是在一定时期内测度的，具有时间维度。存量是在某一时点上测度的，没有时间维度，如资产负债表中的资产、存款等。

二、国际资本流量的构成

（一）外商直接投资（FDI）

外商直接投资（FDI）是指外国企业和个人在另一个国家通过现汇、实物、技术等方式进行的直接投资行为。FDI 通常包括在东道国境内开办外商独资企业、与境内企业或经济组织共同举办中外合资经营企业、合作经营企业或合作开发资源的投资，以及经政府批准的项目投资总额内企业从境外借入的资金 。FDI 是国际间资金往来的一种重要形式，对接受国的经济增长、国际收支、外汇储备和外币供给都有积极影响。

FDI 的主要作用包括资本贡献、对经济增长的推动、创造就业效应以及对经济结构和税收的积极影响。例如，2020 年，由于新冠疫情大流行，全球 FDI 大幅下降，但中国吸引的 FDI 增长了 14%，成为全球 FDI 第一大目的地，这得益于中国良好的发展前景和进一步开放的政策。

FDI 的主要形式包括 FDI 流入量（inward FDI flows）、FDI 流出量（outward FDI flows）、FDI 内存量（inward FDI stocks）和 FDI 外存量（outward FDI stocks）。FDI 可以通过在外国开设子公司或联营公司、收购现有外国公司的控股权或与外国公司合并或合资等方式进行。根据经济合作与发展组织（OECD）的指导方针，建立控股权的 FDI 的门槛是外国公司至少拥有 10% 的所有权。

（二）证券投资

国际证券投资作为跨境资本流动的一种形式，在当前全球经济中扮演着重要角色。它通常指的是投资者购买外国公司的股票、债券或其他证券，以期获得收益或分散风险。近年来，随着全球资本市场的开放和融合，国际证券投资的规模和影响力持续增长。

以中国为例，根据 2020 年的分析，新冠疫情对国际收支的影响可能不会持续太久。预计在疫情得到控制后，中国的出国旅行可能会出现报复性反弹，服务贸易逆差可能会重新大规模出现。同时，从单一国家获得大量货物贸易顺差也不具有持续性。然而，国际证券投资有望在“十四五”期间大幅增长，成为国际收支大项中最受关注的净流入方面。这主要得益于经济基本面、人民币汇率、中外利差以及国内金融对外开放等四大因素。在国际证券投资领域，中国也在不断推进金融业对外开放，其中包括证券市场的国际化。例如，通过“沪港通”“深港通”等跨境交易通道，中国证券市场与香港等地区的市场实现了联通。此外，中国交易所也在积极进行股权合作和交易技术方面的国际合作，以提升国际化水平。

然而，国际证券投资也存在一定的风险和挑战。例如，大量国际证券投资的涌入可能会对虚拟经济产生负面影响，包括金融市场波动和监管挑战。同时，国际政治经济摩擦和全球经济下行压力也可能影响资本市场的稳定发展。

（三）跨境贷款

跨境贷款是境内银行向境外企业提供资金的一种重要方式，对宏观经济有着显著的影响。根据中国人民银行和国家外汇管理局发布的《关于银行业金融机构境外贷款业务有关事宜的通知》（银发〔2022〕27 号）规定，境外贷款业务包括境内银行直接或间接向境外企业发放一年期以上的本外币贷款。

跨境贷款余额受到宏观审慎管理政策的监管，其上限与境内银行的一级资本净额、境外贷款杠杆率和宏观审慎调节参数相关。银行应确保任一时点贷款余额不超过规定的上限，并根据宏观经济形势和跨境资金流动情况，由央行和外汇管理局进行动态调整。

跨境贷款的利率应符合商业原则，并在合理范围内确定。贷款原则上应用于境外企业经营范围内的相关支出，不得用于证券投资、偿还债务或投机套利性交易。此外，境内银行在办理境外贷款业务时，应依法合规、审慎经营，并切实履行反洗钱、反恐怖融资、反逃税义务。对于境外贷款人而言，关注点包括但不限于境外被担保人主体资格的合法性、担保的商业合理性、境外被担保人的还款能力等。此外，有效的现金流控制和融资文件管辖法律的选择也是境外贷款人需要考虑的重要方面。

跨境贷款和其他形式的国际资本流动可以增加东道国的外汇储备、影响汇率和利率水平，进而对宏观经济产生影响。例如，跨境贷款可以为东道国提供更多的资金来源，有助于缓解融资约束，提高金融市场效率。然而，大规模的跨境资本流动可能会造成经济扭曲和金融风险的积聚，增加宏观调控的难度。此外，跨境资本流动的新特征和新风险也值得关注。2008 年金融危机后，全球跨境资本流动的规模、结构、参与主体和行为特征出现了结构性变化。新兴经济体面临债券类证券投资流入占比上升引起的金融不稳定性增加、非银行业金融部门崛起带来的金融脆弱性上升、外币债券规模上升带来的货币错配风险。这些新风险对新兴市场国家的金融稳定和宏观经济政策制定具有重要影响。

三、资本存量

资本存量是指在一定时点上企业或经济体所拥有并使用的资本总量。具体来说，资本存量包括了企业现存的全部资本资源，如流动资产、长期投资、固定资产、无形资产及递延资产等，同时也表现为企业的现有负债和所有者权益，也就是他人资本和自有资本的总和。资本存量通常可以反映企业现有的生产经营规模和技术水平，并且是已投入企业的各类资本的总和，有时也被称为资产存量。

此外，资本存量的概念还涉及对资本的管理和控制，包括资本存量的经营、预算和控制等方面。例如，在不增加资本投入的情况下，对企业现存资本的经营，以及对资本总量与结构合理性与有效性的检验。在宏观经济层面，资本存量是计算全要素生产率和资本回报率等关键经济指标的基础，对资本存量的准确核算对相关实证研究的准确性至关重要。

黄金律资本存量是一个特定的概念，指的是在稳态下使人均消费最大化的人均资本存量水平，它代表了经济是否处于最优增长路径上的一种状态。

四、资本流量与存量的关系

首先，从时间维度看，存量是一个时点概念，表示在特定时间点的资本总量。流量是一个时期概念，表示在一段时间内资本的变化量。

其次，从数学关系维度看，资本存量的变化量可以通过资本流量来计算。如果在一段时间开始时的资本存量为 K_{t-1}，在这段时间内资本的总流入（投资）为 I_t，资本的折旧或损耗为 delta · K_{t-1}，那么期末的资本存量 K_t 可以通过以下公式计算：

$$K_t = K_{t-1} + I_t - \text{delta} \cdot K_{t-1}$$

其中，delta 是折旧率。

最后，从经济学意义维度看，资本存量是经济生产潜力和长期增长能力的标志。较高的资本存量通常意味着较强的生产能力和技术基础。资本流量则反映了经济体的活力和动态变化，如投资增加可以推动经济增长和资本存量的积累。

第三节　资产组合理论

资产组合理论（Portfolio Theory）由哈里·马科维茨提出，旨在通过合理配置不同资产的投资组合，优化收益与风险的平衡。该理论在国际资本流动中应用广泛，尤其是全球投资者在多国市场中进行资产配置时。

一、资产组合理论的基本内容

资产组合理论（Portfolio Theory）又称“资产结构理论”。该理论认为：商业银行资产应在尽量多样化的前提下，根据其收益与风险等因素的不同，决定其资产持有形式，做最适宜的资产组合。例如，任何证券组合都可被看作是一组由可能得到的收益组成的集合，其中每一收益都与未来的某种状态相对应，任何资产结构都能表示为一个由其中的各种资产在不同状态下所得到的收益组成的矩阵。进行资产选择决策，须把那些具有决定影响的变量筛选出来，通过预测和估算，得出某一资产结构组合的结果。资产组合理论源于 J. 托宾的资产选择理论。其尚停留在比较抽象的理论分析上，实践的具体含义与要求比较模糊，仅提供了一种新的分析思路。

收益（Return）是指投资所获得的增值部分，通常以百分比形式表示。在资产组合理论中，投资者希望最大化预期收益；风险（Risk）是指投资价值的不确定性或波动性。风险可以通过标准差（Standard Deviation）来衡量，它是投资回报率波动程度的统计度量；均值—方差优化（Mean - Variance Optimization）是由哈里·马科维茨（Harry Markowitz）在 1952 年提出的，是现代投资组合理论的核心。该方法使用预期收益的均值和收益的方差（即标准差的平方）来评估资产组合的风险和回报。投资组合的期望收益是组合中各资产期望收益的加权平均。如果一个投资组合由 n 种资产组成，第 i 种资产的权重为 w_i，预期收益为 $E(R_i)$，则投资组合的期望收益 $E(R_p)$ 为：

$$E(R_p) = \sum_{i=1}^{n} w_i E(R_i) \tag{8-1}$$

投资组合的风险可以通过组合收益的方差来衡量，方差衡量了组合收益相对于其期望值的分散程度。投资组合的方差 $\sigma_p{}^2$ 可以通过以下公式计算：

$$\sigma_p^2 = \sum_{i=1}^{n} \sum_{j=1}^{n} w'_i w'_j \sigma'_{ij} \rho_{ij} \tag{8-2}$$

其中，σ_{ij} 是资产 i 和资产 j 的标准差，ρ_{ij} 是资产 i 和资产 j 的收益的相关系数。有效前沿（Efficient Frontier）是所有有效投资组合的集合，这些投资组合在给定风险水平下提供最大期望收益，或在给定期望收益下具有最小风险。有效前沿上的投资组合被认为是最优的，因为它们提供了最佳的收益—风险比；资本市场线（Capital Market Line，CML）是连接无风险利率和有效前沿上点的直线。这条线上的任何点都代表了给定无风险利率下的最优风险投资组合。市场组合包含了所有风险资产，每种资产的权重与其市场价值成比例。市场组合被假定为投资组合理论中的最优风险资产组合。

二、基于资产组合理论的最优资产组合

（一）最优资产组合的特征

以上是资产组合理论的最基本原理。从这一理论中可以发现，投资者对某种资产的需求具有以下几个特征：（1）需求与该资产的预期收益呈正相关，与该资产的风险呈负相关。（2）需求与投资者财富总量呈正相关。当投资者资产总量增加时，对各种资产的需求也随之增加。（3）该资产的收益率与其他资产收益率之间的协方差负值越大，对该资产的需求就越大。

（二）最优资产组合的确定

假定某个投资者对最优资产组合的选择取决于其本身的偏好。投资者对风险、收益偏好状况可用经济学中的“无差异曲线”来描述，无差异曲线具有如下特点：一是由于投资者偏好收益而厌恶风险，因而无差异曲线具有正的斜率；二是上方的无差异曲线上的资产组合具有更高的预期收益率，因此上方的无差异曲线比下方的无差异曲线能给投资者带来更大的满足程度，即$I_1>I_2>I_3$；三是任何两条无差异曲线都不相交，否则就违背了假设；四是不同的投资者具有不同的无差异曲线，风险厌恶程度越高的投资者的无差异曲线越陡。

某个投资者的最优资产组合是在有效边界上，且相对于其他组合处于最高位置的无差异曲线上。若恰好与有效集相切于E点的I是投资E（r）者所能达到的最好的偏好满足程度，则E点便是理性投资者最终确定的资产投资组合（见图8－1）。由于不同的投资者具有各不相同的偏好无差异曲线，其与资产有效集的切点也各不相同，因而具有不同的投资组合选择。在一定程度上，投资者的偏好指的并非是个人的心理状态，而是代表了一定的投资目标。如以获取稳定收益为第一投资目标，则表示了低风险、低收益的偏好取向；如以获取高额资本利得为投资目标，则代表了高风险、高收益的偏好取向。

马科维茨的资产组合理论在实际运用中存在着一定的局限性。例如，当组合所涉及的资产数目较多时，关于风险的计算极其复杂；分析最优资产组合时，难以确定资产的分散度等，因此，不断有人在马科维茨资产组合理论的基础上提出新的理论。

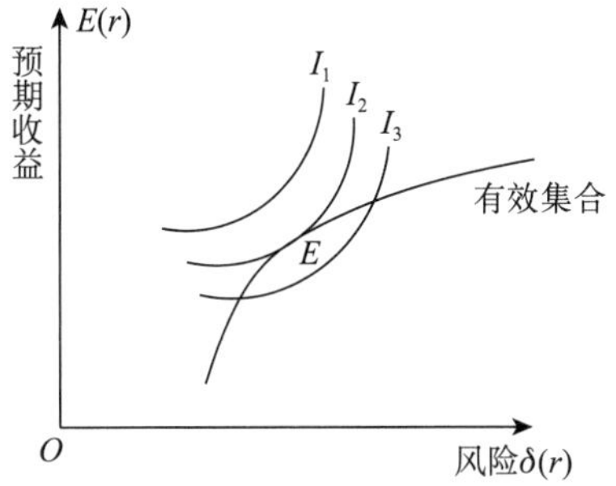

图 8－1　最优资产组合的确定

三、资产组合理论与国际资本流动

（一）国际资金流动的原因

从资产组合理论角度看，投资者的投资活动跨越国界的原因在于：

（1）为了降低风险。一般情况下，各国间各种资产收益率间的相关性要比一国国内低得多，这主要是因为，国际间投资者活动存在汇率风险（在一国国内进行投资，其收益及本金都是用该国货币计价）。若该国货币汇率发生变化，则导致投资活动的汇率风险非常大且不可分散。但如果持有了多个国家的资产，这样一国货币贬值时常常伴随着另一国货币升值，多国货币汇率的变化就可以相互抵消。

（2）为了增加收益。这里必须强调的是，在国际资金流动中，各国货币汇率的变化会带来额外的收益。汇率变动蕴含着收益与风险，当今国际金融领域内极为突出的现象是，大量短期资金不再满足于被动地从各国货币价值相互之间的消长中抵消风险或获得一定额外收益，而是主动寻找可能存在的汇率发生较大变动的机会来投机获利。

（二）提高利率对国际资本流动的影响

资产组合理论指出，提高本国利率，只能通过对投资者资产组合的影响来一次性吸引资金流入，利率对资金流动的这一影响即为“资产组合再分配效应”（portfolio redistribution effect）。

由以上分析可以看出，资产组合理论强调风险、资产总量等存量因素对国际资金流动的重要作用。利率的作用是有限的，一国不能长期完全依靠利率来吸引资金流入弥补账户赤字。另外，风险因素尤其是汇率风险的存在，使得资金流动更加不稳定，在短期内可能会对经济形成冲击。

第四节 货币分析理论

货币分析理论涉及货币市场与资本市场的互动，以及货币政策对国际资本流动的影响。该理论探讨了利率、通货膨胀率、汇率等货币变量如何影响国际资本的流动，且如何通过货币政策调节这些资本流动。

一、货币分析理论的基本内容

货币分析理论认为，汇率的变动和国际收支的平衡与货币供给（MS）和货币需求（MD）之间的关系密切相关。在长期中，货币供应量与货币需求量是相等的，即 $MS = MD$。其中，货币需求被认为是国民收入（y）、利率（i）和价格水平（p）的函数，即 $MD = pf(y, i)$。

国际收支差额可以表示为货币供给与国内信贷的差额，即 $R = H - D = I - D$，其中 R 代表国际储备，H 代表货币供给，D 代表国内信贷，I 代表货币需求。

货币分析理论指出，货币供给的增加会导致价格水平上升，从而影响汇率。在固定汇率制下，国际收支的平衡反映在储备项目不发生变化；而在浮动汇率制下，货币供需的变化可以通过汇率的调整实现国际收支的自动平衡。根据货币分析理论，国际收支逆差可以通过紧缩性的货币政策来纠正，即通过减少货币供给来平衡货币供需。此外，货币分析理论中的黏性价格货币分析法提出，在短期内，由于商品市场价格具有黏性，而证券市场上利率反应灵敏，货币市场失衡后，短期内利率的调整幅度可能会超出长期均衡水平，导致发生汇率的超调现象。

二、货币分析理论与资本流动

货币分析理论是一种宏观经济理论，它着重分析货币市场与资本市场的互动以及货币政策对国际资本流动的影响。货币市场主要涉及短期债务工具，如国库券和商业票据，而资本市场则包括长期债务和股权工具，如政府债券和股票。货币分析理论认为，货币市场和资本市场是相互联系的，货币市场的变化会通过利率等渠道影响资本市场。货币政策通过改变货币供应量来影响利率水平。紧缩性货币政策减少货币供应，提高利率，而扩张性货币政策则增加货币供应，降低利率。而利率，是影响国际资本流动的关键因素。较高的利率可能吸引外国投资者购买国内金融资产，导致资本流入；相反，较低的利率可能导致资本流出。此外，汇率是两国货币的相对价格，反映了货币的国际价值。所以，汇率的调整可以平衡国际收支，反映货币的相对供需。货币政策通过影响利率间接影响汇率。例如，提高利率可能吸引外国投资者，增加对本国货币的需求，从而导致本币升值。

三、货币分析理论的实际意义

（一）货币分析理论的应用

货币分析法不仅适用于国际收支的储备项目分析，还适用于经常账户和资本账户项目的分析（尤其是在波拉克模型和多恩布茨模型中）。货币分析理论为理解汇率变动和国际收支调节提供了一个重要的视角，强调了货币因素在国际经济中的作用。

（二）货币分析理论的局限性

货币分析理论的局限性在于它假定短期内的汇率波动完全由货币市场的失衡引起，忽略了商品市场对汇率的实际影响。此外，它还假定国内外资产之间具有完全替代性，这与现实情况可能存在差异。

第五节　交易成本理论

一、交易成本理论的基本内容

交易成本理论是用比较制度分析方法研究经济组织制度的理论。它是英国经济学家罗纳德·哈里·科斯（R. H. Coase）1937 年在其重要论文《论企业的性质》中提出来的。它的基本思路是：围绕交易费用节约这一中心，把交易作为分析单位，找出区分不同交易的特征因素，然后分析什么样的交易应该用什么样的体制组织来协调。

科斯认为，交易成本是获得准确市场信息所需要的费用，以及谈判和经常性契约的费用。也就是说，交易成本由信息搜寻成本、谈判成本、缔约成本、监督履约情况的成本、可能发生的处理违约行为的成本所构成。科斯在尝试解释企业何以存在时为经济理论“发现”的就是这种反复发生的交易成本。他的结论是，通过建立一种无限期的、半永久性的层级性关系，或者说通过将资源结合起来形成像企业那样的组织，可以减少在市场中转包某些投入的成本，一种多少具有持久性的组织关系对企业来说能节省每天去市场上招聘雇员的成本；对于雇员来说，能减少每天去市场应聘的成本和失业风险成本。这种“持久性的组织关系”就是制度，包括契约，也包括政策等。因此，依靠体制组织、契约以及其上的政策等制度，采纳和利用标准化的度量衡，能降低交易成本的水平。

交易成本理论中的制度在经济分析中的重要性，使许多经济学者重构了制度经济学，并把它与19世纪末20世纪初德国“历史学派”和美国制度主义理论家的那种注重对制度作描述性分析的研究区分开来，冠之以“新制度经济学”(New Institutional Economics)，但仍然习惯地称之为制度经济学或制度分析学派。制度经济学研究经济生活与制度之间的双向关系，关心的是分析各种具有协调功能的规则和规则集等。制度经济学家也普遍关注公共政策与制度之间的互动关系。公共政策意味着通过政治的和集体的手段系统地追求某些目标。公共政策不仅由政府主体（议会、政治家、行政官员）来实施，还由有组织集团的代表，像工会、行业协会、消费者和福利方面的院外集团、官僚和某些个人来实施。这些集团的代表左右着集体行动。集体行动涉及两个以上伙伴之间的协议，并往往涉及隐含于一共同体内千万人当中的协议。这种“协议”就是规则，而制度被定义为由人制定的规则，那么“这种协议”就是制度。它抑制着人际互动中可能出现的任意行为和机会主义行为；它为一个共同体所共有并总是依靠某种惩罚而得以贯彻。由此可知，公共政策也是一种制度。同时，公共政策知识有助于根据特定目标在现实世界中形成各种制度。经济学家可以就如何才能在不同制度集的基础上更有效率地追求特定目标提出政策建议。公共政策（在追求某些目标上对政治手段的系统应用）通常是在既定的制度约束中展开的，但它也可以靠努力改变制度的方式来实施。制度变革既可以通过明确的直接方式来实现，也可以表现为公共政策行动的一种副效应。

交易成本理论对于公共政策学的发展产生了重大的影响，其表明政策或制度的产生源于交易成本的降低，能够协调组织行为，走向公正、秩序和安全。在此基础上形成的制度分析学派，对于公共政策的研究和分析发挥着越来越重要的作用。但由于过分强调“成本”或“制度”概念，往往也使公共政策的合理性和价值性受到怀疑。科斯的交易成本理论的根本论点在于对厂商的本质加以解释。由于经济体系中厂商的专业分工与市场价格机能的运作，产生了专业分工的现象；但是使用市场的价格机能的成本相对偏高，而形成厂商机制，它是人类追求经济效率所形成的组织体（Coase，1937）。

二、交易成本的分类

由于交易成本泛指所有为促成交易发生而形成的成本，因此很难进行明确的界定与列举，不同的交易往往就涉及不同种类的交易成本。威廉森（Williamson，1975）将交易成本区分为以下几项，如表8－1所示。

表8－1　　交易成本分类

分类	内容
搜寻成本	商品信息与交易对象信息的收集
信息成本	取得交易对象信息与和交易对象进行信息交换所需的成本
议价成本	针对契约、价格、质量讨价还价的成本
决策成本	进行相关决策与签订契约所需的内部成本
监督交易进行的成本	监督交易对象是否依照契约内容进行交易的成本，如追踪产品、监督、验货等
违约成本	违约时所需付出的事后成本

随后，1985年威廉森将交易成本加以整理进一步区分为事前与事后两大类。其中，事前的交易成本包括签约、谈判、保障契约等成本。事后的交易成本包括：（1）适应性成本——指签约双方对契约不能适应所导致的成本。（2）讨价还价的成本——指两方调整适应不良的谈判成本。（3）建构及营运的成本——为解决双方的纠纷与争执而必须设置的相关成本。（4）约束成本等——为取信于对方所需之成本。

达尔曼（Dahlman，1979）则将交易活动的内容加以类别化处理，认为交易成本包含：搜寻信息的成本、协商与决策的成本、契约成本、监督成本、执行成本与转换成本，表8－2说明了交易成本的类别及基本内涵。简言之，所谓交易成本就是指“当交易行为发生时，所随同产生的信息搜寻、条件谈判与交易实施等的各项成本”。

表8－2　　类别化处理交易活动的内容

交易成本种类	内涵
事前（exante）交易成本	
1. 搜寻信息的成本	欲交易者，寻找合适的交易对象，查询所能提供的服务与产品所需要支付的成本
2. 协商与决策的成本	交易双方为达成交易所做的议价、协商、谈判、并作出决策所产生的成本。由于交易双方的不信任以及有限理性，常需耗费大量协商与谈判成本
3. 契约成本	当交易双方达成协议准备进行交易时，通常会制订契约，并对契约内容进行磋商所产生的成本

续表

交易成本种类	内涵
事后（expost）成本	
4. 监督成本	交易双方订定契约之后，为了预防对方由于投机主义产生违背契约的行为，故在订定契约之后会在执行过程中互相监督所产生的成本
5. 执行成本	契约订定之后交易双方相互进行必要的检验，以确定对方确实遵守契约。当对方违背契约时，强制对方履行其交易成本种类内涵所产生的成本
6. 转换成本	当交易双方完成交易之后，可以持续进行交易。此时若有一方更换交易对象所产生的成本即为转换成本

第六节 国际资本流动与金融稳定性的相关研究

自1997年亚洲金融危机过后，国内外许多学者将国际资本流动引入宏观经济模型中，具体探讨国际资本流动对一国金融稳定的影响。国际资本流动对一国金融稳定的影响有正负两个方面，以负面影响为主。在大多数情况下，国际资本流动对一国金融稳定的影响总是表现为对几种危机的影响，即对货币危机、银行危机和债务危机的影响，这些危机或同时存在，或相互蔓延等。

一、国际资本流动与银行稳定的关系

银行体系的稳定性是衡量一国金融市场健康与否的重要指标，自1997年亚洲金融危机以来，资本流动对一国银行体系的影响便成了重点研究对象。大部分学者从银行的稳定性和脆弱性、金融自由化、银行道德风险等角度对银行稳定性进行研究。下面就银行的稳定性与脆弱性进行详细阐述：

1. 银行稳定性研究

按照世界银行的定义，银行是指那些吸收活期存款、发放短期工商业贷款的金融机构。而对于银行稳定性至今没有完整且明确的定义，大部分学者都是从它的对立面即银行不稳定性方面进行研究，两者之间是对立统一的关系。银行不稳定性是指整个银行系统清偿能力的丧失，且金融资源的配置效率极低甚至无效率，其资本净值接近或等于零，政府

被迫提供大规模的援助，表现之一就是银行脆弱性增加，而最极端的表现形式即出现银行危机，又称为系统性银行危机。而大部分研究银行稳定性的学者都是沿着从银行不稳定到银行稳定的路线。银行脆弱性的根源是银行的高负债性和高传染性。德米尔古克—肯特·阿斯利和恩里卡·德特拉贾切（Demirguc - Kunt Asli、Enrica Detragiache，1998）认为银行只要出现不良贷款和总资产的比值超过 10%、政府援助银行的成本超过 GDP 的 2%、银行出现大规模国有化现象以及出现大范围的银行挤兑或被迫冻结存款等情况之一，就被认为是发生了银行危机。卡尔·约翰·林捷瑞恩（Karl John Linteyn，1997）等认为，当整个银行体系中大部分银行的资产净值为正、具有盈利能力，且还能够继续保持这种盈利状态时，则认为该国银行体系是稳定的。

在国内，大部分学者是从银行所具有的清偿能力角度出发来研究银行稳定性的，如王广谦（2003）认为银行的稳定性是指银行具有抗风险能力和清偿能力。张旭（2004）在此基础上指出，由多数具有竞争能力和清偿力的银行构成的银行体系才是稳定的。其他学者则是从银行抵御风险的能力来定义银行稳定性（黎志成、王明华，2005）。

2. 银行脆弱性研究

对银行体系脆弱性研究最早可追溯到经济史学家和制度学派的研究，然而这些研究较为零散，都没有形成系统的理论框架。目前国际上比较认同的研究有，从经济周期的角度来解释银行危机产生的原因，代表人物为马克思、马歇尔和凯恩斯等。之后如明斯基和克瑞格等从微观角度入手，分析了产生银行脆弱性的因素。这为后来斯蒂格利茨、韦斯等在研究银行脆弱性时奠定了基础。

马克思对 1877 年经济危机中大量银行倒闭的现象进行分析，提出“银行体系内在脆弱性”假说，指出银行在加速私有资本转化为社会资本的同时，还使金融资本家占据了产业资本家和商业资本家的资本分配能力，促使银行危机的发生。由于金融资本家具有强烈的趋利性，使得虚拟资本运行的独立性大大增强，脱离实物资本，为信用崩溃埋下隐患。在《货币、信用与商业》一书中，马歇尔认为危机具有内在性和周期性，而信用的不合理扩张，直接导致了银行危机的发生。而凯恩斯则是从实体经济运行的角度来解释产生银行危机的原因，他指出“三大定律”导致经济中出现有效需求不足的现象，这又使得各经济体对货币的需求具有流动性偏好的特征，进而出现“流动性陷阱”，而流动性偏好的改变直接导致了银行脆弱性的产生。

针对金融脆弱性假说，明斯基从微观主体的行为、微观主体现金流的运行方式、资产价格的内在不稳定性等方面研究了金融脆弱性产生的直接原因，他认为金融脆弱性是经济的内在现象，无法根除。银行和贷款人的内在特征导致他们经历了周期性危机和破产风潮，而这种困境又在各经济体之间不断传递，最终导致银行危机甚至金融危机的产生。他的这种理论又被称为“金融体系周期性震荡假说”。克瑞格（J. A. Kergel）补充了明斯基的理论，他指出银行是否贷款主要取决于借款人之前的记录信息，而对其未来预期的关注较少。当经济处于持续繁荣稳定阶段时，由于借款人的过去信用记录较好，银行便毫无怀疑地批准贷款。这种做法自然为银行危机埋下很大的隐患。一旦经济形势逆转，就会导致银行危机发生。

还有部分经济学家从信息不对称的角度分析银行脆弱性，代表人物有斯蒂格利茨等，他们认为，由于信息不对称，银行或其他金融机构并不能高效地挑选出优质的借款人，常出现在经济繁荣时投资了较多的高风险项目，而在面临经济冲击时，产生大量不良贷款，给自己造成巨额损失的情况。而当这种信息被大量储户获知时，他们就会对银行失去信心，导致大量挤兑现象出现，给银行造成很大的困境，甚至引发危机。因此他们认为信息不对称是产生银行脆弱性最主要的原因。同时有些学者将信息不对称具体细化到银行的信贷配置上，戴蒙德和迪布维格（Diamond、Dybvig，1983）指出，银行经常将短期存款以长期贷款的形式放出去，使得金融市场出现失衡的现象，当储户在得知银行的这种失衡现象时，便会出现较高的挤兑愿望，促使挤兑风潮提前爆发。因此，储户对银行的信心是银行稳定的根基。

此外，弗雷德里克·米什金（Ferderics Mishkin，1996）指出，信息不对称、不适当的存款保险制度等都会导致和加剧银行脆弱性。即当存在信息不对称时，由于存在存款保险制度，使储户放松了对银行的监督。一旦银行放松警惕，对投资者发放贷款不够谨慎，同时投资者高涨的投资热情促使其追求各种高风险的项目，那么就会导致投资者过度投资的现象，加剧银行的脆弱性。

二、国际资本流动与货币危机

货币危机是指在投机因素的促使下，国际资本流动使得东道国的市场汇率迅速下跌或出现本币大幅贬值的现象，而政府为了稳定本币汇率防止进一步贬值被迫利用外汇储备来提高本国的利率水平。为了探求货币危机产生的机理以及与国际资本流动之间的传导机制，从20世纪70年代起，学术界先后出现了三代货币危机理论。

第一代货币危机理论是克鲁格曼（Krugman，1979）在萨兰特和汉德森（Salant、Henderson，1978）的理论研究基础上提出来的，后弗洛德和加勃（Flooder、Garber，1984）对其进行扩展和简化，形成成熟的第一代货币危机理论。其核心思想是指一国扩张性的经济政策与固定汇率制度之间存在冲突，当一国政府实施一项扩张性的经济政策时，由于汇率固定，导致大量国际资本流入，增加本国的通胀压力，同时使本国的实际利率升值，由此又导致国际收支中的经常项目出现巨额赤字，而当本国经济基本面发生恶化时，资本所有者会预期到政府在权衡利弊的情况下一定会放弃固定汇率制度，因此会出现资本大量外流的情况，而政府在实施外汇干预无果的情况下只能放弃固定汇率制度，最终可能引发货币危机、债务危机甚至对整个金融市场产生严重影响，导致金融危机。该理论主要说明了在东道国经济基本面不断恶化的情况下，政府与投机者之间的博弈行为。这种由投机行为而引发的货币危机很好地解释了拉美国家的债务危机。

第二代货币危机理论又称自我实现货币危机理论，首先由弗洛德和加勃提出，而后经过奥博斯特菲尔德（Obstfeld，1994）的改进和发展。该理论是对第一代货币危机理论中"货币危机只可能在经济基本面恶化的国家产生"的情况提出质疑，奥博斯特菲尔德等认为货币危机也可能在经济基本面良好的国家发生。因为在20世纪90年代相继爆发了欧洲汇率机制危机、墨西哥货币危机以及亚洲金融危机等，而这些危机的发生国并不都是经济基本面恶化的国家，危机的发生好像与该国经济基本面的好坏没有必然的联系。奥博斯特菲尔德等指出，即使政府实施了合适的政策，但投机行为仍然会发生，他们从投机者的主观预期和对东道国的投资信心的角度分析，认为"羊群行为"和传染效应对货币危机的影响显著，强调民众预期在货币危机中的重要作用，极大地拓展了国际资本流动对一国金融市场影响的理论。但唯一不足之处在于其没有解释是什么因素导致民众预期的产生以及投机冲击是何时开始的。

第三代货币危机理论由克鲁格曼等提出，主要是因为第二代货币危机理论在解释东南亚货币危机时仍比较牵强。因此克鲁格曼等从亲缘政治、隐性担保和过度金融等方面对货币危机的发生机理进行了更加深入的探究，指出实际货币贬值、资本流动逆转以及经常账户长期逆差将会引发货币危机。同时，科萨特、波森提和罗宾里（Corsetti、Pesenti & Roubini，1999）等在研究货币危机发生时，引入了道德风险和流动性危机等因素，得出结论认为本国政府的隐形担保促使本国债务人向国外过度借贷，而国外投资者一旦停止或收回贷款，本国政府就只能充当最后兜底人的角色，解救深陷困境的国内金融机构，而此时投机冲击将不可避免地发生，以致发生货币危机。

三、国际资本流动逆转对金融稳定的影响

传统的经济增长理论认为，经济规律支配着国际资本流动的方向，资本总是偏好于从边际生产率低的地区流向高的地区，从而优化世界资源的使用效率。然而资本收益的不确定性和风险因素的存在都会使资本的流动方向产生不确定性，资本往往会在风险大量积聚的情况下倾向于从边际生产率高的发展中国家回流到边际生产率低的发达国家。同时在信

息不完全以及由此引发的“羊群效应”因素的影响下，国际资本流入和流出的规模也被无限放大。国际上对资本流动逆转性的研究主要是在近10年间才逐渐繁荣起来的。

自20世纪90年代以来，随着全球经济和新兴经济体的迅速发展，大量的国际资本涌向新兴经济体，极大地促进了这些国家的经济增长和金融水平的提高。但同时大规模流入的国际资本也给新兴经济体带来了巨大的风险，从这些年所经历的不同程度的金融危机也可见一斑。由于新兴经济体的金融水平还不高，且脆弱性较为显著，资本的过度流入一方面人为地扭曲了市场经济的发展；另一方面还超越了正常的经济发展界限。而从历次金融危机的现象可以看出，金融危机的形成首先有国际资本流动方向的变化，即出现资本流动的逆转或突停。国际资本逆转性主要是指国际资本流动在速度、方向和规模上发生大规模的变化，这种变化容易在短时间里发生，且极易触发银行危机或金融危机，学术界又将这种现象称为“候鸟”行为。

卡尔沃和门多萨（Calvo、Mendoza，1999）在研究资本流动逆转时指出，新兴经济体或发展中国家与国际资本市场的不协调性造成了资本流动的“候鸟”行为。在此基础上，卡尔沃等（Calvo，2004）在研究资本流动逆转与金融危机的关系中进一步指出，发达国家和新兴经济体在经历资本流动逆转或突停后发生金融危机的概率是不同的。发达国家发生资本流动逆转或突停后紧接着发生金融危机的概率为17%，而新兴经济体的概率为63%。他们认为造成这种差别的最主要的原因是新兴经济体的债务美元化，当经历资本流动逆转或突停时，本国汇率会出现大幅波动，造成本币贬值，同时若本国所借债务大部分以美元计价时，本币贬值使本国借款者的还款压力剧增，这又进一步恶化了银行等金融机构的资产负债表，从而直接诱发金融危机。在2008年卡尔沃等在对样本量和时间段分别作了扩充和延长后，发现所得结论并没有发生变化。布罗内尔和里戈邦（Broner、Rigobon，2005）认为流入新兴经济体中的国际资本发生逆转或突停的概率要比发达国家高80%，其中最主要的原因是本国金融市场的发展水平较低以及外部危机的传染作用。

艾森曼和诺伊（Aizenman、Noy，2004）认为贸易开放度越高的新兴经济体越容易受到外部环境的影响，当一国具有较高的贸易开放度时，本国金融市场的开放度也较高，这使得对国际资本流动的控制较为困难。而马丁和雷伊（Martin、Rey，2006）则认为贸易开放度的提高会降低一国受到金融冲击的可能性，因为贸易开放能够使本国对外部冲击变得不那么敏感，在不同程度上减少冲击对本国的影响。但是他们同时指出，若新兴经济体仅仅开放了金融账户，则本国的金融市场很容易受到外部金融危机的影响。卡瓦洛和弗兰克尔（Cavallo、Frankel，2008）在研究贸易开放和国际资本流动逆转之间的关系时指出，贸易开放度的提高有助于减少本国发生国际资本流动逆转或突停的可能性。在相等的条件下，贸易占比每提高10个百分点，则发生资本流动逆转的可能性将减少1个百分点。爱德华兹（Edwards，2004）在研究贸易开放和金融账户开放对资本流动逆转的影响中发现，贸易开放度越高，在外部环境发生金融危机时，其经历资本流动逆转或突停的可能性越会大大降低，然而金融账户开放度对其作用影响较不明显。卡内尔等（Caner，2009）在对1993—2006年43个国家进行研究时发现，外部金融市场的脆弱性会加大国际资本流动逆转发生的可能性，从而造成资本流动中断危机，且还会使本国花费较长的时间从这种危机中恢复。

有学者认为本国金融机构的质量决定了国际资本流动发生逆转后是否会造成本国金融危机的关键。戈皮纳特（Gopinath，2004）在对小型开放经济体的研究中发现：当一国银行等金融机构的质量、效率和透明度较差时，则国外投资者会存在严重的信息不对称问题；若该国经济发展较好，则会加速外部资金流入。而一旦本国遭受外部负面冲击时，则国际资本会大量撤出，造成本国突然中断性银行危机或金融危机。布雷（Brei，2007）则认为一国银行系统的资本化水平越高以及外资银行的存在都会减少本国发生资本流动突然中断引起危机的可能性。而乔伊斯和纳巴尔（Joyce、Nabar，2009）则认为若本国存在着一个能够抵御国际资本流动负面冲击影响的银行等金融机构，则资本流动突然中断或逆转就不会对本国的投资以及经济部门产生较大影响。

莱因哈特（Reinhart，2008）利用了1980—2007年全球181个国家的数据研究国际资本流动逆转或突停与金融危机之间关系时发现，在资本大量流入阶段，中低等收入国家倾向于发生银行危机、债务危机和货币危机等，而对于发达国家这种关系并不显著，仅对其宏观经济变量，如GDP增长率、通胀率以及经常账户差额等有影响。同时他们还研究了在有资本流动逆转和无资本流入逆转情况下，中低等收入国家和高收入国家发生银行危机的概率差异，并指出在中低等收入国家中，有资本流入逆转与无资本流入逆转情况下发生银行危机的概率存在着较大差异，即存在资本流入逆转发生银行危机的概率比没有资本流入逆转发生银行危机的概率至少高出8个百分点。

国内对国际资本流动逆转或突停的研究较少，主要是因为一方面这些理论提出得较晚；另一方面中国一直是对国际资本流动存在着较高程度的管控，而资本流动逆转或突停对我国金融市场影响较小，因此没能引起本国学术界足够的重视。

徐震宇和潘沁（2007）在对国际资本流动负面冲击的研究中指出，大规模的国际资本流入并非都能促进我国的经济发展，而我国在逐渐放松资本账户管制和汇率制度的过程中还应该制定一些预防资本流动逆转或突停的政策措施，以防对我国金融市场产生不利的影响。梁权熙和田存志（2011）在研究新兴经济体中的资本流动逆转和银行危机对一国宏观经济的影响时指出：若本国不发生银行危机或金融危机，那么，国际资本流动大幅逆转就不会影响宏观经济产出；但若银行危机和资本流动大幅逆转同时发生时，本国经济增长率就会出现大幅下滑，他认为一个稳健的金融体系有利于本国在面临国际资本流动冲击时的金融安全。

思考与练习

1. 国际资本流动的主要动因有哪些？

2. 从微观和宏观探讨国际资本流动的机制。

3. 国际资本流动对资本输入国和资本输出国的经济有哪些积极和消极影响？请从经济增长、就业、产业结构等方面进行分析。

4. 各国政府和金融监管机构可以运用哪些政策工具来管理国际资本流动？

5. 面对国际资本流动带来的风险，企业和金融机构如何进行有效的风险管理和防范？

第九章　国际税收政策与国际直接投资

学习目标

1. 了解国际税收的概念、特征及国际税收政策的主要目的。
2. 了解我国涉外企业税收制度的基本情况和具体内容。
3. 熟练处理涉外企业的税收实务问题。
4. 掌握税收政策与国际直接投资的关系。
5. 明确我国现行的主要国际税收政策。
6. 分析国际税收政策与国际直接投资的发展趋势。

第一节　国际税收政策概述

一、国际税收的概念及特征

国际税收是指各主权国家对跨国纳税人征税所形成的国家之间的税收分配关系，是两个或两个以上的国家政府，对同一跨国纳税人的跨国所得或财产进行重叠交叉征税的结果。一方面，任何一个主权独立国家，都不会屈从于其他国家政治权力，接受他国的税收管辖；另一方面，世界上不存在一个在各国之上的超国家的政治权力，能在国际范围内课征税收。国际税收是税收发展到一定历史阶段的产物，其产生的前提条件是由跨国直接投资而引起跨国所得的大量形成，产生的直接原因是各相关国家对各类跨国所得的直接征税，核心问题在于研究协调国家间税收权益的划分活动。

国际税收作为税收的一个分支，是国家凭借政治权力进行的一种税收分配关系，从两个国家政府来讲，它们都是凭借各自的政治权力对同一跨国纳税人进行征税，两国政府重叠交叉征税的结果形成了国家之间的税收分配关系。所以，国际税收不能脱离国家政治权力而单独存在，只能在各国政治权力机构的协调下进行课征；国际税收仍然具有税收的诸要素，其纳税人应是从事跨国经济活动的单位和个人，征税对象主要是跨国所得和一般财产价值，其所涉及的跨国所得范围比较广泛，主要是指有关国家政府之间重叠交叉征税的所得。

国际税收的实质仍然是一种分配关系，但它不能等同于国家税收这种分配关系，而是一种涉及国家与国家之间的税收分配关系。国际税收涉及的纳税人是跨国的纳税人，其经济活动跨出国界，并负有对相关国家政府的纳税义务，才使相关国家之间发生税收分配方面的国际关系。这种国家之间的税收关系所引起的国家之间的财权利益关系，不可能由一国政府单独解决，必须由相关国家通过谈判、协商、制定有关国际税收的协定条约来解决。

二、国际税收政策

（一）国际税收政策基本概念

国际税收政策是各国政府制定的关于税收的规则和原则的总和，旨在管理跨国企业、个人和国际交易等国际直接投资内容的税务事务，核心在于协调国家间的税收权益分配，避免双重征税，确保公平合理的税收环境。其目的包括但不限于避免双重征税、防止逃税和避税、促进经济交往、维护国家税收权益、应对数字经济挑战等。

（二）国际税收政策目标

1. 避免双重征税

避免双重征税是国际税收政策中的一个重要目标，主要通过签订双边税收协定（Double Tax Treaties，DTTs）来实现。通过避免双重征税，个人和企业可以避免在多个国家重复缴纳税款，从而减轻税收负担，增加实际收入；减少税收障碍，使跨国公司和投资者更愿意在不同国家进行投资和贸易，促进全球经济发展；通过明确税收管辖权和税率，避免税收重叠和争议，提高税收制度的透明度和公平性。

2. 防止逃税和避税，维护国家税收权益

各国通过实行各种国际税收政策，确保税收收入的合法性和公平性。其方法包括实施全球最低税率，防止跨国公司将利润转移到避税天堂；签署和实施多边税收协定，如《多边税收征管互助公约》，促进国家间的税收合作和信息共享；制定和实施反避税规则，如转让定价规则，防止跨国公司通过内部交易转移利润；各国通过国际组织（如 OECD 和 G20）合作，共同打击逃税和避税行为，防止税收流失，确保税收公平等。

3. 促进经济交往

国际税收政策的协调和统一，有助于减少跨国企业的税收负担，促进国际间的经济交流和合作；合理设计税收政策，可以促进生产要素的有序流动和资源的高效配置，推动全球贸易与投资；国际税收合作还可以帮助发展中国家提高税收征管能力，增强其动员国内资源的能力，推动经济包容性增长。

4. 应对数字经济挑战

各国在应对数字经济对国际税收政策的挑战方面采取了多种措施，目前主要形成三种解决方案。部分国家采取单边措施，如法国征收的数字服务税和印度征收的衡平税，直接对在其市场上提供数字服务的跨国企业征税，这些措施旨在确保数字化企业在其收入来源国缴纳公平的税款，优点是直接迅速，缺点是不受制约，容易产生双重征税问题；此外，部分国家通过双边方案协商处理数字经济税收问题，如《联合国关于发达国家与发展中国家间避免双重征税的协定范本（2021 年版）》第十二条 B“自动化数字服务”条款即是一个双边方案样版。其优点是可在税收协定框架下消除双重征税，且实施相对灵活，缺点是在数字化企业集团经营活动全球高度集成的情况下，解决经济数字化税收挑战不彻底；另外，也有由经济合作与发展组织（OECD）和二十国集团（G20）共同推动的数字经济国际税收规则多边方案。其中“双支柱”方案是应对数字经济税收挑战的核心。支柱一是赋予市场国对超大型高利润跨国企业部分剩余利润的征税权，支柱二则建立全球最低税制度，确保大型跨国企业在每个辖区的有效税率至少达到全球最低税率标准。

第二节　中国涉外企业的税收制度

一、涉外企业税收制度

（一）涉外企业税收制度设立背景

为了适应对外开放初期我国引进外资，开展对外经济技术合作的需要，更好地吸引外商直接投资，促进外资经济的快速发展，加快改革开放步伐，1980 年 6 月 9 日，财政部向中央提出了拟在 1980 年制定《中外合资经营企业所得税法》和《个人所得税法》的意见。1980 年 9 月 10 日，第五届全国人民代表大会第三次会议通过了《中华人民共和国中外合资经营企业所得税法》和《中华人民共和国个人所得税法》，并从即日起施行。前者适应了中外合资企业不断出现对完善税制建设的要求，后者则覆盖了数量日增的外国在华工作人员的个人所得课税问题。1981 年 12 月 13 日，第五届全国人民代表大会第四次会议通过了《中华人民共和国外国企业所得税法》，自 1982 年 1 月 1 日起施行。这三部法律基本解决了所得税方面的涉外课征问题，加上流转税方面对中外合资企业、外国企业继续征收工商统一税，地方税方面继续征收城市房地产税和车船使用牌照税，就此，一套较为完整、大体适用的涉外税收制度在中国初步形成。

（二）涉外企业税收制度概念

涉外企业税收制度是指针对在中国境内从事生产经营活动的外资企业和中外合资企业所制定的税收政策和法规，这些政策法规旨在规范和管理涉外企业的税务行为，确保其依法纳税，同时也为吸引外资和促进国际贸易提供优惠政策。涉外企业税收制度不仅有助于规范涉外企业的经营行为，还能促进中国与其他国家的经济合作与交流。

（三）设立涉外企业税收制度的目标

第一，吸引外资，促进对外开放，各国通过合理的税收政策，吸引外国投资者在本国进行直接投资，促进国际贸易与投资增加，增强本国经济的国际吸引力。第二，促进国际竞争，各国通过不同的税收制度鼓励企业参与到国际竞争中，同时帮助本国企业在国际市场上增强竞争力。第三，调控进出口贸易，通过税收政策调节进出口贸易，控制顺逆差问题，以保护本国的民族工业。第四，增加税收收入，为本国政府提供稳定的税收来源，支持国家的各项公共服务和基础设施建设。第五，促进技术引进和创新，鼓励外资企业引进先进技术和管理经验，提升本国企业的技术水平和创新能力。

二、我国现行涉外企业的税收制度具体内容

（一）外商投资企业和外国企业所得税

我国对涉外企业课征外商投资企业和外国企业所得税的基本法律规范是 1991 年 4 月 9 日由第七届全国人民代表大会第四次会议通过的《中华人民共和国外商投资企业和外国企业所得税法》，从 1991 年 7 月 1 日起施行。

1. 纳税义务人

在中国境内的一切企业和其他取得收入的组织（不包括个人独资企业、合伙企业）为企业所得税纳税人。企业分为居民企业和非居民企业，居民企业应当就其来源于中国境内、境外的所得缴纳企业所得税，非居民企业根据其是否在中国境内设立机构、场所以及所得是否与境内机构、场所有实际联系确定应纳税所得额。

该法将纳税义务人分为外商投资企业（包括中外合资经营企业、中外合作经营企业、外商独资企业）和外国企业（包括在中国境内设立机构、场所从事生产经营的和虽未设立机构、场所但有来源于中国境内所得的外国企业）。我国香港、澳门、台湾同胞和华侨投资兴办的企业，视同外商投资企业，缴纳外商投资企业和外国企业所得税。外国企业为非中国企业法人，外商投资企业中的中外合资经营企业、外商独资企业是中国企业法人，而中外合作经营企业可以依法取得中国法人资格，也可以是不组成企业法人的联营式企业。

2. 征税对象（计税依据）

按照税法规定，外商投资企业和外国企业在中国境内设立的从事生产、经营的机构、场所每一纳税年度的收入总额，减除成本、费用、税金以及损失后的余额，为应纳税所得额。外商投资企业总机构设立在中国境内，就来源于中国境内、境外的全部所得缴纳所得税；外国企业仅就来源于中国境内的所得缴纳所得税。

3. 税率

自 2008 年起，中国对内外资企业实行统一的企业所得税法，外商投资企业的企业所得税和外国企业就其在中国境内设立的从事生产、经营的机构、场所的所得应纳企业所得

税，税率为25%；地方所得税税率为3%。

对于在中国境内未设立机构、场所的外国企业，或者虽设立机构、场所但取得的利息、股息、租金、特许权使用费等所得与其所设机构、场所没有实际联系的外国企业，适用的所得税税率为10%。

（二）反倾销税和反补贴税

1. 反倾销税

当国外企业以低于正常价值的价格向中国市场倾销商品时，中国可以对这些商品征收反倾销税。反倾销税的征收期限通常不超过5年，但如果复审确定终止征收反倾销税可能导致倾销和损害的继续或再度发生，征收期限可以适当延长。

2. 反补贴税

当国外企业通过政府补贴以低于正常价值的价格向中国市场出口商品时，中国可以对这些商品征收反补贴税。反补贴税的征收期限也通常不超过5年，但在特定情况下可以延长。

两个税种皆保护国内企业免受不公平竞争的冲击，确保国内外企业在同等条件下竞争，防止市场被不公平的低价产品占据，维护公平的市场竞争环境。面对反倾销和反补贴调查，涉外企业需要不断提升自身的技术水平和产品质量，以增强市场竞争力。这种“倒逼”机制可以促使企业进行技术创新和产业升级。

（三）个人所得税

1980年9月10日，第五届全国人民代表大会第三次会议通过《中华人民共和国个人所得税法》（以下简称《个人所得税法》），同日以全国人民代表大会常务委员会委员长令公布施行。

1. 纳税义务人

该法规定纳税人是在中国境内居住满1年的个人，从中国境内和境外取得所得的所得者；或不在中国境内居住或者居住不满1年的个人，从中国境内取得所得的所得者。个人所得税的纳税人既包括外籍人员，也包括中国公民。

为了促进对外经济合作和技术交流，鼓励外籍人员来华工作，1987年8月8日，国务院发布《关于对来华工作的外籍人员的工资、薪金所得减征个人所得税的暂行规定》。政策指出，对外籍人员的工资、薪金所得，依照《个人所得税法》规定应缴纳的个人所得税税款，减半征收。这一规定适用在中国境内设立的中外合资经营企业、中外合作经营企业和外资企业中工作的外籍人员，在外国公司、企业和其他经济组织的驻华机构中工作的外籍人员，其他来华工作的外籍人员。

2. 征税对象（计税依据）

我国对于取得《个人所得税法》规定应税所得的外籍人员，根据在我国停留时间长短给予不同的税收待遇。其工资、薪金所得以每月取得的收入额在减除1600元费用的基础上，再减除3200元后的余额为应纳税所得额，按《个人所得税法》计算征收个人所得税。对以非现金形式或实报实销形式取得的住房补贴、伙食补贴、搬迁费、洗衣费，按合理标准取得的境内外出差补贴、探亲费、语言训练费、子女教育费、从外商投资企业取得的股息、红利等，免征个人所得税。

（四）增值税、消费税、营业税、关税和进口环节流转税

1994年的税制改革后，我国实行了比较规范的流转税制，外商投资企业和外国企业与内资企业统一适用增值税、消费税、营业税。我国目前实行的是生产型增值税，即对外购固定资产已纳增值税不予在销项税额中抵扣。在进出口环节，除优惠规定外，外商投资企业和外国企业与内资企业统一适用关税和进口环节流转税。

（五）其他税种

我国对外商投资企业和外国企业、外籍个人征收的其他税种有：资源税、城市房地产税、车船使用牌照税、印花税、土地增值税、契税、屠宰税。其中，印花税、土地增值税、契税、屠宰税为外商投资企业和外国企业、外籍人员与内资企业、国内个人统一适用，仅外商投资企业和外国企业、外籍人员适用的税种为城市房地产税、车船使用牌照税。

三、涉外企业税收制度的实务运用案例

（一）企业所得税实务

某外商投资企业（以下简称“A公司”）是一家在中国注册的制造企业，其外方股东为一家美国公司（以下简称“B公司”）。A公司在中国境内经营多年，享受了一些税收优惠政策。B公司决定将其持有的A公司全部股权转让给一家中国本地企业（以下简称“C公司”）。

1. 税务处理

（1）股权转让所得税。

适用税率：根据《中华人民共和国企业所得税法》，非居民企业（B 公司）在中国境内转让股权所得应按 10% 的税率缴纳企业所得税。

税务处理：B 公司需在股权转让协议签订后，向中国税务机关申报并缴纳所得税。C 公司作为扣缴义务人，应从支付给 B 公司的股权转让款中代扣代缴企业所得税。

（2）税收优惠的补缴。

背景：A 公司此前享受了生产型外商投资企业的税收优惠政策，即“两免三减半”政策。

处理：由于股权转让后，A 公司不再符合外商投资企业的条件，需补缴此前享受的税收优惠。具体补缴金额需根据 A 公司享受优惠的年度和金额计算。

2. 实务操作

（1）税务申报。

B 公司需在股权转让协议签订后 7 日内，向 A 公司所在地的税务机关申报并缴纳企业所得税。C 公司作为扣缴义务人，应在支付股权转让款时代扣代缴，并向税务机关申报缴纳。

（2）税收优惠补缴。

A 公司需向税务机关提交补缴税款的申请，并提供相关财务资料以证明此前享受的税收优惠金额。税务机关审核后，A 公司需在规定期限内补缴税款。

（二）个人所得税实务

在中国涉外企业中，个人所得税制度的实务运用涉及多个方面，包括纳税人身份的认定、纳税义务的判断、所得来源地的判定以及税款的计算等。

案例背景：某跨国公司在中国设有分公司，雇用了一名外籍高管 A 先生。A 先生在中国工作并居住超过 183 天，但其家庭仍居住在国外。公司需要为 A 先生计算并申报其在中国的个人所得税。

1. 纳税人身份的认定

根据《个人所得税法》，A 先生在中国居住超过 183 天，因此被认定为中国税收居民，这意味着他需要对其全球收入在中国申报纳税。

2. 纳税义务的判断

作为中国税收居民，A 先生需要对其在中国境内外取得的所有收入申报纳税，包括工资、奖金、股权激励等各类所得。

3. 所得来源地的判定

A 先生的工资和奖金由中国分公司支付，因此被认定为中国境内所得。如果他在国外还有其他收入（如投资收益），则需要根据相关税收协定判断其所得来源地，并在中国申报纳税。

4. 税款的计算

根据《个人所得税法》，A 先生的工资、奖金等收入需要按照累进税率计算应纳税额。具体步骤如下：（1）计算应纳税所得额：工资收入减去免税额和各项扣除（如社保、公积金等）；（2）计算应纳税额：根据应纳税所得额，按照累进税率表计算应纳税额。

5. 税收协定的适用

如果 A 先生在其本国也需要缴纳个人所得税，可以根据中外税收协定申请税收抵免，避免双重征税。

6. 实务操作

公司财务部门需要：（1）定期为 A 先生计算并代扣代缴个人所得税；（2）协助 A 先生准备并提交年度个人所得税申报表；（3）根据税收协定，协助 A 先生申请税收抵免。

（三）反倾销税与反补贴税实务

在中国涉外企业中，反倾销税与反补贴税的实务运用涉及多个方面，包括调查程序、应对策略以及法律诉讼等。

案例背景：某中国企业 A 公司向美国出口晶体硅光伏电池及组件，美国商务部对该产品发起了反倾销和反补贴调查，最终认定 A 公司存在倾销和补贴行为，并决定对其征收反倾销税和反补贴税。

1. 调查程序

美国商务部首先对 A 公司发起反倾销和反补贴调查，要求 A 公司提供详细的财务和生产数据。调查包括以下几个步骤：（1）初步调查：商务部初步认定 A 公司存在倾销和补贴行为，并发布初步裁定；（2）最终调查：经过进一步调查和听证，商务部发布最终裁定，确认 A 公司存在倾销和补贴行为，并决定征收相应税款。

2. 应对策略

A 公司在应对调查过程中采取了以下策略：（1）法律咨询：聘请专业的国际贸易律师团队，进行法律咨询，制定应对方案；（2）数据准备：详细准备并提交所需的财务和生产数据，确保数据的准确性和完整性；（3）积极沟通：与美国商务部保持积极沟通，解释公司运营情况，争取有利裁定。

3. 法律诉讼

在美国商务部发布最终裁定后，A 公司决定通过法律途径进行抗辩：（1）提出上诉：A 公司向美国国际贸易法院提起上诉，质疑商务部的调查方法和裁定结果；（2）世贸组织申诉：中国政府向世贸组织提起申诉，指控美国对中国晶体硅光伏电池及组件的反倾销和反补贴措施违反世贸组织规则。

4. 结果与影响

经过多年的法律诉讼和国际争端解决程序，世贸组织最终裁定中国胜诉，认定美国的反倾销和反补贴措施违反世贸组织规则。美国被要求纠正其违规措施，并对中国企业进行赔偿。

5. 实务操作

在整个过程中，A 公司需要：（1）定期提交数据：根据调查要求，定期提交详细的财务和生产数据；（2）法律支持：持续获得法律团队的支持，确保在每个阶段都能有效应对；（3）国际合作：与中国政府和其他涉案企业合作，共同应对国际贸易争端。

四、涉外企业税收制度改革

中国加入世界贸易组织（WTO）已有二十年之久，入世以来，我国涉外企业的税制经历了许多变革。我国入世之初，关税税率成为关注焦点。为确保最惠国待遇和国民待遇原则落地生根，我国不折不扣地履行了关税减让义务，关税总水平从 2001 年的 15.3% 下降至 2010 年的 9.8%，促进了我国快速融入全球价值链分工体系；此外，我国在 WTO 框架下积极运用反倾销税与反补贴税等贸易救济政策，维护国内产业正常发展。从单向到双向的经贸摩擦体现出我国已逐步适应 WTO 规则，通过涉外税制融入世界经济；在适应经贸摩擦常态化后，我国恢复了中性出口退税政策。这体现了涉外税制保护与发展的关系，即通过非中性的税收政策保护国内产业发展，最终实施中性税收政策；1994 年税制改革统一了内外资企业的流转税制度和内资企业的所得税制度，同时对外资企业继续实施和优化税收优惠政策，标志着中国税收制度从过去服务计划经济体制向适应社会主义市场经济体制要求的历史跨越。

第三节 税收政策与国际直接投资协调

一、税收政策与国际直接投资的关系

税收政策是影响国际直接投资的重要因素，合理的税收政策可以有效吸引和引导国际直接投资。然而，各国在税收政策上面临一些挑战，需要进一步改革和提高透明度。税收政策对国际直接投资的影响涉及税率、折旧政策、税收优惠、跨国税收规则和税收稳定性等方面，管理者可以通过合理选择投资地点、规避税收风险、争取优惠政策等方式来应对。这些因素共同影响着 FDI 的流动。

二、我国现行的主要国际税收政策

（一）扩大税收协定网络

我国政府同外国政府缔结全面性的税收协定工作，是从 1978 年对外开放政策之后开始的，最早签订的单项税收协定是 1979 年在巴黎签订的《中华人民共和国政府和法兰西共和国政府关于互免航空运输企业税捐的协定》。随着我国对外开放的不断深入和社会主义市场经济的发展，中国已经与 112 个国家和地区签订了税收协定，覆盖了主要的对外投资目的地和来华投资国家，以确保跨境经营的税收公平性。

我国对外签订税收协定基本参照《联合国范本》和《经合组织范本》的结构，内容一般包括用语定义、对各项所得和财产分类确定征税的原则、避免双重征税方法、相互协商程序、税收信息交换以及协议的生效和终止等，重点在于：第一，明确税收管辖权，防止企业和个人在两个国家同时被征税；第二，促进税务机关之间的信息交换，打击跨境逃税行为；第三，提供解决税收争议的途径，确保纳税人权益。此外，中国参与了多边税收协定，如《多边税收征管互助公约》和《实施税收协定相关措施以防止税基侵蚀和利润转移的多边公约》，进一步加强国际税收合作。

（二）服务“引进来”和“走出去”战略

1. “引进来”战略

第一，加大吸引外资力度，中国通过税收优惠、简化审批程序和提供投资便利等一系列政策逐步开放金融、教育、医疗等服务业领域，吸引外资融入，同时加大保护知识产权力度，改善法治环境，提升政府服务质量，增强外资企业的信心。第二，加快技术引进，鼓励外资企业与本地企业合作进行技术研发，提升国内技术水平；引进高端人才和专业技术人员，提升国内企业的创新能力。

2. “走出去”战略

第一，鼓励对外投资，政府提供融资支持、税收优惠和政策指导，鼓励企业到海外投资；企业在全球范围内进行多元化投资，涵盖能源、矿产、制造业和服务业等多个领域。

第二，加强国际合作，中国鼓励企业通过跨国并购等方式获取先进技术和市场资源，提升国际竞争力；提出“一带一路”倡议，推动基础设施建设和经贸合作，促进沿线国家的经济发展。第三，强化风险管理，我国与多国签订双边投资协定和税收协定，为企业海外经营提供法律保障，降低企业海外投资的风险；为企业提供海外投资信息服务，帮助企业了解投资环境和市场动态。

（三）反避税措施

中国积极参与经济合作与发展组织（OECD）的税基侵蚀与利润转移（BEPS）行动计划，采取了一系列反避税措施，如完善关联申报和同期资料管理等，旨在防止跨国公司和个人通过各种手段逃避税收义务，确保税收公平。

1. 特别纳税调整

2008 年实施的《企业所得税法实施条例》首次引入了特别纳税调整条款。这些条款包括：（1）转让定价：要求关联企业之间的交易价格应符合独立企业之间的交易价格。（2）预约定价：企业可以与税务机关事先确定关联交易的定价方法，以减少税务风险。（3）成本分摊协议：允许企业在共同研发项目中分摊成本，并根据各自的收益分配税收。（4）资本弱化：限制企业通过过度负债减少应税利润。（5）受控外国企业：对中国居民企业在低税率国家设立的受控外国企业的未分配利润进行征税。（6）一般反避税规则：税务机关可以对不合理的避税安排进行调整。

2. 多边公约

中国签署了《实施税收协定相关措施以防止税基侵蚀和利润转移的多边公约》（简称《公约》）。该公约自 2022 年 9 月 1 日起对中国生效，其主要内容包括：（1）主要目的测试：如果某项交易的主要目的是获取税收优惠，则不应给予该优惠。（2）企业税收居民身份：对于同时为多个国家税收居民的企业，相关国家的税务机关应通过协商确定其居民身份。

3. 反避税管理体系

中国建立了较为全面的反避税法律框架和管理指南，包括《特别纳税调整实施办法（试行）》等文件，为税务机关执法和纳税人遵从提供了法律依据。

（四）全球税收治理

中国积极参与经济合作与发展组织（OECD）和二十国集团（G20）的税收治理工作，特别是在税基侵蚀与利润转移（BEPS）行动计划中发挥了重要作用。为应对数字经济带来的税收挑战，中国积极支持并参与 OECD 的“双支柱”方案，一则重新分配大型跨国企业的全球利润征税权，二则通过实施全球最低税率，确保跨国企业在各辖区承担不低于一定水平的税负。

通过“一带一路”倡议，我国积极推动沿线国家和地区的税收合作，建立了“一带一路”税收征管合作机制，促进税收政策协调和信息共享。同时，我国在国际税收规则制定中积极发声，提出了“利润应在经济活动发生地和价值创造地征税”的国际税收管理新理念，提升了中国在国际税收领域的话语权。

三、案例分析

（一）跨国公司在亚洲的税收优惠

一家跨国公司总部位于美国，计划在亚洲某国设立子公司，进行生产和销售业务。以下是该公司在税收政策方面的一些决策和影响：

1. 税收协定利用

美国和亚洲某国之间存在双重征税的风险。为了避免这种情况，跨国公司可以利用两国之间的税收协定。这些协定通常规定了利息、股息、特许权使用费等收入的征税方式。通过合理规划，公司可以最大限度地减少税收负担。

2. 税收优惠政策

亚洲某国可能为外国直接投资者提供税收优惠，例如，降低企业所得税率、减免增值税或其他税收减免。跨国公司需详细了解该国的税收政策，以确定是否符合条件并享受这些优惠。

3. 转移定价策略

跨国公司在子公司之间进行内部交易时，需要制定合理的转移定价策略。这涉及产品、服务、技术等的定价，以确保合理分配利润并避免税务争议。

4. 税务合规性

公司需要遵守亚洲某国的税务法规，包括定期报税、缴税和遵循税务申报规定。违反税收法规可能导致罚款和其他不良后果。

（二）中国企业“走出去”中的税务风险与应对

在全球经济一体化的背景下，国际税收政策对于中国涉外企业的国际直接投资具有重要影响。中国的国际税收政策在激励涉外企业进行对外直接投资方面发挥着重要作用。以下是中国现行国际税收政策对涉外企业的影响。

1. 税收协定的作用

中国积极与其他国家签署税收协定，以消除双重征税，降低企业的税收负担和投资风险。这些协定为跨国企业提供了更稳定、更可预测的税收环境，鼓励其进行对外直接投资。

2. “走出去”战略

自2000年以来，中国实施了“走出去”战略，鼓励国内企业积极参与对外直接投资。相关税收政策不断完善，包括税收减免、税收抵免和税收优惠等，以降低企业的税收负担。然而，目前中国的税收政策工具仍相对单一，需要进一步优化和完善。

3. 全球税收协定网络

中国参与全球税收治理，积极推动国际税收规则的制定。我国的税收协定网络不断扩大，为中国涉外企业提供了良好的制度环境，有助于维护中国的税收利益，保护跨境纳税人的权益。

四、国际税收政策与国际直接投资发展趋势

（一）国际税收政策发展趋势

在全球一体化发展的背景下，各生产要素在主权国家中自由流动，促进了各国经济的深度融合，同时也引发了主权国家之间、国家及纳税人之间的矛盾与冲突。地区间的国际税收博弈更加激烈且活泼，国际税收政策也更趋于多样化发展，且呈现出新的特点与趋势，以下是部分值得关注的未来政策发展趋势。

（1）制定数字经济征税方案，随着数字经济的快速发展，全球性数字经济挑战日益突出。国际社会未来会更关注数字经济的发展，形成数字经济征税方案，以应对这一挑战。

（2）加快税制与征管协调，未来我国应加强税收多边合作与协调，促进世界经济贸易增长。国际社会应从税制和征管两方面加强合作，确保税收政策更加公平、公正、合理。

（3）关注税收的再分配功能，引导各国国内税制调整关注税收的再分配功能，发挥税收对缩小全球性收入不平等的调节作用。

总言之，未来的国际税收政策会更加协调一致，以支持可持续发展和精准应对全球性挑战。

（二）国际税收政策与国际直接投资协调的发展趋势

（1）加快全球税收治理协调，随着全球经济一体化的不断深入，各国之间的税收政策

必然需要更加协调一致。国际社会应加强合作，推动全球税收治理的协调性，以确保跨国企业在不同国家之间公平、透明地纳税。

（2）制定数字经济税收规则，随着数字经济的快速发展，传统税收规则已不再适用于新兴的商业模式。国际社会需要制定适应数字经济的税收政策，以确保数字化企业公平地纳税。

（3）加强“一带一路”税收征管合作，中国积极推动“一带一路”倡议，国际税收合作也应紧密配合。我国可以进一步完善“一带一路”税收征管合作机制，为跨境投资提供更好的税收环境。

（4）强化反避税机制，国际社会应加强对跨国企业的反避税监管，防止利润转移和税基侵蚀；建立更有效的国际合作机制，共同打击跨国企业的逃税行为。

思考与练习

1. 国际税收的含义和特征是什么？
2. 国际税收政策的主要目的是什么？
3. 什么是涉外企业税收制度？
4. 简述我国涉外企业税收制度包括哪些内容。
5. 简述我国主要的国际税收政策包括哪些内容。
6. 论述国际税收政策与国际直接投资的关系及发展趋势。

第十章　国际金融监管政策与国际直接投资

学习目标

1. 了解国际金融监管的相关内容。
2. 明确国际金融监管政策的目标。
3. 了解我国现行的涉外企业金融监管政策。
4. 掌握国际金融监管政策对中国涉外企业的影响。
5. 阐述国际金融监管政策与国际直接投资的协调关系。

第一节　国际金融监管政策概述

一、国际金融监管

（一）国际金融监管基本概念

国际金融监管是指国家的金融监管机构或国际金融组织对金融机构及其活动进行规范和约束的行为的总称。其主要目的是确保金融机构的安全与健全，维持整个金融体系的稳定，保护投资者和存款人的利益，并促进金融机构平稳、高效、安全地运作。

（二）国际金融监管主体

国际金融监管的主体包括国家金融监管机构（如美国联邦储备委员会、日本大藏省、中国人民银行等)、区域性监管组织(如欧共体银行咨询集团、阿拉伯银行监管委员会等)和国际金融组织(如巴塞尔委员会、国际货币基金组织等)。

(三)国际金融监管主要模式

1. 分业监管

分业监管是指按照金融业的不同机构主体及业务范围进行分类,并由不同的监管机构分别监管。在银行、证券、保险领域分别设立不同的监管机构负责该行业的审慎监管。采取分业监管模式较为典型的国家有美国、德国。这种模式分工明确,监管效率高,同时具有竞争优势,可以有效防范金融风险,但缺点是可能存在监管重叠和空白,不同监管主体在监管强度方面的区别可能会造成金融机构之间的不平等竞争。

2. 统一监管

统一监管模式是指将不同的金融行业、金融机构和金融业务作为一个相互联系的整体,由统一的金融监管机构负责监督管理,即由单一的监管机构负责所有金融机构的监管。目前,多数国家如日本、英国、加拿大等采取统一监管模式,这种模式的优点是可以减少监管重叠,提高金融监管的综合性、有效性、协调性,但也可能面临监管机构权力过于集中,缺乏监管竞争,导致监管垄断的风险。

3. 双峰监管

金融监管分为两个主要目标:审慎监管和行为监管。双峰监管模式是指根据监管目标的差异设立两类金融监管机构,一类负责对金融机构进行审慎监管,主要关注金融系统的稳定性,另一类则负责对不同金融业务的经营活动进行监管,主要关注市场行为和消费者保护。澳大利亚是采用这种模式的典型代表。双峰监管模式综合了分业监管和统一监管的优势,既降低了监管成本,提高监管效率,又避免了监管出现真空和重复交叉的情况,但是在这种监管模式下,缺乏有效的牵头监管者,难以控制金融体系的整体风险。

4. 功能监管

对金融产品和服务的功能进行监管,而不是按机构类型进行监管。其优点是可以更好地适应金融创新,但也需要监管机构具备较高的专业水平。

(四)国际金融监管原则

1. 依法监管原则

金融监管必须依据法律法规进行。监管的主体、监管的职责权限、监管措施等均由金融监管法和相关行政法律法规规定,监管活动均应依法进行。依法监管是整个金融监管的基础，各国根据已有的法律对金融机构的设立、合并、经营等进行管理，并且许多监管机构的设置及其职能也要以相应的法律为基础。

2. 适度监管原则

适度监管原则是指政府在管理和监管社会经济活动时，应该遵循适度、公正、公平、透明的原则，既要保护公共利益，又要尊重市场规律和企业自主经营权，以实现经济社会的可持续发展。适度监管原则的核心是“适度”，即政府在监管时应该避免过度干预市场，而应该在必要时进行必要的干预，以保护公共利益和市场秩序。

3. 高效监管原则

对市场的监管所产生的市场运行效率和秩序相对于自由放任的市场的增量就是监管的收益。当收益大于运行成本时，即可以判断出这种监管机制是有效率和合理的。政府基金市场监管机制应当遵循监管成本最小化与收益最大化的原则。这里的收益最大化并不仅指当前收益最大化，而应有利于基金市场的长期发展。

4. 国际金融监管合作原则

国际经济组织、金融组织与各国以及各国之间在金融政策、金融规制等方面采取共同步骤和措施，通过相互的协调与合作，达到协同干预、管理与调节金融运行，并提高其运行效益的目的。进行金融监管国际协调与合作的主体是主要的国际性经济组织、金融组织，它们共同或联合对经济、金融活动进行干预、管理与调节是协调与合作的最基本特征。金融监管国际协调与合作对世界性的利率、汇率和股价变动有稳定作用，有利于防范或缓和货币和债务危机，抑制全球性通货膨胀，促进国际银行业稳健发展，维护了新兴国际证券市场的公平性与稳定性，有助于调节国际经济失衡。

二、国际金融监管政策

（一）国际金融监管政策基本概念

国际金融监管政策是指各国政府和国际组织为确保全球金融体系的稳定和安全而制定的一系列规则和指导方针。这些政策旨在规范金融机构的行为，防范金融风险，保护投资者和存款人的利益，并促进金融市场的健康发展。

（二）国际金融监管政策目标

1. 维护金融稳定

金融稳定是国际金融监管政策的核心目标之一。国际金融监管政策对金融机构的资本要求、流动性管理和风险敞口的限制，确保整个金融体系的稳健性。同时定期对金融机构进行压力测试，评估其在极端经济条件下的承受能力，识别和应对系统性风险，防止金融危机的发生。

2. 保护消费者和投资者权益

规范金融产品的销售和营销行为，要求金融机构提供清晰、准确和完整的信息，帮助消费者和投资者作出明智的决策，防止欺诈和误导性行为，充分保护消费者和投资者的利益，确保金融产品和服务的透明度和公平性。

3. 提高市场效率

制定合理的市场准入标准，鼓励新进入者，促进市场竞争。并辅以适度的监管，既避免过度干预，又可以激发金融市场的竞争意识和创新动力，防止金融机构通过垄断行为损害市场效率和消费者利益，进而激发市场活力，提高市场效率。

4. 加强国际合作

金融全球化的背景下，各国需要加强合作，共同应对跨境金融风险，确保全球金融体系的稳定。国际合作组织，如巴塞尔委员会、国际货币基金组织等，可以促进成员国间的信息共享，在跨境金融活动中，开展联合监管行动，共同应对金融风险。

5. 支持金融创新

为金融科技创新提供一个良好的环境，一方面制定灵活的监管框架，积极鼓励金融创新，另一方面要有效防范风险，确保其在规定的范围内测试新产品和服务。在鼓励金融科技和创新的同时，也要保证新产品和服务不会对金融稳定构成威胁。

第二节　中国涉外企业的国际金融监管政策

一、中国涉外企业国际金融监管

（一）实行国际金融监管政策的背景

2008 年发生的全球金融危机暴露了金融体系中存在的许多漏洞和风险，促使各国开始加强国际金融监管，以防范系统性风险的发生，次贷危机过后，各国纷纷开始重塑金融监管框架，提升监管标准和透明度。另外，全球化进程加快，跨境金融活动日益频繁，这更要求各国加强跨境监管合作，确保金融市场的稳定和安全。而数字货币（如比特币、央行数字货币等）的出现，对传统金融体系和监管提出了新的挑战。各国央行和国际组织也正在探索数字货币的有效监管手段，防范其带来的金融风险。

国际金融监管规则作为全球金融治理体系的重要组成部分，要求各国通过多边合作和国际组织（如国际货币基金组织、金融稳定理事会等）共同制定和完善金融监管规则，推动全球金融监管治理朝着更加公正合理的方向发展。

（二）涉外企业目前面临的国际金融监管挑战

1. 跨境金融风险

跨境金融活动需要各国监管机构之间的紧密合作和信息共享。然而，由于各国的法律和政策不同，信息共享机制往往不够完善，导致监管存在盲区，造成金融风险积累。区块链和人工智能等金融科技手段的发展，带来了新的跨境金融风险。这些新技术的应用可能超出传统监管框架的覆盖范围，增加了监管难度。国际政治环境的不确定性增加了跨境金融活动的风险，例如，中美贸易摩擦和地缘政治紧张局势可能导致新的贸易制裁和出口管制措施，影响企业的跨境业务。

2. 法律法规差异

不同国家和地区的金融监管标准和法律法规存在差异，这使得跨境金融活动的合规性变得复杂，增加了企业的负担。法律法规的差异，导致协调难度较大。例如，美国的《多德—弗兰克法案》和欧盟的《金融工具市场指令二》（MiFID Ⅱ）在实施时间和具体要求上存在差异，增加了监管协调的复杂性。

3. 合规成本

企业需要投入大量资源来满足各国的合规要求，包括聘请合规专家、购买合规软件、进行员工培训等，这些成本会直接增加企业的运营负担。大企业通常有更多资源来应对合规要求，而中小企业可能会因为合规成本过高而难以进入或维持在国际市场，造成企业的竞争力被削弱。随着全球金融监管环境的不断变化，企业还需要不断调整其合规策略，这不仅要求企业具备灵活应对监管变化的能力，还会增加企业的合规成本，带来更大的成本压力。

4. 数据隐私和安全问题

企业跨境数据传输过程中，数据泄露的风险增加。企业需要采用加密技术、访问控制和数据脱敏等先进技术手段保护数据隐私和安全，这些技术的实施和维护需要大量的资金和人力投入。而一旦发生数据泄露，不仅可能面临巨额罚款和法律诉讼，还会对企业的声誉造成严重损害。

二、我国现行的涉外企业国际金融监管政策

（一）涉外企业的国际金融监管政策基本概念

涉外企业的国际金融监管政策是指针对在国际市场上运营的企业所制定的金融监管规则和措施。这些政策旨在确保涉外企业在跨境金融活动中遵守各国的法律法规，防范金融风险，维护金融市场的稳定。

（二）现行的涉外企业的国际金融监管政策

1. 优化贸易外汇业务管理

国家外汇管理局发布了《关于进一步优化贸易外汇业务管理的通知》（汇发〔2024〕11 号），旨在推动国际贸易高质量发展，提升服务实体经济的能力，例如，取消了“贸易外汇收支企业名录”登记的核准要求，改为在境内银行直接办理名录登记，方便企业进行跨境贸易等。

2. 加强跨境监管合作

商务部、中国人民银行、金融监管总局和国家外汇局联合发布了《关于加强商务和金融协同 更大力度支持跨境贸易和投资高质量发展的意见》。该意见强调要加强商务与金融系统的常态化沟通交流，推动跨境贸易、投资与金融的深度融合。政策鼓励金融机构创新跨境金融服务，提供多样化的金融产品和服务，以满足企业在跨境贸易和投资中的需求。建立和完善跨境监管合作机制，加强与国际金融监管机构的合作，提升跨境金融监管的有效性和协调性。政策还强调要积极防范和应对外部环境风险，引导银行保险机构加强跨境贸易、技术进出口、对外投资合作等领域的风险管控。

3. 支持实体经济

中国政府出台了一系列政策，推动金融资源流向重点领域和薄弱环节，支持实体经济发展。例如，《关于强化金融支持举措 助力民营经济发展壮大的通知》提出了加大信贷投入、畅通债券融资渠道、加大外汇便利化政策和服务供给等 25 条具体措施。针对涉外企业在国际贸易中面临汇率波动风险的情况，金融监管政策鼓励银行为涉外企业，特别是中小微企业提供更多的融资渠道和优惠条件。为涉外企业提供汇率避险工具和培训，有助于企业获得必要的资金支持，降低融资成本，帮助企业更好地规避汇率风险，稳定经营。还通过优化跨境人民币结算流程，使涉外企业可以更方便地进行国际贸易和投资，减少汇率

波动带来的不确定性。

4. 防范金融风险

中国政府通过“宏观审慎 + 微观监管”两位一体的管理模式，优化跨境资本流动的监测、分析、评估和预警机制，防范国际经济金融风险对中国涉外企业的外溢和冲击。此外，我国还积极参与国际金融监管规则的制定，加强跨境金融监管合作，确保金融活动的合规性和安全性。

三、国际金融监管政策对中国涉外企业的影响

（一）国际金融监管政策对企业经营策略的影响

国际金融监管政策会直接影响涉外企业的经营策略。不同国家和地区的金融监管政策可能存在差异，涉外企业需要根据这些差异调整其经营策略。

1. 市场进入策略

严格的金融监管政策可能提高市场准入门槛，使中小企业更难进入某些金融市场，这可以提高市场稳定性，但也可能导致市场竞争减少。企业需要评估监管环境，选择合适的进入策略。许多国家通过优化外资银行和保险公司的准入要求，来吸引更多外资进入本国金融市场。例如，中国近年来不断放宽外资金融机构的准入限制，取消了许多过去的限制性规定。

2. 产品和服务调整

为了符合当地的金融监管要求，企业需要对产品和服务的数据进行分析，并进行调整以确保经营的合规性。同时需要加强对消费者权益的保护，提升金融产品和服务的透明度，确保消费者能够充分了解产品的风险和收益，避免不当销售和欺诈行为。

3. 合规成本

企业需要投入大量资源确保经营活动符合国际金融监管要求，这可能会影响其整体经营策略和资源分配，额外的投入也会增加企业经营的合规成本。

（二）国际金融监管政策对企业财务管理的影响

1. 财务透明度提升

监管政策要求企业提高财务透明度，确保财务信息的准确性和及时性。透明的财务报告可以让投资者更准确地了解企业的财务状况和经营成果，从而增强投资信心。并且可以吸引更多的投资者，提升企业的融资能力和市场竞争力。同时也能够减少信息不对称，促

进市场的公平和高效运行。这不仅有利于企业自身的发展，也有助于整个市场环境的健康发展，但是要求企业在财务报告和信息披露方面更加谨慎和细致。

2. 经营复杂性增加

随着涉外企业经营活动的多样化，金融监管力度不断提高，财务管理需要处理更多种类的财务需求。例如，不同业务部门可能有不同的预算、成本控制和财务报告要求，增加了财务管理的复杂性。对于涉外企业而言，不同国家和地区的法律、税务和金融监管政策各不相同，企业需要在不同的法律和监管环境中灵活应对。这不仅增加了合规成本，还需要企业具备更高的财务管理能力。复杂的经营环境需要更先进的信息系统来进行财务管理，企业更需要加大现代化财务信息系统的投资与研发，以确保财务数据公布的准确性和及时性，为决策制定提供依据。

3. 创新和竞争力影响

新技术的发展使企业能够更科学地进行风险评估和管理，及时发现和应对潜在风险，从而减少企业的潜在损失。财务技术创新和数字化转型可以显著提高财务部门的工作效率和准确性。企业通过引入财务管理系统和 ERP 系统，可以实现财务流程的自动化，自动化的数据收集和处理减少了人为错误，数据收集准确性和财务处理效率性的增强，有助于符合金融监管要求。

（三）国际金融监管政策对企业风险管理的影响

1. 提高风险识别和管理能力

国际金融监管政策要求企业定期向监管机构报告其风险状况和管理措施，建立健全的风险管理体系，有助于提高企业内部的风险意识和管理水平，确保其能够识别、评估和管理各种金融风险。

2. 促进跨境风险管理合作

国际金融监管政策鼓励各国监管机构之间进行合作，建立统一的风险管理标准。企业在跨境业务中需要遵守多国的监管要求，通过国际金融监管政策，企业可以采用统一的风险管理标准和方法，有助于企业在全球范围内更好地管理风险，减少跨境业务中的合规风险。

专栏 10－1 案例分析

渣打银行与张家口联合石油化工有限公司的金融衍生品交易纠纷案[①]

（一）案件背景

本案涉及张家口联合石油化工有限公司（以下简称“张家口石化公司”）与渣打银行（中国）有限公司（以下简称“渣打银行”）之间的金融衍生品交易纠纷。双方于 2011 年 9 月 15 日签订了《国际掉期及衍生品协会主协议》（ISDA 主协议），并在 2014 年 2 月和 3 月分别签订了交易条款，就布伦特原油开展互换交易。后因油价波动，张家口石化公司提前终止了部分交易，引发纠纷。

（二）争议焦点

该交易纠纷案争议的焦点主要包括如下几个方面：第一，管辖权问题。张家口石化公司认为本案不应以合同履行地确定管辖法院，而应以被告住所地确定，即应移送至张家口石化公司住所地的法院管辖。但法院根据《中华人民共和国民事诉讼法》及相关司法解释，认定被上诉人（渣打银行）所在地为合同履行地，上海市浦东新区人民法院对本案有管辖权。第二，交易协议的有效性问题。张家口石化公司质疑交易协议的有效性，包括渣打银行北京分行是否具备从事金融衍生品交易的资格。但法院认为，渣打银行北京分行不是涉案交易主体，且其是否具备交易资质与本案无关，交易协议系双方真实意思表示，合法有效。第三，违约责任及提前终止款项问题。张家口石化公司认为其终止交易行为不构成违约，且对提前终止款项的计算方式和金额提出异议。法院则认为，张家口石化公司终止交易的行为符合协议约定的违约事件，渣打银行有权依据协议提前终止交易并要求支付提前终止款项。

（三）国际金融监管政策分析

（1）金融衍生品市场的监管。本案涉及金融衍生品交易，体现了中国对金融衍生品市场日益严格的监管趋势。监管机构对金融衍生品交易的合规性、适当性审查以及风险揭示等方面提出了更高要求。渣打银行在本案中履行了相应的客户审查和风险提示义务，符合国际金融监管的普遍要求。

（2）跨境交易的监管。本案作为一起涉外金融纠纷，涉及跨境交易和跨国金融机构。中国金融监管机构在处理此类案件时，需要遵循国际惯例和国内法律法规，确

① 资料来源：上海市高级人民法院——裁判文书：正确处理金融衍生品种交易纠纷，确认提前终止净额结算条款的性质和效力——渣打银行（中国）有限公司与张家口联合石油化工有限公司金融衍生品种交易纠纷案——辽宁省沈阳市中级人民法院 。

保跨境交易的公平、透明和合规。本案中，ISDA 主协议作为国际衍生品交易的通用文本，为法院裁判提供了重要依据。

(3) 投资者保护。在金融衍生品交易中，投资者保护是金融监管的重要目标之一。本案中，法院在认定违约责任和计算提前终止款项时，充分考虑了金融衍生品交易的特性和市场公允价值，体现了对投资者权益的保护。

(四) 结论与启示

基于上述内容，可得以下几点启示：(1) 加强合同管理和风险防控。企业应建立健全合同管理制度和风险防控机制，确保交易的真实性和合法性。在签订金融衍生品交易合同时，应充分了解交易结构和风险，避免误解和纠纷。(2) 遵守国际惯例和法律法规。涉外企业在开展跨境金融交易时，应遵守国际惯例和国内法律法规，确保交易的合规性。同时，应关注监管政策的最新变化，及时调整交易策略和管理方式。(3) 强化投资者教育和保护。金融机构应加强对投资者的教育和保护，充分揭示产品风险，确保投资者在充分了解产品特性和风险的基础上自主作出投资决策。同时，应建立健全投资者投诉和纠纷解决机制，维护投资者合法权益。

第三节　国际金融监管政策与国际直接投资协调

一、国际金融监管政策与国际直接投资的关系

国际金融监管政策影响着国际直接投资。良好的监管政策一方面可以减少欺诈行为，更大程度确保资金安全，降低投资的整体风险，保护投资者权益，进而增强投资者信心；另一方面有助于建立一个公平竞争的市场环境，提供稳定、透明的金融投资环境，增强对外国投资者的吸引力。国际金融监管政策的施行还控制了资本流动，避免过度投机行为，降低金融市场的不稳定性。例如，通过外汇管理政策，政府可以调控资本进出，维护金融稳定；通过吸引国际直接投资，金融监管政策还可以促进经济增长，增加就业机会，提升技术水平和管理经验。总而言之，国际金融监管政策和国际直接投资是一个相辅相成的关

系，二者相互影响，相互促进。

二、协调机制与策略

经济全球化的发展对国际金融监管和国际直接投资产生了深远的影响，使金融市场更加互联，跨境金融活动的监管复杂性增加，同时也促进了资本的自由流动，使得国际直接投资（FDI）更加活跃。传统的投资模式正在发生变化，新兴市场和发展中国家的投资环境不断优化。但由此带来的风险也在不断增加，不同国家的监管标准和实施方式的差异为监管的实施带来困难和阻力，数字经济、金融科技和加密货币等新兴领域更是对传统金融监管提出了新的挑战。目前国际金融监管政策与国际直接投资协调机制的设计和实施，是各国紧要讨论的议题。为了实现全球金融市场的安全、稳定和可持续发展，政策的协调与策略的制定是一项极为重要的任务。

（一）政策协调的必要性

全球金融市场高度互联，单一国家的金融危机可能迅速蔓延至其他国家。协调金融监管政策有助于防范和应对系统性风险，维护全球金融稳定；不同国家的金融监管标准和要求可能存在差异，导致不公平竞争。政策协调可以减少监管套利行为，确保各国金融机构在公平的环境中竞争；政策协调可以起到支持跨境金融活动的作用，跨境金融活动需要各国监管机构的合作与协调。统一的监管标准和政策可以简化跨境金融交易流程，降低合规成本，促进国际贸易和投资；国际金融监管政策的协调可以帮助各国共同应对数字货币和区块链技术等金融科技带来的监管新挑战和新风险，确保金融创新在安全和可控的环境中发展；单一国家的监管政策可能难以应对全球性的金融问题。通过国际协调，各国可以共享信息和经验，制定更加有效的监管政策。

（二）协调机制设计

1. 多层次协调

国际金融监管通常涉及多个层次的协调，包括国家层面、区域层面和全球层面。各国的中央银行和金融监管机构在国家层面进行协调；而区域性组织，如欧盟的欧洲系统性风险委员会（ESRB）和欧洲银行业管理局（EBA）等负责区域内的金融稳定和监管协调；全球性组织如国际货币基金组织（IMF）和金融稳定理事会（FSB）等，则在更广泛的层面上进行协调，负责制定全球金融监管标准和政策。

多层次协调通过不同层次监管机构之间的合作产生协同效应。各层次的监管机构通过信息共享和合作，能够更有效地识别和应对金融风险，有助于系统性风险的防范。在不同层次上监测和管理金融风险，能够更全面地识别和应对潜在的系统性风险，防止金融危机的发生。制定和实施全球统一的金融监管标准和准则，有助于减少跨国金融活动中的不确定性和风险，加强各国金融体系的透明性和一致性建设。在金融危机发生时，多层次协调机制能够迅速动员各层次的监管机构，采取协调一致的应对措施，稳定金融市场。例如，2008 年金融危机期间，各国央行和金融监管机构通过联合行动，较快地稳定了全球金融市场。

2. 宏观审慎监管

宏观审慎监管与其他金融政策（如货币政策和微观审慎监管）之间的协调至关重要。通过建立“双支柱”调控框架，宏观审慎监管与货币政策相互配合，共同维护金融体系的稳定。例如，中国人民银行在“双支柱”框架下，强化了货币政策与宏观审慎政策的协调配合，有效促进了国际直接投资；同时宏观审慎监管促进了国际金融监管机构之间的信息共享和合作。通过定期会议、报告和数据交换，各国能够及时了解全球金融市场的动态，协调应对措施。这种信息共享机制有助于提高全球金融监管的透明度和一致性。

3. 标准和准则

标准和准则为各国金融监管机构提供了共同的框架，促进了跨境合作和信息共享。例如，金融稳定理事会（FSB）和国际货币基金组织（IMF）通过制定全球金融监管标准，协调各国的金融监管政策，确保全球金融体系的稳定。标准和准则在国际直接投资中的作用同样重要。统一的会计和审计准则（如国际财务报告准则）使跨国企业能够提高财务信息披露的透明度，减少了投资者的风险，促进了国际资本流动。在金融危机发生时，国际金融监管标准和准则为各国提供了应对危机的框架。例如，IMF 和世界银行通过金融部门评估计划（FSAP），评估各国遵守国际金融标准的情况，提供技术援助和政策建议，帮助各国应对金融危机。

专栏 10－2　案例分析

新加坡的综合监管模式①

新加坡的综合监管模式由新加坡金融管理局（Monetary Authority of Singapore，MAS）统一监管银行、保险、证券等金融机构。新加坡金融管理局（MAS）既是中央银行也是综合金融监管机构，是新加坡金融监管的核心机构。

① 资料来源：吴宁．新加坡“淡马锡”模式和国有资产监管研究［D］．南京：东南大学，2006.

新加坡的金融监管体系强调制度性措施与高效执行相结合。例如，通过设立专门的金融监管机构（如 MAS）来负责整体金融市场的监管，确保政策的贯彻和执行。MAS 不仅负责制定和执行监管政策，还通过公开市场操作、存款准备金制度等手段来调节货币供给，保持金融市场的稳定。新加坡建立了跨部门协调监管机制，不同监管机构之间加强合作，共同应对金融市场中的复杂问题。例如，MAS 与新加坡证监会（SGX）等机构密切合作，共同维护金融市场的稳定和秩序。这种协调机制确保了监管政策的一致性和有效性，避免了监管盲区和重复劳动。

新加坡的综合监管模式通过严格的监管措施和高效的执行机制，有效维护了金融市场的稳定。在面临金融危机等外部冲击时，新加坡政府能够迅速作出反应，通过政策调整和市场干预来稳定金融市场。例如，在金融危机期间，MAS 通过增加存款准备金、提供流动性支持等措施，有效缓解了市场恐慌情绪，维护了金融市场的稳定。在实践过程中，新加坡积极参与国际金融监管合作，与多个国家和地区建立了金融监管合作机制。通过信息共享、政策协调等方式，新加坡与其他国家共同应对跨国金融风险和挑战。这种国际合作不仅提高了新加坡在国际金融监管中的影响力和话语权，还有助于推动全球金融市场的健康发展。此外，新加坡凭借其稳定的政治环境、开放的经济政策、高效的法治体系和先进的科技水平，为国际投资者提供了优良的投资环境。这种环境吸引了大量的外国直接投资（FDI），促进了新加坡经济的快速增长。新加坡政府还通过税收优惠、低成本融资等措施进一步增强了其投资吸引力，为国际投资者提供了更多的投资机会和便利条件。与此同时，新加坡的综合监管模式注重促进投资便利化，通过简化审批程序、提高审批效率等方式，为国际投资者提供了更加便捷的投资服务。这种便利化措施降低了国际投资者的投资成本和风险，促进了国际直接投资的流入。此外，新加坡的金融监管体系还注重保护投资者权益，通过严格的监管措施和完善的法律体系保障投资者的合法权益。这种保护机制增强了国际投资者对新加坡投资环境的信心，促进了国际直接投资的长期稳定发展。

新加坡的综合监管模式在国际金融监管和国际直接投资的协调中发挥了重要作用。通过制度性措施与高效执行、创新监管工具以及多部门协调监管等方式，新加坡不仅维护了金融市场的稳定，还促进了国际直接投资的流入和经济的快速增长。这种综合监管模式为其他国家提供了有益的借鉴和参考。

思考与练习

1. 什么是国际金融监管？
2. 国际金融监管的主要模式有哪些？
3. 国际金融监管的原则是什么？
4. 简述国际金融监管政策的含义和目标。
5. 简述我国涉外企业国际金融监管的政策内容。
6. 论述国际金融监管政策对我国涉外企业的影响。
7. 论述国际金融监管政策与国际直接投资的协调关系。

第十一章　国际投资协议与国际直接投资

学习目标

1. 理解国际投资协定的基本概念、内涵及外延。
2. 掌握国际投资协定的主要内容、形式及特点。
3. 分析国际投资协定的目标及其对跨国投资的推动作用。
4. 了解我国国际投资协议的发展历程与现状。
5. 了解我国签署国际投资协议面临的挑战与政策应对。
6. 掌握国际投资协议对国际直接投资的影响及其理论依据。

第一节　国际投资协定概述

一、国际投资协定的概念

国际投资协定（IIA）是指两个或多个国家之间为了促进和保护相互投资而签订的具有法律约束力的协议。这些协定旨在为投资者提供一个稳定、可预测和透明的投资环境，旨在保护、促进和开放跨境投资环境，同时也是投资者向东道国提起投资仲裁，维护自身权利的主要依据。投资协定是国际上应用最为广泛的跨国投资协议形式，而一个国家与其他国家签订的投资协定的多寡，往往被视为该国市场开放度以及投资环境优劣的重要标志，也间接反映这个国家对外直接投资的活跃程度。

二、国际投资协定的内容及形式

（一）国际投资协定的内容

1. 基本条款

（1）公平与平等待遇：确保外国投资者在东道国享有与本国投资者相同的待遇，即不得低于给予本国投资者的待遇，包括在投资设立、扩大、管理、运营、销售、转让等方面不得对外国投资者施加不合理的限制或要求。

（2）国民待遇和最惠国待遇：国民待遇原则要求东道国对待外国投资者如同对待本国投资者一样，最惠国待遇原则要求东道国对待外国投资者不得低于其给予任何第三国投资者的待遇。这两项原则共同保障外国投资者在市场竞争中不受歧视，享有平等的机会。

（3）征收和补偿：在特殊情况（如战争、冲突或征用）下，若因公共目的、国家安全或法律规定的其他原因，东道国需要对投资者的资产进行征收或征用，东道国应当及时、充分和有效地补偿投资者，补偿应当反映被征收资产的市场价值，并可能包括利息和其他相关费用。

（4）跨境资金转移：规范与外国投资有关的资金转移，包括投资回报、利润、股息、利息、技术转让费、管理费以及投资终止时的资本回收等。协定通常要求东道国不得无理限制或延迟这些资金的跨境转移。

2. 争端解决机制

（1）国际仲裁：在面对外国投资者与东道国之间的投资争议时，国际仲裁提供了一种有效的替代方案，以免受限于东道国国内司法体系。这种机制通常依托于国际性机构，如国际投资争端解决中心（ICSID）或其他知名的国际仲裁机构来实施。通过这一途径，争端双方可以在更为公正、中立的环境下寻求解决方案。

（2）投资者与国家间争端解决：此机制赋予投资者直接将投资争端提交国际仲裁的权利，而不必通过其母国的外交途径。这一机制旨在提供一个中立、透明的平台，以便快速有效地解决投资者与东道国之间的纠纷。ISDS 机制通常包括仲裁请求的提交、仲裁庭的组成、仲裁程序的进行、裁决的执行等一系列具体流程，确保了争端解决的规范性和可操作性。

（二）国际投资协定的形式

目前，国际投资协定主要有双边投资条约（BIT）、多边投资协定（MIT）和自由贸易协定（FTA）三种形式。其中，双边投资条约（BIT）是最常见的国际投资协定形式，由两个国家签订，旨在促进和保护双方投资者在对方国家的投资。BITs 通常包含上述提到的公平与平等待遇、征收与补偿、跨境资金转移和争端解决等条款。多边投资协定（MIT）是两个以上的国家或国际组织之间为了促进贸易、降低贸易壁垒和确立共同的贸易规则而签订的协议。这类协定通常涉及广泛的贸易议题，通常包括区域性或全球性的条约。自由贸易协定（FTA）是两个或多个国家之间为了促进商品和服务在彼此市场上自由流通，减少或消除相互之间的贸易壁垒而签订的国际协议。自由贸易协定通常涉及的国家数量较少，因此更容易达成一致。

（三）新一代投资协定的特点

（1）透明度和公共参与的重要性：新一代国际投资协定强调透明度和公共参与的重要性。这些协定要求，相关规章、法规和政策在公布时，不仅需要阐明其制定的目的和依据，而且要为公众提供充分的机会进行审查和评论。这样的规定旨在确保投资决策过程的透明度，使民间社会组织、企业和个人等利益相关方能够就那些可能影响其利益的规章制度发表自己的看法。

（2）环境和劳工标准的提升：在新一代投资协定中，对环境和劳工标准方面提出了更为严格的要求。协定不仅要求东道国执行和维持环境法与劳工法，而且还明确禁止为了吸引外资而降低这些法律的标准。这一规定意味着，即使在竞争激烈的国际投资环境中，东道国也必须坚守环境质量和劳工保护的标准，不能以牺牲环境或剥削劳工权益为代价吸引投资。

（3）技术标准的公平性：新一代国际投资协定着重维护公平竞争和市场准入的自由。协定通常规定，缔约国不得强制投资方购买特定技术，无论是国内技术还是外国技术，以保护投资者免受不公正的技术限制。同时，协定也禁止缔约国通过设置不合理的法规或行政手段阻止投资方购买或使用特定的技术。这样的规定有助于确保投资方根据市场需求和技术进步，自由选择最合适的技术解决方案，进而推动技术创新和提高效率。

三、国际投资协定的目标

（1）确保公平和公正的待遇：国际投资协定的签署确保外国投资者的投资在东道国受到公平和公正的待遇，不仅包括提供与本国投资者相同的待遇（国民待遇），还涉及确保外国投资者不会遭受不合理的征收和歧视性措施。这样的规定有助于建立投资者信心，促进长期且可持续的投资。

(2) 避免不合理的征收和歧视性措施：协定通过明确禁止非法征收、无偿征用或国有化，以及防止对外国投资者的直接或间接歧视，旨在保护投资者的合法权益。如果其投资被征收，这些保护措施包括确保投资者能够获得公正的市场价格赔偿。

(3) 提供法律保障和稳定的投资环境：协定通过确立清晰的法律框架和规则，为投资者提供一个稳定的投资环境。这种稳定性有助于降低投资风险，吸引更多外国直接投资（FDI），从而促进东道国的经济增长和技术转移。

(4) 减少或消除投资壁垒：国际投资协定致力于减少或消除各种形式的投资壁垒，如限制性的股权比例要求、过度的审批程序、不合理的本地化要求等。这样做可以促进跨境投资的自由化，增强国际投资流动性和效率。

(5) 提供明确的争端解决机制：协定提供了明确的争端解决机制，包括国际仲裁等，以便在投资者与东道国之间发生争端时能够有效解决。这种机制旨在确保争端能够以公正、透明和非政治化的方式得到处理，从而保护投资者的合法权益和东道国的公共利益。

(6) 促进全球经济发展和合作：国际投资协定的最终目标是通过提供一个安全且可预见的投资环境，促进全球经济的增长和发展。这不仅有助于提高东道国的经济福祉，还促进了国际间的经济合作和相互依赖。

第二节 我国签署的国际投资协议

一、我国国际投资协议历程与现状

（一）我国国际投资协议签署历程

自改革开放以来，中国在国际投资领域的步伐逐渐加快，其投资协议的签署历程可以分为以下几个阶段：

第一阶段，初步探索阶段（1978—1991 年）：在这一阶段，中国刚实施改革开放政策，为了吸引外资和引进先进技术，中国与一些发达国家签订了早期的双边投资协定。这些协定主要集中在欧洲国家，如瑞典、德国、法国等，为中国早期的对外开放和经济发展奠定了基础。20 世纪 90 年代中国签订的双边投资协定数量最多，高达 68 个，占中国签订的对外投资协定总量的52.3%。

第二阶段，快速发展阶段（1992—2001年）：随着中国经济的快速增长，对外投资的需求日益增加。这一阶段，中国不仅与更多发达国家签订投资协定，还开始与一些发展中国家建立投资关系，尤其是在东南亚和非洲国家，标志着中国在国际投资领域的进一步扩张。

第三阶段，深化发展阶段（2002—2012年）：进入21世纪后，特别是中国加入世界贸易组织（WTO）后，进一步推动了与其他国家的投资协定谈判，投资协议的内容逐渐涵盖了投资促进和市场准入等方面。借助“入世”的东风，中国与其他国家的双边投资协定谈判稳步推进，10年间，中国与32个国家签订了双边投资协定。这一时期，中国对外签订的投资协议更加注重质量，涵盖领域也从传统行业拓展至服务业和高科技产业等新兴领域，投资协议的内容也更加丰富和成熟。

第四阶段，高质量多元化阶段（2013年至今）：自2013年提出“一带一路”倡议以来，中国积极推动与沿线国家的投资协定签署，并在2020年与欧盟完成了中欧全面投资协定（CAI）的谈判，标志着中国在多边投资协定方面上取得了重大进展。这一阶段，中国的对外投资不仅在数量上稳步增长，更在质量和多样性上得到提升，呈现出更高层次的国际合作与竞争力。

（二）我国国际投资协议签署现状

目前，我国已与超过130个国家和地区签署了双边投资协定（BIT）或多边投资协定（MIT），这些国家遍布亚洲、欧洲、非洲、拉丁美洲和大洋洲，覆盖了中国的主要投资目的地，其中109个已生效，这些协定主要涵盖投资保护、争端解决机制、市场准入等内容。当前，我国国际投资协议的签署现状呈现出以下几个特点：（1）签署数量稳步上升。我国继续扩大与不同国家和地区的投资协议网络。截至目前，中国已与超过130个国家和地区签署了双边投资协定（BIT）或多边投资协定（MIT），涵盖了世界上大多数主要经济体。（2）协议内容更加全面。随着国际投资环境的变化，我国签署的投资协议内容更加全面，不仅包括传统投资保护条款，还涉及市场准入、投资促进、投资便利化、可持续发展等多个领域。（3）注重高标准投资规则。在新的投资协议中，我国更加注重引入高标准的投资规则，如公平公正待遇、禁止不合理征收、投资自由化等，以提升投资环境的透明度和可预测性。（4）推动“一带一路”投资合作。在“一带一路”倡议下，我国与沿线国家的投资协议签署更加活跃，这些协议有助于推动基础设施建设和产业合作，实现共赢发展。（5）强化区域经济一体化。我国在区域经济一体化进程中发挥重要作用，如2020年签署的区域全面经济伙伴关系协定（RCEP），涵盖了东盟十国及中国、日本、韩国、澳大利亚、新西兰等国家，标志着我国在区域投资规则制定中的重要地位。(6) 适应国际投资环境变化。面对全球经济格局的变化和国际投资规则的重塑，我国正积极调整投资策略，通过签署新的投资协议来保护和促进国内外投资者的合法权益。

同时，在“一带一路”倡议背景下，中国与沿线国家的投资合作取得显著成果。据统计，在63个纳入商务部与国家统计局统计的“一带一路”沿线国家中，有56个国家与中国签订了双边投资协定，这表明中国在推动“一带一路”建设过程中，高度重视与沿线国家的投资合作。然而，阿富汗、东帝汶、马尔代夫、尼泊尔、伊拉克、黑山和塞尔维亚7个国家尚未与中国签订双边投资协定，未来中国将继续与这些国家加强沟通与合作，推动双边投资协定的签订，以实现共赢发展。

二、我国签署的重要国际投资协议

(一)《中欧全面投资协定》(CAI)

《中欧全面投资协定》(China - EU Comprehensive Agreement on Investment, CAI) 是一项全面、平衡、高水平且互利共赢的协定，该协定旨在取代现有的25项欧盟成员国与中国的双边投资协定，减少欧洲投资者在中国投资的不确定性。协定的谈判始于2014年，经历了35轮谈判，最终于2020年12月30日达成协议。该协定不仅涵盖了传统的投资领域，还在市场准入、公平竞争规则、技术转让和可持续发展四个方面作出了重要承诺，超越了传统双边投资协定的范围。

其主要内容包括：(1) 市场准入。协定通过负面清单的形式，首次对包括服务业和非服务业在内的所有行业作出开放承诺。除清单上明确禁止的领域外，其他领域将对投资全面开放，进一步简化了市场准入的复杂性，为双方企业创造了更加透明和稳定的投资环境。(2) 公平竞争。协定要求国有企业在进行投资活动时，必须依据商业考量，避免任何形式的歧视性行为，确保商品和服务的公平竞争。此外，协定还规定了补贴的透明性义务，填补了WTO规则中的空白，提升了投资环境的透明度和公正性。(3) 技术转让。协定明确禁止强制技术转让的行为，进一步保障了投资者的知识产权安全。(4) 可持续发展。协议承诺改善劳工标准，并支持可持续发展，确保投资活动符合环境和社会责任的标准。

由于中欧之间的政治紧张局势，特别是涉及新疆人权问题的争议，欧盟议会于2021年5月冻结了该协定的批准程序。但《中欧全面投资协定》仍然被视为中欧经贸关系的重要里程碑。该协议不仅促进了中欧投资的便利化，也为全球投资治理提供了新的合作模式和标准。

（二）《区域全面经济伙伴关系协定》（RCEP）

《区域全面经济伙伴关系协定》（RCEP）是由东盟十国发起，并邀请中国、日本、韩国、澳大利亚和新西兰共同参与的自由贸易协定。RCEP 的谈判始于 2012 年，历时八年，最终于 2020 年 11 月 15 日正式签署。该协定旨在通过削减关税及非关税壁垒，建立一个涵盖 15 个国家的统一市场，推动区域内经济一体化和各成员国的经济合作。其主要内容包括：（1）关税减让。RCEP 成员国承诺在未来 20 年内逐步取消超过 90% 的商品关税。这一举措将极大促进区域内的商品流通，降低跨境贸易成本，提升区域供应链的效率和竞争力。（2）服务贸易。协定涵盖了服务贸易的开放，成员国在金融、通信、专业服务等领域作出了具体承诺。这为各国服务业的跨境流动提供了更加有利的条件，促进了区域内服务贸易的便利化和发展。（3）投资。RCEP 为投资者提供了更高的保护和更透明的投资环境，减少了投资壁垒和不确定性。协定通过统一的规则和承诺，为区域内外的投资活动创造了更加稳定且可预期的投资环境。（4）知识产权。协定加强了知识产权保护的力度，通过设定更为严密的知识产权规则，促进了技术创新和转让。（5）电子商务。RCEP 还特别设立了电子商务章节，推动了跨境电子商务的发展。该章节通过简化跨境数据流动、减少数字贸易壁垒和增强电子支付的便利性，促进了数字经济的快速增长。

RCEP 的签署标志着全球最大自由贸易区的诞生，该区域覆盖了约 22 亿人口和全球近三分之一的 GDP。该协定不仅促进了区域内的经济一体化，还为成员国提供了更多的贸易和投资机会，进一步增强了区域经济的互联互通和竞争力。通过降低贸易壁垒、促进资本和技术流动，RCEP 有望成为推动全球经济增长的重要引擎，对全球经济格局和贸易规则产生深远影响。

三、我国签署的国际投资协议面临的挑战

（一）法律和监管环境

不同国家的法律体系、监管框架以及执法力度存在显著差异，这为国际投资协议的执行带来了挑战。一些国家的法律透明度不足，法律变动频繁，或者监管环境不稳定，这些因素都加大了跨国投资的难度和不确定性。企业在进行投资决策时，需要充分考虑这些因素，以确保投资的安全和合规性。

（二）政治和地缘政治风险挑战

国际政治关系的变化和地缘政治的紧张局势是影响国际投资协议执行的重要外部因素。例如，中美关系的波动不仅影响了中国企业在美国的投资活动，也可能影响美国企业在中国的投资。此外，一些地区的政治不稳定、政权更迭或政策突变，都可能对投资造成不利影响。

（三）经济和金融风险挑战

全球经济的不稳定性，如金融危机、货币贬值、通货膨胀等，都会使国际投资活动面临风险。此外，不同国家的经济周期不同步，可能导致投资回报的不确定性增加。企业在进行跨国投资时，需要密切关注全球经济形势，合理分散投资风险。

（四）文化和社会差异挑战

文化差异可能导致跨国企业在管理和运营上遇到阻碍。不同的商业习惯、沟通方式、工作态度和价值观念，都可能成为企业有效运营的绊脚石。因此，跨国企业需要具备跨文化管理能力，以适应不同国家的文化和社会环境。

（五）环境和社会责任挑战

随着全球对环境保护和社会责任的日益重视，国际投资协议中纳入相关条款的情况愈发普遍。企业在进行国际投资时，不仅要遵守当地的环境保护法规，还需要承担起社会责任，这对企业的经营理念和运营模式提出了更高的要求。企业在追求经济效益的同时，也要注重可持续发展，以维护企业形象和长期利益。

第三节　国际投资协议对国际直接投资的影响

一、国际投资协议对国际直接投资的影响理论依据

（一）信号效应理论

信号效应理论提出，国际投资协议，尤其是双边投资协定（BIT），作为一种政策信

号，向全球投资者传达了东道国对于保护外国投资者权益的坚定承诺。这种信号不仅减少了投资者对于东道国政策不稳定性的担忧，而且提升了投资者对该国市场的信心，从而有效促进了 FDI 的流入。此外，这种信号还可能帮助东道国在国际舞台上树立积极形象，吸引更多外资。

（二）承诺效应理论

承诺效应理论强调，国际投资协议通过其法律约束力，促使东道国在政策制定上更加谨慎和稳定。这种承诺不仅降低了政策变动带来的风险，而且通过国际法律框架确保了东道国承诺的可执行性。一旦违反协议，东道国可能面临声誉损失、信用评级下降等后果，这些潜在的负面效应增强了东道国遵守协议的动力，进而促进了 FDI 的增长。

（三）制度互补效应理论

制度互补效应理论指出，国际投资协议与东道国的国内法律和制度相互补充，共同构建了一个更加稳定和透明的投资环境。这种互补性不仅增强了投资者的信心，还促进了东道国法律体系的完善，为 FDI 的流入创造了有利条件。通过这种互补效应，国际投资协议有助于提升整个投资环境的吸引力。

（四）直接效应理论

直接效应理论认为，国际投资协议中的具体条款，如投资保护、国民待遇、最惠国待遇、争端解决机制等，为投资者提供了明确的法律保障。这些条款直接降低了投资风险，增加了投资的预期收益，从而直接促进了 FDI 的流入。这种直接效应是国际投资协议促进 FDI 增长的重要途径。

（五）市场失灵理论

市场失灵理论认为，国际直接投资是投资者为了克服市场失灵（如信息不对称、交易成本高、不完全竞争等）而采取的策略。国际投资协议通过提供一套规则和标准，帮助投资者绕过市场限制，实现对资源的直接控制和管理，从而提高投资效率和回报率。

（六）内生增长理论

内生增长理论强调，FDI 的流入不仅带来了资金和技术，而且通过技术转移、知识外溢和人力资源开发等途径，促进了东道国的经济增长和技术进步。此外，FDI 还创造了就业机会，提高了劳动力的技能水平，从而推动了东道国经济的内生增长。国际投资协议通过创造有利的投资环境，进一步促进了这种内生增长效应的实现。

二、国际投资协议对国际直接投资的影响

（一）国际投资协议对国际直接投资的正向促进作用

（1）降低投资风险，提供法律保护：国际投资协议通过明确投资者的权利和义务，有效地降低了由政策变动和政治不稳定带来的投资风险。这些协议通常包含对外国投资者的法律保护条款，如公平与平等待遇、充分保护和安全、国民待遇和最惠国待遇等，这些条款有助于减少投资者面临的非商业性风险，增强其投资的安全感和信心。此外，这些保护措施也为投资者提供了更为明确的投资预期，从而提高了投资意愿。

（2）建立争端解决机制：国际投资协议普遍包含的投资者与国家之间的争端解决机制（ISDS）为投资者提供了一种在国际仲裁机构解决争端的途径，相较于依赖东道国国内法院来说更为公正和高效。这种机制不仅提高了投资者对东道国法律体系的信任，也为投资者在遭遇不公平待遇时提供了有效的救济途径。

（3）创造稳定和透明的投资环境，促进技术和资源流动：国际投资协议通过规范适用于投资的法律体系和透明的审批程序，为投资者创造了一个更加稳定且透明的投资环境。这不仅吸引了国际资本的流入，还促进了先进技术和管理经验的引进，提升了国内企业的竞争力。同时，国外投资者通过投资获得更大的利润空间和更好的回报，这种技术和资源的双向流动对经济发展起到了积极的推动作用。

（二）国际投资协议对国际直接投资的负向限制作用

（1）东道国政策的限制：虽然国际投资协议旨在保护投资者权益，但东道国可能会出于国家安全、公共利益的考虑，通过外资审查、行业准入限制、外汇管制等政策手段限制外商直接投资。这些政策可能会对投资者的决策产生影响，减少其对特定市场的投资。

（2）违反协议的影响：东道国若违反国际投资协议，可能会导致外商直接投资流入的下降。这种违约行为会严重损害投资者对东道国的信任，使他们对东道国政策的稳定性和法律体系的可靠性产生怀疑，从而可能导致投资减少，甚至撤资。

（3）区域差异：国际投资协议的效果在不同地区存在差异。发展中国家可能更依赖国际投资协议来吸引外资，而发达国家由于已有较为成熟的投资环境，其签订的投资协议对外商直接投资的促进作用可能不如发展中国家显著。

（三）经济环境的影响

在经济不稳定或危机时期，国际投资协议对外商直接投资的促进作用可能会减弱。投资者在面临经济不确定性时，往往会更加谨慎，减少高风险投资。此外，经济危机可能导致投资回报率下降，投资者可能会推迟或取消投资计划，从而影响国际投资协议的实际效果。

总的来说，国际投资协议促进外资流入与经济增长。国际投资协议通过提供法律框架保护外国投资者的权益，包括禁止不公平和歧视性待遇、保证资金自由转移以及提供争端解决机制等。这些保护措施显著增强了投资者的信心，使他们更愿意将资金投入新的市场和行业，从而促进了 FDI 的流入。它还通过减少或消除投资壁垒，促进了资本的自由流动，增加了投资机会。协议可能要求缔约国对外国投资者开放特定的经济部门，这不仅增加了投资的可能性，也促进了 FDI 在全球范围内的配置。

与此同时，国际投资协议促进了技术与管理经验的传播，先进技术也随之转移和传播。外资企业在东道国设立企业或开展业务时，其先进的生产技术、管理经验和创新能力可能会通过人员流动、示范效应等方式逐渐扩散到当地企业，推动整个行业的技术进步和生产效率的提高。外资企业通常还拥有较为完善的管理体系和制度，它们的进入可以为东道国企业带来先进的管理理念和方法，有助于提升东道国企业的管理水平。

但是，国际投资协议也面临着困难需要克服调整。国际投资协议中的争端解决机制有时被批评为偏向投资者，可能限制了东道国调整经济政策的能力。因此，在签署和实施国际投资协议时，需要充分考虑东道国的公共利益和经济政策目标。过度强调投资者保护可能与环境保护和社会福利目标相冲突。因此，在制定和实施国际投资协议时，需要平衡投资者权益与东道国环境保护和社会责任之间的关系。

专栏 11－1　案例分析

中国建筑集团与沙特阿拉伯住房项目[①]

沙特阿拉伯正在实施“2030 年愿景”计划，旨在通过提高住房拥有率和改善住房条件来推动经济多元化。中国建筑集团与沙特阿拉伯国家住房公司（NHC）签署了多项合作协议，包括建设 2 万套住房和一个综合工业城。具体合作项目包括：（1）住房建设：中国建筑集团与沙特阿拉伯合作建设 2 万套住房，旨在缓解当地的住房短缺问题。这些项目不仅提供了大量就业机会，还提升了当地居民的生活质量。（2）工

① 资料来源：参见 https：//www. thepaper. cn/newsDetail_ forward_ 27434486。

业城项目：中信建设集团与沙特阿拉伯合作建设一个包含12家工厂的工业城，专注于建材生产和物流。这一项目将显著提升沙特阿拉伯的建材自给能力，确保住房项目的供应链稳定。

具体来看，国际投资协议通常包括对投资者的保护条款，如公平待遇、保护知识产权等。这些条款为中国企业在沙特阿拉伯的投资提供了法律保障，降低了投资风险。通过合作，中国的先进建筑技术和经验被引入沙特阿拉伯，提升了当地的建筑质量和效率。这种技术转移不仅有助于项目的成功实施，还促进了沙特阿拉伯建筑行业的现代化。国际投资协议促进了双边贸易和投资，带来了经济增长。沙特阿拉伯通过与中国的合作，不仅提高了住房供应，还推动了本地建材工业的发展，减少了对进口的依赖。

专栏11-2　案例分析

吉利收购沃尔沃①

2010年，吉利成功从福特汽车公司收购了沃尔沃汽车的全部股权。这次收购不仅包括沃尔沃的商标和专利，还包括其全球的生产设施和销售网络。其中，具体合作项目包括：(1) 品牌复兴：吉利收购沃尔沃后，采取了“放虎归山”的策略，给予沃尔沃充分的自主权，激发其活力。沃尔沃在中国市场的销量从2010年的3万辆增长到2020年的16万辆。(2) 技术合作：吉利与沃尔沃共同设立了吉利欧洲研发中心(CEVT)，开发了CMA基础模块化架构，应用于多个品牌的车型。(3) 新能源发展：吉利与沃尔沃在电动汽车领域展开合作，共同推动智能电动科技的发展。

其中，国际投资协议产生的影响主要包括如下几个方面：国际投资协议通常提供对投资者的保护，如公平待遇和知识产权保护。这为吉利在收购沃尔沃时提供了法律保障，有效降低了其在跨国投资中的风险。吉利通过收购沃尔沃，获得了沃尔沃的先进技术和研发能力。这一技术转移不仅极大地提升了吉利自身的技术水平，还促进了中国汽车工业的现代化。此外通过收购，吉利不仅提升了自身的品牌价值和市场竞争力，增强了自身在全球汽车市场中的话语权，同时也为中国汽车产业带来了更多的国际合作机会和经济收益，推动了中国汽车产业的国际化。

① 资料来源：参见https：//www.gov.cn/jrzg/2010-03/28/content_1567072.htm。

思考与练习

1. 国际投资协定与国际贸易协定有何不同？
2. 国际投资协定的主要内容和形式是什么？不同形式如何影响投资者权益的保护？
3. 国际投资协定的核心目标是什么？如何平衡投资者权益与东道国公共政策的冲突？
4. 我国国际投资协议的发展历程如何？其对我国经济发展的影响有哪些？
5. 探讨我国签署国际投资协议面临的主要挑战，并提出应对这些挑战的政策建议。
6. 国际投资协议如何影响国际直接投资流动及跨国企业投资决策？

第十二章　国际直接投资风险管理

学习目标

1. 理解国际直接投资风险的基本概念及其表现形式。
2. 识别国际直接投资中面临的主要风险类型。
3. 掌握国际直接投资风险识别的基本概念与方法。
4. 理解国际直接投资的总体风险防范策略。
5. 掌握基于不同风险类型的差异化管理策略。

经济全球化本质是世界范围内的资源整合运动，国际投资正是这场运动的重要推动力。国际投资是国际经济发展的深化，从世界经济发展的历史角度看，国际贸易、国际金融的出现分别代表国际经济的初级和中级阶段，而国际投资的产生则代表国际经济进入高级阶段。

国际投资根据投资方式的不同可分为国际直接投资和国际间接投资。国际直接投资是以取得或拥有公司、企业法人或非法人团体，或直接参与其经营管理为目的的国际投资。但是盈利与风险始终共存，国际直接投资不仅存在风险且大于国际间接投资的风险。

第一节　国际直接投资风险的形式

一、风险的含义

风险是人们在社会活动中由于受到各种难以预料的因素的影响，使作为主体的期望目标与实际状况之间发生差异，从而给行为主体所追求的利益造成经济损失的可能性。早在1901年，美国学者威雷特（A. H. Willett）博士就对风险进行了定义，他认为，风险是指关于不愿发生的事件发生的不确定性之客观体现。可见，风险源于不确定性，是一种损失或获益的机会。其概念在理论界有不同的理解：（1）风险是指损失的机会；（2）风险是指损失的不确定性；（3）风险是指可测定的不确定性；（4）风险是指对特定情况下未来结果的客观疑虑；（5）风险是指一种无法预料的、实际结果可能与预测后果存在差异的倾向等。在比较了以上多种定义后，本书认为将风险定义为“损失发生的不确定性”是合理的，这一界定也是风险管理领域所普遍采用的定义。

二、国际直接投资面临的风险形式

国际直接投资风险是指外国投资者因东道国或国际政治经济因素及自身经营管理原因而招致经营损失的可能性，导致投资者面临实际收益与预期收益不符，或遭受经济损失的可能性。风险形式主要包括：

（一）政治风险

政治风险是指在国际经济往来中，由于未能预测到的政治因素变化而给国际投资活动可能带来经济损失的风险，如国有化风险、战争风险、政策变动风险、资金移动风险等。

国有化风险是指东道国对外国资本实行国有化、征用或没收政策而给外国投资者造成的经济损失。国有化是东道国政府接管某个行业中的所有私有企业，征用是东道国政府对某个行业中的个别外国企业实行接管，没收是东道国政府在没有任何补偿条件下占有外国企业的全部资产。这种风险主要发生在政治不稳定和政策易变的国家和地区。战争风险是指东道国国内由于政府领导层变动、社会各阶层利益冲突、民族纠纷、宗教矛盾等情况，使东道国境内发生战争而给外国投资者造成的经济损失。在一些发展中国家，政府领导层的变动、国内各派尖锐争斗、各阶层集团不同利益要求、不同民族间矛盾纠纷、复杂的宗教派别冲突等都可能引起局势动荡，甚至造成动乱和内战，从而严重影响国际投资者的经济利益。政策变动风险是指由于东道国有意或无意变更政策而可能给外国投资者造成的经济损失。投资者进行对外投资活动必须遵循东道国的各项经济政策。东道国的土地、税收、市场、产业规划等方面具体政策的变化将影响投资者的决策。如土地政策中涉及土地的购买、拥有使用权时间的长短、土地税的内容均会影响投资者的利益。税收政策中计税基数、税率和征税方法关系到投资者的收益。东道国市场的开放程度以及在投资区域和行业等方面实行的限制或鼓励政策也会影响投资者的收益。资金移动风险是指在跨国经济往来中所获得的经济收益，由于受东道国政府的外汇管制政策或歧视性行为而无法汇回投资国，可能给外国投资者造成的经济损失。如外国投资者在进行投资活动中所得的经营收入，包括正常营业收入、出售专利和商标收入、股权转让收入等，一般应转移回投资国，但这与东道国引进外资的目的有一定矛盾，因此有的东道国对跨国企业的收入在政策上规定了一个在东道国再投资的比例。这个比例的变化则被看作对外投资的一种风险。

（二）汇率风险

汇率风险又称外汇风险，是指在国际经济活动中，由于未能预期到的汇率变动而给跨国企业可能带来的经济损失风险。企业在对外直接投资和制定发展战略时，也必须考虑当地的外汇风险，即考虑汇率对公司收入以及成本的影响。浮动汇率使国际经营产生了风险因素，但由于是相应浮动的，所以外汇风险不属于纯粹风险。此外，有些国家不实行外汇管制，但其他一些国家对资本流动加以限制。例如，对不同的交易使用不同的汇率。跨国公司对外汇风险的管理是其财务管理中的一个重要方面，因为汇率的变动会影响公司交易的金额、现金流量、资产、债务和收益。一旦由于汇率变动使现金流大幅减少，对公司企业的正常经营管理就会造成较大影响。

（三）信用风险

信用风险是指在国际直接投资过程中，由于投资方或被投资方无法履行合同义务，或者由于其他不确定因素导致投资损失的可能性。这种风险涉及投资双方信用的可靠性，包括但不限于企业信用、主权信用、金融信用等。在进出口信贷方面主要有卖方信贷和买方信贷两大方面：第一，卖方信贷是指出口方从当地金融机构取得向进口方提供货物或设备的信贷；第二，买方信贷是指出口方当地金融机构直接向外国进口方提供的信贷。卖方信贷通常是短期信贷，有些是中期；买方信贷是大额的中期和长期信贷，它主要用于资本货物的购买。卖方信贷是为了便于出口方以延期付款或赊销的方式向进口方出口货物或设备，但面临着通货膨胀、贸易保护、信用和政治风险。因此出现了出口信用保险以及买方信贷协议中的信用保险事项。

（四）融资风险

融资风险是指投资者在跨国投资过程中，由于融资活动的不确定性导致的潜在损失或影响投资回报的可能性。融资可以提高资金流通效率，降低企业运营对现金流的要求。跨国公司无论是在内部之间进行交易，还是与其他公司进行交易，都需要进行融资。融资风险意味着跨国公司资产不能与其负债相抵，即常说的资不抵债，因为这种风险与跨国公司的偿付能力直接相关，所以对于企业尤其是跨国公司来说极其重要。融资风险主要与跨国公司的融资活动相关联，但同时又与信用风险、市场风险等有重叠之处，跨国公司的融资活动本身受不同因素影响，所以其面临的风险也是多方面的。

融资风险管理是风险管理的特例，它是指经营主体对其融资过程中存在的各种风险进行识别、测定和分析评价，并适时采取及时有效的方法进行防范和控制，以经济、合理、可行的方法进行处理，保障融资活动安全正常地开展，保证其经济利益免受损失的管理过程。其是企业对自身的监督管理过程。

（五）其他风险

在国际直接投资中，除了以上四种常见风险形式外，还存在着其他风险，如管理风险以及自然风险等。管理风险是由于企业管理能力不足、文化差异和语言不通而造成的投资风险。为了降低相应的风险，企业应该对加强直接投资的国家和地区不同方面的了解程度并与当地的合作伙伴建立良好的关系，以提高投资管理与运营水平。自然风险则是指由于当地的气候或者灾害所造成的损失。对于那些位于经常遭受特定自然灾害区域的企业，如澳大利亚频繁发生的山火，它们必须未雨绸缪，制订出详尽的应急计划和预防措施。这些措施可能包括建立紧急响应机制、实施保险策略、加强基础设施的防灾能力、进行定期的安全培训和演练，以及投资可持续的资源管理和技术，以减少灾害发生时的潜在损失和影响。

第二节　国际直接投资风险的识别和评估

企业为了更好地盈利，需要对投资风险始终保持敏感度，及时防范与管理风险。进行风险管理的前提是需要识别国际直接投资的各种风险。存在于内部和外部环境的风险多种多样、错综复杂。有的是静态的，有的是动态的；有的实际存在，有的潜在存在。全面、正确地识别、分析跨国公司所面临的风险，衡量风险并选择对付风险的方法，具有实际意义。

一、风险识别的概念

风险识别是指经济单位在财产、责任和人身损失刚出现或出现之前，系统地持续发现这些潜在威胁。风险识别是一项复杂的系统工程，因为一个经济单位，例如，一个跨国公司，即使规模很小，它所面临的风险也是多方面的，如何把握全局，正确识别全部风险，在理论研究和实践调查中需要运用科学的方法多角度、多层次地认识、分析。风险识别是跨国公司财务风险管理的第一步，也是最基础的一步，它在生产经营过程中对公司的内部财务管理以及外部社会环境可能面临的各种风险都进行预测和分析，目的是便于实施风险管理第二阶段，即便于评估预测风险的大小。企业是不断发展的，市场是变化的，因此风险识别是一个连续的过程，实际的风险并不是固定不变的。

企业风险管理人员在研究所面临的风险对策时，最重要也是最困难的工作就是了解及寻找企业所有可能遭受损失的来源。这些来源可能会造成企业额外支出，产生纠纷以及管理上的混乱，影响到企业经营管理。一旦风险管理人员无法识别到跨国企业的所有潜在损失与风险，就无法作出最优对策。因此风险识别目的有两个：一是衡量风险的大小，二是提供最适当的风险管理对策。风险识别是否正确全面直接决定管理消除风险时的质量与结果。任何一种风险被忽视，尤其是重大风险时，很有可能导致整个管理的崩盘，造成不可估量的损失，甚至可能导致资金链断裂、企业的破产以及倒闭。因此增强安全意识，对潜在风险保持高度敏感是至关重要的。

二、国际直接投资风险的识别和评估

在国际直接投资中，风险的识别和评估是投资决策的重要组成部分。在此将重点从政治风险和外汇风险两方面进行分析，分别探讨如何识别和评估这两类风险。

（一）政治风险的识别和评估

政治风险具有不确定性原因是某些政府为了达到政治目的而决然或贸然采取行动，且这些行动的动因也是错综复杂、难以预料的，因此政治风险明显区别于一般市场风险，其引发的损失往往具有突发性和严重性。这些特征都显著提升了政治风险分析、评估与控制的难度，同时也凸显了这些工作的重要性。

从理论上来讲，一个完整正确的政治风险评估应该包含宏观和微观两方面内容。宏观风险是指大范围的政治事件和政府行为的综合风险，如政体变动、革命、战争和派系争斗及其他广泛影响外国投资和商业经营的风险。微观风险是指有选择地影响某些投资领域或商业活动的措施和事件。大多数微观风险都是针对具体某项目或行业而言的，如 20 世纪 70 年代的征收行动多针对专门的工业部门而采取，制造业项目受到的威胁相对较小。

杰弗里·西蒙（Jeffrey Simon）是第一位将政治风险划分为宏观和微观两个方面的，

通过进一步的研究，他构建了一个更具系统性、综合性的分类方式，他考虑到了来自内部的风险，以及将宏微观分为社会相关或者政府相关。他认为要建立一个公司政治评估系统，类似于一个关系网，是一个包括国家定位和跨国公司定位的全方位（封闭）系统。该系统须能容纳大量由世界范围内多个国家传递的信息，且能不断加以修正，使其适应于迅速变化的国际形势。下面介绍几种具体的政治风险评估方式。

1. 实地考察

跨国公司在进行海外直接投资时，一般要派遣高级管理人员进行实地考察，以了解当地的环境以及风险。但是由于时间较短，当地官员为了吸引外资可能会隐藏一些实际情况或作出一些难以实现的承诺，这样会造成信息不对称而提高风险。因此实地考察时要广泛征求意见，并向熟悉当地的外交官、商人等进行咨询。但其只能作为初步的参考意见，不能精准评估。

2. 专家评估法

专家评估法是一种精确的风险评估方法。这一方法是将各个专家评估的结果放入一个加权计算系统中得出最终评价。其具体的步骤是：首先设定影响政治风险大小的主要变量，并同时设定每个变量在总的风险指数中所占的计算权数，然后请专家们给每个变量打分并取其平均值，最后将各个变量的值进行加权汇总得出总的风险指数。从它的计算方法中可以看出，这一评估的有效性要取决于三个因素：（1）是否考虑到了所有主要的变量；（2）各个变量所占的权数是否恰当；（3）专家们自身的素质。

3. 计量分析法

近年随着统计学与计算机在政治学研究的广泛应用，发现风险事件发生与某些指标有密切关联，在这些指标的基础上建立一个风险指数的方法就是计量分析法。但计量分析法使用的前提是要保证数据的正确性、完整性和可信性。

4. 金融市场资料分析法

这一分析法的理论基础是假定各国的金融市场均是完全有效率的市场，即预见的风险因素都会通过竞争性的交易活动反映到金融市场的价格上，因此金融市场价格指数的变动能够充分反映风险的变动。《欧洲货币》杂志和《机构投资者》杂志会根据这一方法各自独立地给 100 多个国家按风险大小进行排名，排名表每年公布一次。

5. 事故树分析法

事故树分析法是指使用逆向思维，从某一事故出发，以图解的方式来表示，运用逻辑推理的方法，寻找引起事故的原因，即从结果推导引发风险事故的原因。但是，这种方法需要绘制事故树的专门技术，对风险管理人员的要求比较高，同时识别投资风险的管理成本也比较高。

这些方法各有特点，适用于不同的投资环境和风险评估需求。在实际应用中，可能需要结合使用多种方法，以便更全面地识别和评估政治风险。

（二）外汇风险的识别和评估

外汇风险又称汇率风险，是指经济主体在持有或运用外汇的经济活动中，因汇率变动而蒙受损失的可能性。由于汇率是不断变化的，而从事涉外贸易、投资、借贷活动的经济主体不可避免地会在国际范围内收付大量外汇或拥有以外币表示的债权债务，一旦汇率发生变化，将会给外汇持有者或运用者带来不确定性，甚至可能造成巨大损失。当然如果做好风险识别与评估，汇率的变化也会为外汇持有者或运用者提供获利的机会。

1. 外汇风险的种类

外汇风险一般分为交易外汇风险、换算外汇风险和经济外汇风险。

（1）交易外汇风险是指在交易和结算的期间，汇率发生变动，导致实际收益发生变化的风险。交易外汇风险涉及两类项目：一是已经列入资产负债表中的应收和应付账款项目，如进出口贸易应收应付款、外汇借贷款等；二是资产负债表外会引起未来的应收和应付账款的项目，如远期购售合同、应付租赁费用、尚未履行的客户订单等。

（2）换算外汇风险是指在对外汇资产进行换算时，由于汇率变动引起盈亏变动的风险。一旦汇率大幅降低，就会引起外汇资产大量缩水。此外，将换算外汇细分也可以划分为存量暴露风险、固定资产暴露风险以及长期债务暴露风险。这里只对长期债务暴露风险进行解释说明。运用不同的转换方式，公司的长期债务在面对汇率变动时会呈现不同的风险状况。如果当地货币对美元贬值，负有美元债务的公司若以现行汇率转换，就可反映为转换盈利，而负有当地货币债务的公司若以现行汇率衡量则出现亏损。若以历史汇率衡量，在账面上看不出盈利变化，但实际上歪曲了长期债务的价值。

（3）经济外汇风险是指由于汇率变动引起跨国公司的经营环境发生变化，导致业务现金流可能发生变更而产生经济损益的风险。经济外汇风险对企业影响最大，它存在于跨国经营的各个方面，因为汇率变动意味着各国同种商品之间的比价和一国不同商品之间的比价都要发生变化，这种价格体系的变化，会改变国内及国际市场上的生产条件和需求结构，从而影响跨国公司的经营活动。它是指跨国企业未来的预期收益因为汇率变化可能造成的风险。例如，中国一企业在日本进行出口生意，当日元贬值时，换算后企业资产缩水，但是由于日元贬值而提升了日本出口产品的竞争力，反而可能提高了出口量，增加了收益。这种复杂的风险和机会既不是在交易中产生的，也不是在换算中产生的，可归于经济风险。

2. 外汇风险的评估方法

外汇风险评估方法主要有定性评估方法和定量评估方法两种。

定性评估方法即运用风险评估者的知识、经验，理智地对风险大小作出主观判断。最具有代表性的就是由美国兰德公司创立并推广使用的德尔菲法（Delphi Method）。首先收集有关所在国政治、经济、社会资料并以此为基础，邀请国际问题专家、国际经济学家、熟悉东道国状况的新闻媒体代表、外交人员、实务界经营管理者代表等参加评议会，每一个人都能自由地发表自己的观点。当意见初步汇总后，跨国公司可将这些看法进行归纳、总结、反馈、如此反复直至形成较为一致的意见。有条件的大公司可以设置自己的风险分析机构，一些中小企业则可借助这种成本低、准确率相对较高的方法。该方法的有效性取决于是否综合准确地考虑了其主要影响因素：专家思考的深度和水平以及汇总专家意见的手段。这种评估方法的运用在很大程度上依赖分析人员的直觉和观点，是一个带有主观色彩的信息处理过程。

定量评估方法即以统计资料为基础采用数学方法进行信息处理和风险处理的评估方法，迄今为止，已经确立并被广泛应用的风险评估经济计量模型主要包括随机游走模型、弗兰克模型和自回归移动平均法模型等。自回归移动平均法是按照时间序列加权平均或加权移动平均进行分析预测；运用指数平滑，建立平滑模型进行分析预测；采用回归分析，处理变量与变量之间的相互关系进行分析预测等。这类方法准确、可靠，说服力强，参考价值高。

风险识别是计量与管理决策的基础，只有正确合理的识别方法才能选择出最佳的风险管理方式。下面是几种常见的风险识别方式。

（1）财务报表分析法。这是财务管理中识别风险最常用的一种方法。任何跨国公司的经营活动都会涉及货币、财产，跨国公司的任何风险和价值都可以归结为跨国公司的资金及其运动。换句话说，跨国公司的任何风险的存在和发生都会在跨国公司资金上表现出一定的征兆。这样很多问题就能从报表中反映出来。这种方式比较客观且数据易获得，同时使用财务术语来表达财务风险，容易被跨国公司的会计师、财务管理人员所接受。

（2）流程图法。流程图法通过一系列流程图展示跨国公司经营活动的全过程，对过程的每一阶段和环节逐一进行调查分析，运用潜在损失一览表来确定跨国公司所面临的损失。企业所编绘的既可以是总体的流程图，也可以是步骤细化的部分流程图。

（3）因果图法。这是一种基于逆向推理思维的分析方法。此方法从结果导向出发，逆向追溯问题的根源。具体操作步骤如下：首先，以风险损失为起点，识别出可能导致该损失的主要因素；接着，对这些主要因素进行深入分析，挖掘出次级原因；在此基础上，继续细化分析，逐步缩小探究范围，识别出更具体的小原因。如此递进式的深入挖掘，层层剖析，最终揭示出引发风险损失的根本原因。

（4）调查表法。风险调查表通过分类罗列有关项目内容，指导跨国公司风险管理者对某些信息源进行有关调查，以一种系统方式获得跨国公司财产和经营的专门信息。调查表分为两种，一种是适用于所有企业的一般性用表，未考虑到特定企业的特殊性，因此企业的风险管理者可能会发现它忽略了一些对该企业而言是不可忽视的风险。这是任何企业在风险管理中都必须予以注意的问题。另一种是特定型的调查表，专门针对某一企业或某一业务而设计的表格，现在一些知名的跨国公司都有自己的风险管理部门，并聘请一些专家进行有针对性的风险分析和研究。

第三节　国际直接投资的风险管理

风险是客观存在的，无法避免的。但是在某种条件下，风险是具有某种规律性的，因此各部门需要采取措施来减少、规避风险使成本损失最小化。这也需要各行业认识风险，了解风险，积极防范有效控制风险。随着生产力和科学技术的不断发展，20 世纪 30 年代产生了风险防范理论，即风险管理。

风险管理是研究风险发生规律和风险控制技术的一门新兴管理学科，风险管理是指经济单位对风险进行识别、衡量、分析，并在此基础上进行有效地处理以最低成本实现最大安全保障的科学管理方法。

一、国际直接投资的总体风险防范策略

（一）风险回避

风险回避是一种极端但有效的风险管理策略，它通过避免参与可能引发风险的活动来完全消除损失的可能性。这种方法适用于那些潜在损失巨大、发生概率高且无法通过其他手段有效控制的风险。然而，风险回避也可能意味着丧失潜在的利益和增长机会。因此，在采取风险回避策略时，公司需要权衡放弃投资可能带来的长期影响，并确保这种放弃是基于全面的风险评估和成本效益分析的。

（二）风险减少

风险减少策略旨在降低风险发生的可能性和潜在的损失程度。这通常涉及以下几个方

面的措施：(1) 风险预防，即通过设计合理的流程和政策来预防风险的发生。(2) 风险缓解，即采取物理或技术手段来减轻风险的影响，如安装安全设备或采用先进的控制系统等。(3) 风险分割，即将投资分散到不同的项目或地区，以减少单一风险源的影响。公司需要关注风险的根本原因和可能造成的后果，通过持续的监控和改进来实施风险减少策略。

(三) 风险转移

风险转移策略允许公司将风险转嫁给第三方，通常通过保险、对冲合约或合作伙伴关系来实现。例如，购买政治风险保险可以保护公司免受政治动荡或没收资产的影响。在转移风险时，公司需要确保第三方有能力承担这些风险，并且转移过程不会导致新的风险产生。

(四) 风险自留

风险自留是指公司选择自己承担风险损失，通常是因为这些风险在公司的控制范围内，或者转移风险的成本过高。自留风险可能涉及建立风险储备金或专项基金，以应对可能发生的损失。这种策略要求公司具备良好的风险识别和评估能力，以及充足的财务资源来吸收潜在的损失。

二、基于风险类型的差异化管理策略

(一) 政治风险管理

政治风险相对于其他风险而言较难以改变控制。即使已经进行了相应的评估和预测，仍然可能会出现意料之外的情况，本书将从三个方面阐述在风险识别和风险评估的基础上不同阶段的风险管理方式。

1. 投资之前的控制措施

跨国公司在投资之前，通常可采取回避、保险、特许协定和调整投资策略等方法，预防性地控制政治风险。回避是一种被许多跨国企业采用的简便易行方法，回避的原则是除非投资前该国或地区已发生战争、暴乱、征用财产、国有化等极端状况（称为禁止投资风险），不应轻易停止投资计划的实施，对于其他的政治风险，则采取有限度的回避和容忍，设法从其他方面获得相应的补偿，以抵消部分政治风险带来的损失。保险是一种目前较为有效地避免政治风险的方法。通过对处于有政治风险地区的资产进行保险，企业可以集中精力从事海外经营活动。在许多工业化国家，如美国、英国、日本、德国、法国等，都设有专门的官方机构对私人的海外投资提供政治风险的保险，如美国海外私人投资公司（OPIC）、英国的出口信贷保证部（ECGD）、日本通商产业省的海外投资保险班等。特许协定是指投资者在投资前可以设法与东道国政府谈判，并达成特许协议，获得某种法律保障，尽量减少政治风险发生的可能性。调整投资策略的具体做法是通过调整企业生产、后勤、出口和技术转让等领域的经营策略，将国外经营项目与本公司的持续控制结合起来，保持该海外项目对本公司总体市场和产品的依赖，提高东道国政府征用资产的成本，由此减轻可能的政治风险。一旦政局不稳、前景不确定时，放弃原本的投资计划也是明智的。

2. 投资之后的控制措施

一旦跨国公司决定在该国投资之后，它对政治风险的抵御能力就会降低。为了降低风险，企业应该提前做好应对风险的措施。常用的管理措施包括以下几个方面：一是有计划地撤资，跨国投资者为防止东道国可能采取的征用或国有化行动，应在一定时期内出售全部或大多数股权给当地投资者，分阶段逐步退出其对外投资的所有权。二是短期利润最大化，其第一个含义是跨国公司在尽可能短的时间内，从当地经营中提取最大数量的现金；第二个含义是在东道国政府采取敌对行动的情况下，用进攻性战术从受到威胁的附属公司提取尽可能多的资金，使跨国公司与该国的未来交易失败。三是改变征用资产的成本收益率，即政府获得的经济利益超过成本补偿时，跨国投资者采取一系列计划来减少当地所有者预期的优势，从而减少和消除当地政府排斥外国投资者的积极性。四是发展当地股权投资者，培养和发展当地个人和集团参与投资或控制跨国公司在当地投资企业，其所采取的形式通常是合资企业。

3. 征用后的控制措施

征用是政治风险的极端形式，在一段时间里，公司应到东道国进行利益游说和说服工作，争取其放弃征用的决定。通常，在政府采取征用和国有化行动前，企业能事先得到一些政府的意图或提示。只有极少的情况，未予警告便发生政府征用。在获知消息后，企业应立即同政府进行联络，展开公开谈判，以劝说政府对企业提供进一步保护。在谈判的最初阶段，公司应尽可能地作出各种友好的姿态，向东道国政府陈述其对当地经济带来的实际利益，并许诺作出一些新的让步，以表明合作的诚意。但这种征用前的讨论常常会演变为征用后的谈判。政府与企业间在征用后的这种对抗，可采取合理谈判、施加压力、法律解决、放弃管理权等策略。

（二）外汇风险管理

以公司对外汇风险管理的不同态度，将外汇风险管理分为三类：完全避险管理战略、消极避险管理战略和积极避险管理战略。例如，完全避险管理战略是指跨国公司在涉外业务中，千方百计阻止外汇风险的形成，不允许存在外汇风险暴露，或通过各种套期保值手段消除实际业务中发生的一切敞口头寸，以避免汇率波动可能带来的风险损失。

1. 交易风险的管理

交易风险的管理是围绕着套期保值概念进行的。其方法可分为两种类型，即非金融管理方法和金融管理方法。

（1）非金融管理方法。一是选择货币法。企业争取用本币计价结算。也可以在进口时选用软币，在出口时选用硬币。或是选用两种以上软硬搭配的外国货币，在不同的交易中可以针对不同的情况选择较适合的货币交易方式。二是货币保值法。货币保值是指选择某种与合同货币不一致的、价值稳定的货币，将合同金额转换，用所选货币来表示。三是超前和滞后法。所谓超前和滞后，是指进行国际交易的跨国公司调整兑付时间，以减少外汇风险的方法。如预测债务通货汇率看涨，则提前支付债务，如预测看跌，则延期履行义务。

（2）金融管理方式。企业在管理外汇风险时，除可采取内部控制手段外，还可借助金融市场，与外部金融中介（如银行）、政府机构（如官方或半官方的保险公司、进出口银行等）或其他市场主体（如外汇经纪人）签订协议，从而利用外部管理工具降低外汇交易风险，减少损失的可能性。主要的外汇风险管理工具包括远期外汇交易、外汇期货、外汇期权、外汇掉期及货币市场借贷等，这些工具为企业提供了不同的风险对冲方式，能够有效缓解汇率波动对财务状况的冲击。

2. 换算风险的管理

换算风险的管理遵循“增加强势货币资产、减少强势货币负债，同时减少弱势货币资产、增加弱势货币负债”的基本原则。具体方法包括：（1）利用远期市场、货币市场、期权市场、互换市场和期货市场等金融工具进行避险操作，与交易风险管理方法相似；（2）采用提前和递延支付、转移价格调整、选择结算货币等非金融手段，以降低换算风险；（3）通过资产负债表管理法调整结构，以减轻外汇风险；（4）利用外汇储备缓冲潜在的外汇亏损。这些措施都旨在有效降低换算风险对企业财务状况的负面影响。

3. 经济风险的管理

有效的经济风险管理涉及在作出长期国际经济活动决策时，对非预期汇率变动可能对海外企业未来净现金流造成的影响进行预测和预防。对于经济风险的管理，主要通过多元化经营、多元化融资等策略来分散或降低经营风险。企业应当根据不同的汇率水平制定相应的经营营销策略。

（1）营销策略。在评估汇率变动可能带来的影响后，企业应通过调整价格和产品策略来应对。例如，当一国货币贬值时，该国出口商会在世界市场上获得比较价格优势。在这种情况下，出口商可以考虑以下策略：提高单位利润率或扩大市场份额。这一选择受以下因素影响：汇率的持久性、是否存在规模经济、扩大出口后的成本结构、消费者价格弹性以及高利润率是否吸引竞争者的进入。需求价格弹性越大，跨国公司降低价格并因此扩大销售量和销售收入的可能性就越大。若存在规模经济，则应该降低价格以扩大需求；反之，若不存在规模经济或价格弹性低，则不宜采取降价策略。

（2）生产策略。面对汇率的大幅波动，企业应集中资源于主要产品，淘汰缺乏竞争力的产品，以降低生产成本。具体措施包括以下几个方面：一是改变投入组合，以适应汇率变动带来的成本变化。二是实施分散生产策略，降低对单一市场的依赖。三是提高劳动生产率，通过提升效率来对冲汇率风险。

（三）信用风险管理

信用调查是防范风险的前提，它要求对贸易的对象进行全方位的审查，包括品行、技术能力及资本状况等多方面的评估。然而，这种信用调查并非易事，它不仅要具备一个庞大的国际信息网络，还要有一批专门的技术人员、先进的设备、大量的资金和一定的空间，而一般企业往往缺乏这样的资源和能力。所以，跨国公司通常借助其他中介机构进行信用调查，例如，委托在对方境内有往来的商号、当地商会或进出口工会、本国驻外经济代办机构代为调查，或委托征信所调查。此外，企业也可以使用其他方式防范风险，如国际保理业务、福费廷业务以及出口信用保险等金融工具，以减轻和分散风险。

（四）融资风险管理

跨国公司进行融资活动时，所面临的融资风险不仅受债务本身因素的影响，还受到债务以外其他因素的共同作用。对于融资风险的管理，特别是整体融资风险，跨国公司可以利用财务杠杆系数加以衡量。企业应当密切关注其经营的杠杆率，防止因高杠杆率经营而承担过高的风险。在市场前景乐观且经营业绩良好的情况下，跨国公司可以考虑适当增加财务风险，扩大财务杠杆系数，以充分利用市场机遇。然而，当市场前景不容乐观时，公司应当确保资产的安全性和现金流的稳定性，并在筹集资金时优先考虑使用短期债务。

公司的融资风险管理措施与其采用的融资战略紧密相连，不同的经济环境和融资战略将决定企业采取何种融资风险管理技术。因此，企业在制定融资风险管理策略时，需综合考虑外部经济环境和内部融资需求，以实现风险的有效控制。

思考与练习

1. 国际直接投资风险的基本含义是什么?
2. 国际直接投资面临的主要风险类型有哪些?请结合实际案例说明。
3. 在投资决策中,如何有效识别不同类型的风险?
4. 国际直接投资风险的评估步骤有哪些?如何结合定量与定性方法进行分析?
5. 跨国企业在风险防范中应如何制定整体策略?
6. 针对不同类型的风险,企业应采取哪些差异化管理措施?请举例说明。

第十三章　国际间接投资监管

学习目标

1. 了解国际证券市场监管的基本框架及证监会的组织与职能。
2. 掌握国际证券市场的监管内容与全球监管机制。
3. 分析国际证券市场监管面临的主要挑战及全球化影响。
4. 理解金融衍生工具的概念及其对市场稳定的影响。
5. 掌握金融衍生工具市场的监管策略及系统性风险管理。
6. 了解中国境外间接投资监管体系及其政策动态与未来趋势。

国际间接投资是指在国际证券市场上通过购买外国企业发行的股票和外国企业或政府发行的债券等有价证券，来获取利息或红利的投资行为。国际间接投资以取得一定的收益为目的，一般不存在对企业经营管理权的取得问题，即使是在对股权证券进行投资的情况下，也不构成对企业经营管理的有效控制。相对于国际直接投资来说，它的流动性较大，风险较小，需要关注的方面较少。

国际间接投资必须通过证券交易所才能进行投资。其中就涉及监管问题。国际间接投资涉及跨国资金流动，可能带来一定的金融风险，因此要确保资金的安全和稳定。一些国有企业投资时也需要防止国有资产被恶意转移或隐匿利润，确保国有资产的安全和增值，同时也有助于维护国际金融市场的稳定和健康发展。

第一节 国际证券市场监管

证券市场监管是指证券管理机关运用法律的、经济的以及必要的行政手段，对证券的募集、发行、交易等行为以及证券投资中介机构的行为进行监督与管理。证券监管是以明确证券监管的目的为基础，通过维持公平、公正、公开的市场秩序来保护证券市场参与者合法权益的工作，并以此促进证券行业的不断发展。

一、证监会组织

（一）国际证监会组织

国际证监会组织（International Organization of Securities Commissions，IOSCO）也称证券委员会国际组织，国际间各证券暨期货管理机构所组成的国际合作组织。其总部设在西班牙马德里市，中国证监会于 1995 年加入该组织，成为其正式会员。

该组织的宗旨是通过交流信息，促进全球证券市场的健康发展；各成员组织协同制定共同的准则，建立国际证券业的有效监管机制，以保证证券市场的公正有效；并共同遏制跨国不法交易，促进交易安全。其目的一是在制定、实施和促进遵守国际公认且一致的法规，监督和执行标准方面进行合作，以保护投资者，维持公平、高效和透明的市场，并寻求应对系统性风险；二是通过加强信息交流与合作，加强对不当行为的执法以及对市场和市场中介机构的监督，增强投资者的保护，增强投资者对证券市场诚信的信心；三是在全球和区域层面就各自的经验交流信息，以协助市场发展，加强市场基础设施和实施适当的监管。

（二）中国证券监督管理委员会

中国证券监督管理委员会（CSRC）主要职能是监管证券市场、保护投资者合法权益、制定法规政策、审批与监管、监督企业信息披露和防范金融风险。近年来为了更加严格地监管，我国进行了注册制改革、增加投资者保护以及科技监管，即运用大数据和人工智能技术提高监管能力，针对市场动态进行实时监控。中国证券监督管理委员会在推动我国证券市场健康发展、维护市场秩序、保护投资者权益方面发挥着关键作用。随着市场的不断发展与全球化的深入，CSRC 也在不断适应新的挑战与机遇。

二、国际证券市场监管

（一）公司层面监管

国际证券市场监管包括市场准入、运作以及市场退出等方面的监管。首先，在市场准入方面的主要内容包括以下几个方面：注册要求；合格投资者标准；透明度和信息披露；市场行为监管；跨境证券交易的监管；法规和标准的一致性。其次，市场退出方面涉及的主要内容包括以下几个方面：退市制度、透明的信息披露要求、保护投资者权益、清算和破产程序、跨境退市问题、反欺诈和操纵市场的监管以及监管机构的角色。除此之外，由于这里讨论的是国际间接投资监管，因此对市场准入与退出方面不多加阐述。国际证券市场监管在公司运营中发挥着重要作用，具体体现在以下几个方面：

1. 信息披露与透明度提升

监管机构要求上市公司定期披露财务报表、经营状况、业务战略及其他重大信息，确保信息的透明性。这一强制信息披露制度，不仅让投资者基于充分信息作出决策，还提升了市场整体透明度，促进了市场的有效运作。此外，ESG 信息披露越来越重要，监管机构正推动企业披露 ESG 相关信息，鼓励其采取可持续经营模式。这种信息透明度的提升，不仅有助于企业长期价值的创造，也推动了社会的整体可持续发展。

2. 投资者保护与市场秩序维护

为保护投资者合法权益，国际监管机构制定了一系列措施，包括设立投资者赔偿基金、实施严格的信息披露规则、禁止市场操纵和内幕交易等。这些措施帮助建立投资者信心，维护市场公平性。同时，监管机构通过先进的监控系统实时监测市场交易，以识别和打击市场操纵、欺诈及其他不当行为，从而保障市场的公正和秩序。

3. 金融稳定性支持

监管机构通过持续监测金融市场，评估并防范系统性风险，确保金融市场的稳定运作。这种监控包括对金融产品创新、金融机构资本充足率、市场流动性等方面的监督，以防止系统性风险的产生，维持金融市场的健康发展。

4. 国际合作与跨境监管协调

在全球化的背景下，国际证券市场监管机构通过建立双边和多边合作协议，加强监管政策和法规的协调，提升跨境监管效率，共同应对跨国金融风险和挑战。这种国际合作不仅提升了监管效率，也进一步保障了金融市场的稳定性和安全性。

总之，国际证券市场监管为公司运营构建了一个坚实的结构性框架，这一框架不仅确保了市场的公正性与透明度，而且为投资者权益的保护提供了坚实的保障。同时，它也推动了公司治理向更高标准迈进，促进了最佳实践的应用。通过这一系列综合性措施，监管机构不仅为全球金融市场的健康发展注入了稳定性，还增强了市场参与者的信心，促进了资本的有效流动和资源配置的优化。在这个过程中，监管机构扮演着守护者、引导者和协调者的角色，确保了金融市场在全球经济中的核心地位，为持续的经济增长和繁荣奠定了坚实的基础。

（二）投资者层面监管

1. 投资者适当性

投资顾问和基金管理公司在提供服务时，有责任确保所推荐的投资产品与投资者的风险承受能力、投资目标和财务状况相匹配。监管机构通过对适当性原则的严格执行和定期审查，旨在减少投资者因投资不适当产品而可能遭受的损失。这包括对投资者进行分类，根据其经验和知识水平提供不同的投资产品，以及确保投资者充分理解投资风险。

2. 反洗钱及合规性

在国际证券市场中，反洗钱（AML）和了解你的客户（KYC）法规是防止金融犯罪的重要工具。监管机构要求投资公司不仅要在建立客户关系时进行尽职调查，还要持续监控交易活动，以识别可疑行为。这包括验证客户的身份、资金来源、投资目的，以及监测和报告异常交易。

3. 投资总额限制

为了维护市场稳定和防止资本流动的剧烈波动，一些国家会对外资流入施加限制。这些限制可能涉及对单一投资者或总体外资投资的总额和比例进行监管，以确保国内市场的健康发展，避免过度依赖外部资金或潜在的资本外流风险。

4. 市场操纵防范

监管机构通过先进的监控技术和数据分析工具，密切监控市场活动，以识别和预防市场操纵、内幕交易和其他不当交易行为。这些措施旨在保护市场的完整性和公平性，防止个别投资者或团体通过不正当手段影响市场价格，从而保护其他投资者的利益，避免市场动荡和经济危机的发生。此外，监管机构还会与其他国家的监管机构合作，共同打击跨境市场操纵行为。

三、国际证券市场监管面临的挑战

随着全球市场的高度互联，跨境交易日益频繁，给监管带来了诸多挑战：

（一）法律与法规差异

在全球市场高度互联的今天，不同国家和地区的金融法规、合规要求以及市场实践存在显著差异，这为国际证券市场的监管带来了重大挑战。金融机构在进行跨境交易时，必须面对可能的法律冲突、合规成本增加以及监管不确定性等问题。这些差异不仅增加了金融机构的运营难度，也可能导致监管机构在执行职责时遇到重重障碍。

（二）信息共享不足

在全球化的金融市场中，信息共享的不足成为监管机构面临的一大难题。由于数据和信息共享的障碍，各国监管机构在识别和应对潜在风险及异常交易活动时往往不够及时。这种信息共享的不足可能导致监管盲点的出现，增加协调不同国家监管机构的难度，同时也带来了技术上的挑战，影响了监管效率。

（三）监管套利

跨境交易中的监管套利现象对国际证券市场的监管构成了严峻挑战。金融机构可能会选择在监管较宽松的地区进行交易，以规避更为严格的监管要求，这种行为不仅破坏了市场的公平性，而且削弱了监管机构的权威和效力。长期来看，监管套利可能导致系统性风险的积累，对整个金融体系的稳定性构成威胁。

（四）市场操纵与洗钱风险

随着跨境交易的增多，市场操纵和洗钱活动的隐蔽性增强，给国际证券市场的监管带来了新的挑战。犯罪分子利用不同国家监管体系的薄弱环节进行操作，使这些非法活动更难以识别和追踪。此外，打击这些跨境非法活动需要国际间的紧密合作，但现实中监管机构之间的合作机制往往不够完善，加之金融科技的发展，使监管技术面临更大的挑战。

四、国际证券市场监管的发展

随着科技的迅速发展，证券市场监管的手段愈发新颖与高效，极大提升了监管工作的质量。但同时更加全面地监管也会随之增加工作量。以下是科技对监管影响的几个重要方面。

（一）电子交易与监管的适应

电子交易平台的兴起极大地改变了证券市场的运作方式，提升了交易速度和效率，同时也增加了监管的复杂性。监管机构必须适应这种变化，采用电子监管工具来监控在线交易行为，确保市场公平和透明。这包括对算法交易、高频交易等新兴交易模式的监管，以及确保交易系统的安全性和稳定性。

（二）区块链技术与加密资产监管

区块链技术为证券市场带来了新机遇与挑战。通过去中心化和不可篡改的特性，区块链提高了交易记录的透明度和安全性，有效防范了黑客攻击和欺诈风险。与此同时，监管机构正在探索如何有效管理基于区块链的加密资产，这包括制定相应的法律法规，以确保这些新型资产不被用于非法交易或作为洗钱的工具。

（三）人工智能在市场监测中的应用

人工智能在国际证券市场监管中的应用显著提升了监管效率和质量。AI 技术能够实时处理和分析海量金融数据，帮助监管机构动态监测市场，及时识别异常交易行为及潜在风险。此外，AI 通过分析历史数据和模式识别，对金融机构的风险状况进行评估并预测潜在危机。AI 技术还优化了合规审计流程，通过自动化处理历史交易记录和合规检查，提高了审计效率和准确性，并在客户身份验证与反洗钱方面发挥了重要作用，增强了识别和防范金融犯罪的能力。

科技进步使监管更加全面、高效和透明，为国际证券市场监管带来了巨大的便利。然而，科技的迅速发展也带来了新的挑战，监管机构需要不断更新监管工具和方法，以适应快速变化的市场环境。同时，监管人员应当持续学习和培训，以便更好地理解和应用新技术，平衡技术带来的风险与机遇，确保监管体系的有效性和适应性。

第二节　金融衍生工具市场监管

近 30 年来的金融危机表明金融衍生品（derivative financial instruments）是金融危机时期金融业最重要的创新之一。基于风险管理的需要，人们使用风险转移、风险对冲以及风险组合的技术和手段，将财富和风险从交易的一方转移到另一方。在经济良好的时期，金融机构的衍生品交易通过将金融风险从不愿意承担的一方转移到愿意承担的一方而间接地创造了丰厚的利益，金融衍生品也一度成为发展最快的金融产品。但金融衍生品也会带来巨大的困境成本，特别是在逆周期时，它变成了一个扩散和放大系统性风险的重要助推器。近 30 年的金融危机中有一半起源于与衍生品交易密切相关的风险事件。

一、金融衍生品

国际互换和衍生品协会（International Swaps and Derivatives Association，ISDA）将金融衍生品描述为“旨在为交易者转移风险的双边合约”。合约到期时，交易者所持对方的金额由基础商品、证券或指数的价格决定。它是在原生金融产品（如商品、债券、股票、利率、外汇等即期交易产品）基础上派生出来的，其价格决定于原生金融产品的价格。金融衍生品和基础金融产品一样，可以为投资者提供流动性转换和期限转换。

金融衍生工具是一种基于基础金融工具的金融合约，其价值取决于一种或多种基础资产或指数。金融衍生品包括远期合约、期货、掉期（互换）和期权等基本种类，以及具有这些特征之一的混合金融工具。这些工具建立在基础产品或基础变量之上，其价格随基础金融产品的价格（或数值）变动。基础产品可以是现货金融产品（如债券、股票、银行定期存款单等），也包括利率、汇率、各类价格指数甚至天气（温度）指数等变量。它也具有杠杆效应与灵活性，允许投资者用较小的资本控制较大的资产，放大收益和损失以及进行定制，以满足特定的风险管理需求或投资策略。金融衍生工具可以根据不同的标准进行分类，以下是一些常见的分类方式：

（一）按交易方式分类

（1）场外交易衍生工具：亦称 OTC（Over - The - Counter）衍生工具，是指那些不在集中交易所进行买卖的金融合约。这些衍生工具在场外市场中进行交易，其设计灵活多变，旨在满足客户特定的风险管理需求。交易双方会根据具体情况协商确定产品的风险管理和定价条款。尽管这种定制化的交易方式能够提供个性化的服务，但它也存在一定的缺点，即市场透明度较低。场外交易衍生工具的典型例子包括为客户量身定制的期权合约和掉期交易。

（2）交易所交易衍生工具：这些衍生工具在必须在交易所进行竞价交易，交易参与者需缴纳保证金，并承担相应的清算及履约担保责任。交易所提供的交易环境标准化程度高，信息透明，市场流动性良好，因此吸引了大量交易者。例如，常见的期货合约和部分期权合约便属于此类工具。由于交易规模庞大，市场竞争激烈，交易所交易衍生工具的交易成本相对较低，这进一步增强了其吸引力。

（二）按交易类型分类

（1）期货合约（Futures）：期货合约是指合约双方在期货交易所指定的办理交割的某种标准化商品或金融产品的合约。期货合约交易是在有形的交易所里进行的，是集中交易，具有流动性较强和透明度较高的特点。

（2）期权合约（Option）：期权合约是指卖方在收取期权费的条件下，赋予买方一项权利，即可以按照合约规定的期限和价格买进或卖出一定资产的权利，而卖方只承担按合约规定卖出或买进一定资产的义务，不享有权利。期权根据买入者的权利不同，可分为买权（看涨期权）和卖权（看跌期权）。

（3）掉期合约（Swap）：掉期合约是指在进行一笔外汇交易的同时，进行另一笔币种相同、金额相同，而方向相反、交割期限不同的交易。根据第一笔交易的交割时间，掉期可分为即期对远期和远期对远期。即期对远期（spot against forward）是指买入或卖出一笔现汇的同时，卖出或买进一笔期汇。远期对远期（forward to forward）是指交易者在买入或卖出一笔期汇的同时，卖出或买进另一笔交割时间不同的期汇。在远期对远期的掉期交易中，时间相对较近的远期又可称作近期，由此形成近期对远期的掉期。

（4）远期合约（Forward）：远期合约是指交易双方按照事先约定的汇率，在未来某一确定的日期交割一定数量的某种货币的外汇交易。远期合约中的合同金额、到期时间、约定汇率等都可以由签约双方协商决定，因此具备较高的灵活性。但也因其自身具有的“个性”，或者说非标准化的特点，使其流动性较差，合约无法终止，在市场上难以转手。远期合约的非标准化特点，使远期外汇交易一般采用场外交易方式。

（三）按基础资产类别分类

（1）股票衍生工具：这类衍生工具以股票作为其基础资产，涵盖了股票期权、股票指数期货等产品。它们通常被投资者用于股票市场的风险对冲或达到投机目的，以管理或利用股票价格波动带来的风险。

（2）债务衍生工具：基于债券或利率的衍生工具，如利率掉期和信用违约互换（CDS）。这些工具允许参与者对债务相关的风险进行管理和转移。

（3）商品衍生工具：以实物商品（如黄金、石油、农产品等）为基础资产的衍生工具。商品期货合约是其中的一种，它们为市场参与者提供了一种对冲商品价格波动风险的机制。

（4）外汇衍生工具：以外汇为基础资产的衍生工具，包括外汇期权和外汇掉期等。这些工具帮助企业和投资者管理货币兑换风险。

（四）按风险特征分类

（1）线性衍生工具：线性衍生工具的价值与基础资产价格之间呈线性关系，典型的线性衍生工具包括期货合约和掉期合约，它们为投资者提供了直接的价格风险敞口，适用于那些希望直接跟踪基础资产价格变动的投资者。

（2）非线性衍生工具：与线性衍生工具不同，非线性衍生工具的价值与基础资产价格之间的关系是非线性的。期权合约是此类衍生工具的典型代表，它们提供了非对称的风险收益结构，适合于那些希望实现特定风险管理和收益目标的投资者。

二、金融衍生工具的系统性风险

金融衍生工具通常也存在着系统性风险。系统性风险是指影响整个市场或市场一部分的风险，通常无法通过分散投资来消除。这种风险来源于经济、政治环境的变化、市场情绪、利率变化等。以 2008 年金融危机为例，许多衍生工具（如抵押贷款支持的证券和信用违约互换）因基础资产（如房地产市场）的崩溃而贬值，导致全球金融市场遭受严重冲击。

在正常情况下，衍生工具的对冲策略是相对有效的，尤其是在没有交易对手风险或风险几乎小到可以忽略不计，以及风险溢价的变化在一定范围内时。然而，在交易对手风险突然上升的情况下，不同资产的风险溢价关系将被打破，对冲策略就会失衡、无效，甚至可能导致巨大损失。

在金融体系中，交易对手之间风险的相关性和依赖性往往体现为系统性风险。例如，由于资金来源紧张而造成资产负债表的恶化，或因资金运用上的配置不当而造成的亏损等一些冲突事件迅速反映到交易对手的价值评估上，可能导致资产贬值或信用评级下调，这就会引起债权人的恐慌，进而引起挤兑或催债行为，这将会更进一步地紧缩交易对手的流动性，引起交易对手的债务重组或破产。金融市场的动荡和交易对手的重组、破产，或者评级公司对参考实体的信用降级，会加剧市场恐慌，使金融产品价格进一步下跌，风险在交易对手之间迅速传递。这种恶性的正反馈循环，会使金融机构恐慌加剧，从而加速系统性风险到系统性危机的演变，体现了系统性风险的直接传染和间接传染特征。

三、金融衍生品的监管

在近年全球金融危机的背景下，场外交易金融衍生品市场结构方面的缺陷被显著揭露，这些缺陷极易导致系统性风险。此外，复杂的金融衍生产品缺乏金融基本产品的透明度，且偏离了金融中介服务于实体经济的初衷。针对金融衍生品的管理，应该重点考虑这三个方面：

第一，金融衍生品的规模和集中度。回顾信用衍生品的发展历程，它最初的产生是为了对冲风险，减少投资的损失与成本。但是随着市场的发展，全球场外交易市场规模膨胀，金融机构持有的巨额信用衍生品所带来的信用风险，以及交易的高度集中性，对全球金融体系的整体稳定性构成了严重威胁。特别是在交易的后期，交易愈发集中于少数大型金融机构，在一定程度上形成了一个在金融体制内部的自我循环与套利机制。一旦发生了完全垄断，这种机制不仅可能导致衍生品沦为纯粹的投机工具，加剧风险，还可能大幅提高杠杆率，风险不但没有得到对冲或控制，反而成为系统性风险的助推器，从而阻碍经济的高质量健康发展，并沦为资本家追逐利润的手段。

第二，信用衍生品伴随的过度杠杆效应。信用衍生品作为一种金融创新工具，其本质是通过转移信用风险来保护投资者免受违约损失。然而，由于信用衍生品对初始现金流的需求相对较低，使投资者能够以较低的资本投入控制较大规模的资产，从而产生较高的杠杆率。这种杠杆效应在一定程度上放大了投资者的风险承受能力，但同时也带来了潜在的系统性风险。

第三，场外衍生工具交易的信用风险问题。场外衍生工具交易不可避免地伴随交易对手信用风险，交易活动将机构、市场和基础设施紧密地联系在一起，一旦三方中的任何一方发生风险事件，都有可能导致某一方以激烈的方式降低承担的风险，从而导致市场的流动性迅速降低，形成系统性风险。目前金融监管改革的重要任务之一就是对金融衍生产品的监管，特别是对场外交易的信用衍生品的治理，以提升该市场的透明度和监管有效性。

2009 年二十国集团峰会达成共识，确立场外衍生交易监管框架的基调是“从场外走向场内”，提出所有标准化的场外衍生品合约应当通过交易所交易，并最迟在 2012 年底之前通过中央对手方进行集中清算。2010 年 6 月通过的《二十国集团多伦多峰会宣言》重申致力于根据情况在交易所或电子交易平台进行所有标准化场外衍生品合约的交易。支付结算体系委员会和国际证监会组织 2010 年 5 月发布的《关于实施“2004 年场外衍生品中央对手方建议”的指引》，美国 2010 年 7 月通过的《多德—弗兰克华尔街改革与消费者保护法案》，以及欧盟委员会 2010 年 9 月公布的《场外衍生交易监管规章建议稿》等均达成了上述共识。

在多伦多峰会上金融稳定理事会也承诺，加速对场外的监管，改进透明度和有效性。于 2010 年 10 月正式提出了《场外衍生品市场改革的措施》主要包括了以下四个方面：(1) 标准化措施。为了促进场外衍生品市场的健康发展，措施强调了在场外市场中逐步扩大标准化合约的应用范围。这一策略的目的在于，通过标准化合约的推广，增强市场透明度，降低交易复杂性，从而更好地满足 G20 国家对于金融市场监管改革的要求。标准化的合约有助于提高市场参与者的交易效率，降低交易成本，并为监管机构提供更为有效的监管手段。（2）中央结算系统的建立和完善。为了切实履行 G20 国家的承诺，措施提出了强制性的中央结算要求。对于那些尚未采用中央结算系统的市场，将实施更为严格的风险管理措施。同时，加强对中央交易对手方（Central Counterparty，CCP）的监管，确保其能够有效承担起降低系统性风险、维护金融市场稳定的职责。（3）在交易所或者电子交易平台交易。G20 承诺所有标准化产品都将在交易所或者合适的电子交易平台交易。为此，相关准备工作已经全面展开，包括交易平台的建设、交易规则的制定以及交易技术的升级，以确保衍生品交易的公开、公平、公正。（4）交易存储报告制度的实施。为了确保监管当局能够全面、及时地获取场外衍生品市场的交易数据，措施提出了建立交易存储报告制度。这一制度要求市场参与者向监管当局报告其场外衍生品交易的相关信息，从而为监管当局提供一个全球范围内的视角，以便更好地监控市场动态，防范系统性风险。

国际金融衍生品的监管是一个复杂且持续演变的过程，涉及多方利益和市场动态。为了有效管理衍生品市场的风险，确保市场的透明度和稳定性，各国需要通力合作，完善监管框架，促进信息共享。同时，适应性监管政策的建立也至关重要，以便在应对未来市场变化和新兴技术时保持灵活性。这将有助于实现更加稳健和透明的市场环境，保护投资者的利益，并增强金融体系的整体稳定性。

第三节　中国对境外间接投资监管

一、政策背景

经济全球化加速，跨国投资活动日益频繁，企业纷纷寻求全球资源配置和市场拓展。随着中国经济的快速发展和市场规模的扩大，中国企业“走出去”的需求也会随之增多，越来越多的企业选择国际化，以获得更高收益和分散风险。但是大量投资质量良莠不齐、鱼龙混杂，需要国家对其进行监管，以维护国家经济安全、政治安全和社会稳定，也可以防范金融风险，避免资金外流造成的金融系统的不确定性和不稳定性。强化监管不仅可以防止不规范的高风险投资行为，维护投资者的合法权益，还能维护投资市场的公正性与秩序。此外，国家通过政策和法规引导境外投资向符合国家战略和社会发展的领域倾斜，如高科技和绿色投资，这不仅有助于优化投资结构，还能促进资金向国家重点扶持的行业集聚。

《境外投资管理办法》是中国政府为规范和促进境外投资而制定的法规文件。该办法的主要内容包括以下几个方面，如表13－1所示。

表13－1 《境外投资管理办法》的主要内容

类别	内容
目的和原则	旨在规范境外投资行为，促进企业"走出去"，增强国际竞争力，同时加强风险防范
投资主体	确定境外投资的主体为中国境内的法人和其他经济组织，明确其境外投资的资格和条件
风险管理	强调对境外投资的风险评估、信息披露及后期管理，要求投资主体加强对境外投资项目的全程监控和管理，以确保投资的安全性和合规性

二、相关部门及其职能

（一）商务部

商务部承担着制定并执行国内外贸易、外资、外贸发展政策和法规的重要职责，旨在推动经济的开放与发展。该部门负责审核外商在中国的投资项目，管理外商投资企业的设立和变更，保障外商投资的合法权益。同时，商务部还负责中国企业境外投资政策的制定与实施，审核重大境外投资项目，并监管境外投资的合规性。此外，商务部还监测市场动态，协调行业发展，维护市场公平竞争，保护消费者和企业的合法权益，以促进整体经济的稳定增长。

（二）国家外汇管理局

国家外汇管理局（SAFE）负责制定和实施外汇管理政策、法规和标准，促进外汇市场的健康发展。该机构监管外汇交易市场，维护外汇市场秩序和稳定，确保外汇资金的合法流动，同时还监测并统计国家的国际收支情况，分析外汇市场的变化，评估外汇政策的影响。此外，管理局管理国家外汇储备，保障外汇的安全性、流动性和收益性，以维护国家金融安全。SAFE还负责审核汇出的外汇资金，办理外汇登记、备案等手续，确保资金流动的合规性。

（三）国家发展和改革委员会

国家发展和改革委员会（简称"发改委"）肩负着制定国家经济和社会发展战略、计划及政策的重要任务，旨在推动经济持续健康发展。发改委还负责境外投资的宏观计划和政策指导，审核重大投资项目，推动对外经济关系的发展。通过这些职能，发改委在确保国家经济稳定增长和对外经济合作方面发挥着关键作用。

三、行业的国家限制与保护

在全球化经济格局中，国家对特定行业的境外投资实施了一系列限制措施，其核心目的是保护国家的安全、经济利益以及社会稳定。以下几类行业尤为受到关注，如表 13 – 2 所示。

表 13 – 2　　受到关注的行业类型

序号	行业
1	军工及国防科技领域
2	在某些国家或地区资源开采业（如石油、矿产等）
3	文化、娱乐及新闻传媒行业
4	重大基础设施项目（如电网、通信设施等）
5	金融服务行业（如银行、保险等）、高技术产业的核心环节

上述行业中，以文化、娱乐及新闻传媒行业为例，其对国家的意识形态和社会稳定具有重要影响。因此，保护国家文化和价值观念，防止外来文化的入侵，对本土文化的保护及传承具有至关重要的意义。以“韩流”现象为例，其流行可能使年轻人在一定程度上认同并模仿对方的文化，这不仅不利于本国文化传播和文化自信的建立，还可能引发文化冲突或文化异化。在全球化的背景下，中国特别强调保护和发展本国文化及其企业，以此维护国家的和平与社会稳定，并在一定程度上防止外国不良文化对本国年轻人的潜在侵害。这一政策取向体现了国家对文化主权和文化安全的重视，以及对文化软实力在国际竞争中作用的认识。通过这种审慎的境外投资监管策略，中国旨在构建一个既能吸收外来文化精华，又能有效维护本土文化特色和价值观的和谐文化生态环境。

四、中国对境外投资风险管理

尽管间接投资的风险相对于直接风险较低，但有效规避风险，减少利益损失仍然是不可或缺的。对于中国的境外投资活动，风险管理与合规性至关重要，主要体现在以下两个方面：

（一）投资风险评估机制

（1）市场调研与分析。在投资决策前需进行详尽的市场调研，分析目标市场的经济、政治、法律等环境，评估潜在的风险和收益。前文有提及不同评估风险的方式，间接投资亦可借鉴直接投资的风险评估方式，此处不再赘述。

（2）财务风险评估。对目标公司的财务状况进行评估，包括资产负债表、现金流情况、盈利能力等关键财务指标，以确定投资的风险水平。同时，尽可能通过不同手段了解全面的信息，防止由于外国企业某方面隐瞒等造成信息不对称而导致的经济损失。一旦目标公司财务状况不佳或缺少现金流，应减少或放弃相应的投资，以规避潜在损失。

（3）政治风险评估。关注可能影响投资的政策变动、政治稳定性等因素，以判断投资的长期可行性。

（二）国家安全审查程序

（1）审查机构。中国的国家安全审查由国家发展改革委、商务部等相关部门负责，确保境外投资项目不构成对国家安全的威胁。

（2）审查内容。审查的重点包括投资是否涉及敏感技术、国家安全、公共利益等方面，以及评估其可能带来的风险。

（3）审查流程。投资企业须提前申报，并提供相关材料。审查部门将根据国家法律法规进行审核，并在必要时要求补充材料或开展其他相关调查。具体的审查流程将在后续章节详细阐述。

（4）结果反馈。审查结果分为准许、附条件准许或不准许，企业需根据审查结果调整其投资策略。

五、中国境外间接投资监管的政策动态

（一）新法规和政策的更新动态

2020 年《外国投资法》的实施：该法律的落地，显著提升了我国对境外间接投资的规范性管理。其适用范围得到扩展，涵盖了更为广泛的投资领域，为我国企业“走出去”提供了更加坚实的法律保障。2021 年外商投资准入负面清单的更新：我国对外商投资准入负面清单进行了调整，明确了境外投资的限制和禁止领域，进一步优化了外资企业的投资环境，确保了投资活动的合规性。2022 年境外投资管理办法的出台：此办法对境外投资的

审批和备案流程进行了更为细致的规范，提高了管理效率，同时优化了相关服务，为企业境外投资提供了更为便捷的通道。2023 年政策调整：我国政策进一步加大对绿色投资和高科技领域的支持力度，鼓励企业开展符合国家发展战略的境外投资。此举旨在推动我国企业积极参与全球可持续发展和高科技项目，提升我国在国际投资领域的影响力。

（二）政策变化对企业境外间接投资的影响

（1）合规成本上升与风险降低：企业在进行境外投资时，将面临更为复杂的审批和备案流程，这无疑增加了企业的运营成本和时间投入。然而，这种规范的程序设计有助于降低投资风险，减少因信息不对称导致的潜在损失，从而保障了企业的稳健发展。

（2）投资策略的重新定位：企业需重新审视和评估其投资方向，以避免涉足受限制的行业。国家对于行业限制和支持的明确，为企业提供了政策导向和经济趋势的信号。企业应顺应国家政策，优先考虑投资于国家重点支持和鼓励的行业。

（3）外汇管理政策的收紧：外汇管理政策的严格化可能会对企业的资金流动性造成影响，进而影响投资决策。企业需应对更高的外汇储备和现金流要求，保持适当的流动性，以防止因过高杠杆率而引发的经营风险。

（三）企业应对政策变化的策略

（1）加强合规管理：企业应建立专门的合规团队或聘请专业咨询机构，确保对最新法规的准确理解和遵守，获得最大化利润的同时，确保投资活动的合法性。

（2）实施多元化投资策略：企业应积极探索新兴市场和符合国家政策导向的投资机会以分散风险。传统行业的饱和状态和高投资资金竞争，可能降低资金的使用效率。相反，投资于新兴市场或国家支持行业，有望在行业成长中获得更高的回报。

（3）优化资本结构：企业应灵活运用多种投资方式和融资渠道，以适应外汇管理的新规定。在面对投资金额限制时，企业可通过组合不同规模的投资项目来应对。多样化的融资方式有助于规避单一途径可能带来的风险，减少潜在的损失。

综上所述，企业通过及时掌握和适应政策变化，能够更有效地把握境外间接投资机遇，同时有效降低投资风险。

六、中国境外间接投资监管的趋势

（一）监管政策的收紧

随着国际经济形势的变化，特别是地缘政治的影响，预计中国的监管政策将更加严格，以保护国家利益与安全。未来将会出台更明确的法律法规，对不同类型境外投资的监管要求进行细化。同时，将增强信息披露的要求，有望建立境外投资项目的数据库，以便于政府更有效地对境外投资行为进行监测和评估。

（二）监管的数字化和智能化

未来，监管机制将会借助大数据和人工智能技术，通过人工智能算法对投资项目进行实时风险评估，及时识别潜在风险点和合规问题，洞察市场动态，从而提升审核的效率。这也将显著增强对境外投资的审核和监测能力，实现更加高效和精准的监管。企业需适应这一趋势，利用现代信息技术提升自身的合规管理水平，确保境外投资的安全性与合法性。

（三）加强国际监管合作

面对全球化和跨国投资的复杂挑战，中国预计将加强与全球各国的监管合作，建立国际信息共享平台，促进境外投资监管领域的交流与合作，从而提升整体的监管效能，推动信息共享与政策协调。

（四）重视可持续投资监管

未来的监管将更加注重环境、社会和治理（ESG）标准，激励企业在境外投资活动中遵循可持续发展目标，推动形成更加负责任和可持续的国际投资格局。

思考与练习

1. 证监会的主要职能是什么？如何影响国际证券市场的稳定？
2. 国际证券市场的监管机制有哪些？
3. 金融衍生品如何影响市场稳定性？应如何管理其系统性风险？
4. 如何进一步完善金融衍生工具的监管体系？
5. 简述我国境外间接投资的监管机构及其职能。
6. 论述中国境外间接投资监管政策的发展趋势及未来可能的调整方向。

第十四章　中国的国际投资实践

学习目标

1. 了解中国外资利用与对外投资的总体情况。
2. 掌握中国外商直接投资的方式及其特点。
3. 理解中国对外借款的特征及管理方式。
4. 掌握中国对外直接投资的概况与特点。
5. 阐述中国利用外资与对外投资的经济影响。
6. 了解中国利用外资与对外投资的政策支持措施。

第一节　中国利用投资实践

一、中国利用外资概况

自 1978 年改革开放以来，在政府政策的大力支持下，中国对外开放的进程不断加快，利用外资逐步成为推动经济增长、优化产业结构和促进技术进步等方面的关键手段。随着经济的不断发展，中国利用外资的方式和规模逐渐多样化。外商直接投资作为传统的利用外资方式，在资本引入、技术转移、管理升级等方面取得了显著成效；而对外借款等方式则也被广泛使用，成为间接利用外资的有效手段。多元化的利用外资方式为中国提供了更多资本支持渠道，推动了经济的高质量发展。

中国利用外商投资的发展大致经历了两个主要阶段：一是中华人民共和国成立初期，时间较短；二是 1978 年改革开放以后至今，已持续了 40 多年。在新中国成立初期，中国利用外商直接投资的规模和数量极为有限。1950 年和 1951 年，中国分别与苏联、波兰共同投资创办了 5 家合营企业，这是新中国成立后建立的首批中外合资企业。然而，从 20 世纪 50 年代中后期到 1978 年，由于国际关系紧张和国内政策导向的影响，中国的外资利用进入了停滞阶段。1978 年党的十一届三中全会后，随着改革开放政策的实施，中国利用外资进入了一个全新的发展时期，逐步放宽对外资的限制，并通过设立经济特区、开放沿海城市等政策，吸引外资加快经济建设进程。从 1979—2023 年，中国在吸引外商投资方面已走过 40 多年的历程，外资在推动经济增长、促进产业升级、扩大就业等方面发挥了重要作用，成为中国经济增长的关键驱动力之一。因此，改革开放以来中国利用外资的历程，成为观察中国经济转型与发展的重要视角，以下内容将详细探讨这一阶段的主要发展过程。

（一）第一阶段（1979—1991 年）

党的十一届三中全会以来，中国政府将对外开放确立为基本国策，其宗旨是：积极发展对外经济技术合作、交流和贸易往来，吸收利用国外资金和先进技术，发展生产力，加速我国社会主义现代化建设进程，鼓励外商投资成为中国对外开放政策的重要组成部分。自此，中国利用外资开始进入一个重新起步阶段。

1979 年第一家中外合资企业——北京航空食品有限公司的诞生，开辟了中国利用外资的新纪元。最初几年，外商直接投资的规模十分有限。每年批准的项目仅有 300 多个，年均实际投资金额不到 6 亿美元。随着改革开放政策的实行，由原来不欢迎外资和禁止外资进入，到开始引进港澳台侨资，再到引进欧美日韩投资；外资地区布局也从最初的深圳经济特区、东部沿海城市逐渐扩大到中西部地区，沿海地区吸收外资占 90% 以上。因此，我国利用外资规模逐年扩大，增势迅猛。1979—1991 年，我国累计实际利用外资 796. 28 亿美元，年均利用外资 61. 25 亿美元，其中对外借款 433. 39 亿美元，占 54. 4%，外商直接投资 233. 48 亿美元，占 29. 3%，外商其他投资额 35. 37 亿美元，占 4. 4%，该阶段对外借款成为我国利用外资的主要形式。

外商直接投资进入方式以在沿海地区成立外向型合资、合作企业为主。出于技术学习和保护国内幼稚产业的目的，合资合作是中国引进外资的优先选择，同时新进入的外资企业对中国制度环境不熟悉，也需要与中国本土企业合作才能更快适应中国转型中的经济体制。引进外资的目标也在不断调整，最早引资是为了弥补资金缺口和促进出口，后来是推动产业升级和技术进步。

由于这一时期我国实行了改革开放的政策，国际关系得到了全面的发展，同时我国的投资环境也较以前有了大幅度的改善，我国对外资的吸引力大大增强，利用外资上了一个台阶。

（二）第二阶段（1992—2001年）

1992年，邓小平南方讲话进一步明确了改革开放的重要性，并提出加快对外开放步伐，使外商投资成为推动中国经济现代化的关键力量。在这一阶段，中国出台了《外商投资产业指导目录》以及《关于进一步扩大对外开放，提高利用外资水平的若干意见》等文件，对外资引入政策进行系统化调整和优化。数据显示，1992—1994年，中国新批准的外商投资企业数从4.8万户增加到8.3万户，投资企业数和规模显著提升。1994年以后，中国逐渐成为发展中国家和地区中吸引外资最多的国家之一，外资投资领域也逐步从出口加工型的制造业扩展到服务业等高附加值领域。

在这一阶段，中国平均每年实际使用外资达到447.9亿美元，外资总额呈现逐年增长趋势，截至2000年，实际使用外资总量增至593.6亿美元。2001年12月11日，中国正式加入世界贸易组织（WTO），这标志着中国进一步融入全球市场经济，并开启了更大力度的市场开放。加入WTO之后，外资准入领域进一步扩大，政策的透明度和规范性不断增强，为外资在中国的发展提供了更为良好的制度保障。在全球经济一体化的大背景下，中国逐渐成为全球外商投资的主要目的地之一，并为国内经济的快速增长提供了持续的资本支持。

（三）第三阶段（2002—2012年）

2002—2012年是中国利用外资进入新一轮高速发展的十年。这一时期，随着中国在2001年加入世界贸易组织（WTO），中国的外资政策逐步开放，吸引外资的规模大幅增长，外资在推动中国经济现代化和产业结构优化方面的作用进一步增强。利用外资的模式从传统的制造业转向更多元化、高附加值的领域，外资企业的结构更加合理，区域布局也进一步协调，利用外资的主体开始转向跨国公司和大型企业为主。

从数据来看，中国实际使用外资额稳步上升。2012年，中国实际使用外资金额达到1133亿美元，相比2002年的水平几乎翻倍，显示出外资在中国市场的强劲增长态势。同时，随着外汇储备的持续增加，2006年中国的外汇储备总额超越日本，位居全球第一，外资的涌入在此过程中发挥了重要作用。外资流入的领域也逐渐扩展到服务业、金融业等非传统行业，而外资企业的管理和政策监管逐渐走向规范化。

在这一时期，外资并购中国企业逐渐成为趋势。2003 年，中国发布了《外资并购境内企业暂行规定》，对外资并购行为进行初步规范。随着外资政策的逐步调整，中国进一步减少了外资企业的超国民待遇，注重建立与国际接轨的外资法律体系，逐步取消外资的特权。这一时期，外资独资企业的比重显著增加，截至 2008 年，外商独资企业数量和金额在实际利用外资中的占比已达 80%左右。总体来看，2002—2012 年，中国在吸引外资方面取得显著成效，形成了以高质量外资为主导的发展格局，为经济的高质量增长和产业升级提供了有力支撑。

（四）第四阶段（2013 年至今）

自 2013 年以来，中国的外商直接投资进入了高质量发展的新阶段。外商直接投资流量增长趋缓，利用外资质量和水平明显提升。2013—2023 年，外商直接投资总额稳步上升：2013 年为 1239.1 亿美元，2023 年实际使用外资 1632.5 亿美元，占全球外商直接投资总量的 12.3%。这一时期，中国加快了外资准入的放宽步伐，服务业的外资流入占比逐年增加，而制造业吸引外商直接投资的比例则有所下降，2023 年，服务业利用外资占全部外资的比重达 64.4%。此外，外资管理体制向“制度均等化”的加速转型。2014 年《外商投资项目核准和备案管理办法》出台，外商投资项目管理开始由全面核准制转向普遍备案和有限核准。党的十八届五中全会提出，要形成对外开放新体制，全面实行“准入前国民待遇 + 负面清单”制度，有序扩大服务业对外开放。之后修订的《外商投资产业指导目录》中，对外资禁止和限制的产业种类进一步减少。2013 年以来，中国为积极探索对外开放新形势，启动自由贸易区试点，在 10 年时间里，先后通过了 4 个批次 21 个自贸区试点方案。总体来看，2013 年以来，中国的外资利用在保持规模增长的同时，逐步向高技术、高附加值领域倾斜，进一步提升了外资利用的质量。

二、中国利用外商直接投资

（一）中国利用外商直接投资概况

根据《中国外资统计公报（2024）》中的数据（见图 14 - 1）显示，总体来看，中国利用外资经历了从起步到快速增长，再到相对稳定发展的过程。20 世纪 80 年代末期，外资规模较小，随后在 20 世纪 90 年代初，特别是 1992 年后，实际使用外资和新设外商投资企业数量快速增长，反映了进一步开放政策的效果。进入 21 世纪后，外资流入趋于稳定，但在 2020 年以后，受全球经济和疫情等因素影响，实际使用外资金额有所波动。

2023 年数据显示，1979—2023 年中国累计新设外商投资企业数总计 1180123 家，2023 年新设外商投资企业 53766 家，同比增长 39.7%；实际引进外商直接投资金额累计达 29731.4 亿美元，2023 年实际使用外资 1632.5 亿美元，同比下降 13.7%。

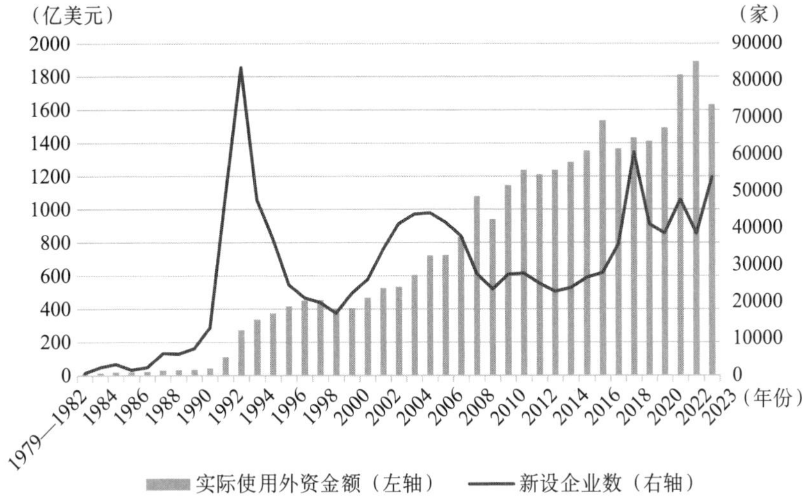

图 14－1　1979—2023 年中国吸收外资情况

数据来源：《中国外资统计公报 2024》。

（二）中国外商直接投资的方式分析

中国利用外商直接投资的方式有：中外合资经营企业、中外合作经营企业、外资企业（外商独资经营企业）、外商投资股份制企业、中外合作开发和其他方式。在 20 世纪 80 年代前半期，中国利用外商直接投资的基本格局是合作经营占优势，合资经营次之，独资经营刚起步，合作开发则很少。1986 年情况发生变化，合资经营企业数和投资金额首次超过合作经营企业，成为我国外商直接投资的主要方式。进入 20 世纪 90 年代，中国利用外商直接投资的方式向多元化方向发展，外资企业（外商独资经营企业）的比重不断提高，1997 年其项目数首次超过合资经营企业，2000 年其投资金额首次超过合资经营企业，目前外资企业（外商独资经营企业）已上升为我国利用外资的最主要的形式。

1. 中外合资经营企业

中外合资经营企业又称股权式合资经营企业，是依据《中华人民共和国中外合资经营企业法》设立的企业。它是由外国公司、企业或其他经济组织或个人，基于平等互利的原则，经中国政府批准后，在中国境内与中国公司、企业或其他经济组织共同创办的合资经营企业，是中国直接利用外资的主要形式之一。中外合资经营企业通常具备以下特征：（1）合资经营企业是在中国境内由中国企业和外国投资方共同创办的企业；（2）合资经营企业在法律上属于中国法人，享有独立法人地位；（3）合资各方共同出资、共同经营，分享利润并共同承担经营风险，各方的风险承担往往与出资比例和合同条款相关；（4）合资经营企业的组织形式通常为有限责任公司，各方股东在出资范围内承担有限责任。这种形式为外商提供了进入中国市场的途径，同时也促进了中国企业的国际化合作与技术引进。

2. 中外合作经营企业

中外合作经营企业又称契约式合营企业，是依据《中华人民共和国中外合作经营企业法》设立的企业。它是由中外双方的合作者（可以是公司、企业或其他经济组织）通过协商，并在协议或合同中明确规定双方的权利和义务而组成的一种企业形式。中外合作经营企业的主要事项，包括双方的出资方式、合作条件、收益或产品的分配、风险和亏损的分担、经营管理方式以及合作企业终止后的财产归属，均通过双方签订的合同加以确定。中外合作经营企业具有以下主要特点：（1）合作经营企业可以组成具有法人资格的有限责任公司，亦可以组成无法人资格的非法人式合作经营企业；（2）合作各方可以通过各种方式出资，包括现金、实物、技术或知识产权等；（3）外方可从营业收入或设备折旧中逐步收回投资；（4）具有法人资格的企业设立董事会及经营管理机构进行管理，非法人式企业则由合作各方派代表组成联合管理机构共同管理，或委托合作一方或第三方进行管理。这种灵活的企业形式为双方在资源整合和风险分担方面提供了多样化的选择，适用于特定项目合作和短期资源开发等情形。

3. 外资企业

外资企业又称外商独资经营企业，是依照中国有关法律在中国境内设立的，由外国公司、企业或其他经济组织或个人全额投资的经济实体。其主要特点包括：（1）外资企业经中国政府批准注册，外资股权比例为100%，即资本全部来源于外国投资者，但不包括外国企业、公司或其他经济组织在中国境内的分支机构；（2）企业的全部财产归外国投资者所有，经营管理权由外国投资者掌控，外国投资者享有企业全部的利润，并独自承担经营风险和亏损；（3）外资企业通常组织为有限责任公司，经批准也可以采用其他责任形式，外国投资者需遵循中国法律法规对其企业责任的规定。外资企业在中国境内从事独立的生产、销售、服务等经营活动，享有全部的管理权和收益权，同时承担全部经营风险。该企业形式具有高度的自主性，便于外资企业依据全球统一标准进行管理和生产，特别适用于制造业和服务业的跨国企业。近年来，外资企业逐渐成为外商直接投资的重要形式之一。

4. 外商投资股份制企业

外商投资股份制企业又称外商投资股份有限公司，是依据中国《公司法》及相关法规设立的企业形式，其资本由等额股份构成，股东以认购的股份为限承担责任，公司以全部财产对债务承担责任，中外股东共同持有公司股份，外国股东购买并持有的股份占公司注册资本25%以上的企业法人。外商投资股份制企业具有以下主要特点：（1）这种企业形式在中国证券市场逐步扩展和股份制改革深入的背景下发展起来。外商股东主要通过货币资本认购股份，与中外合资经营企业不同，后者通常通过现金、实物或无形资产等方式进行出资。（2）外商投资股份制企业的资本形式为股票，股东可以在证券交易所转让股份，但发起人股份的转让需在公司设立三年后并获得审批机关的批准。（3）在组织结构上，外商投资股份制企业的最高决策机构为股东大会，下设董事会和监事会，治理结构较为完善，而中外合资企业则没有股东大会和监事会，只有董事会。（4）在股份形式上，外商投资股份制企业的资本分为等额股份，股份采取股票形式，而中外合资经营企业的全部资本为股权，以资本股权计算出资比例，以出资比例分享利润和承担风险。（5）在股权流动性上，外商投资股份制企业的股东可以在证券交易所内随时将其股票转让，但发起人股份的转让必须在公司设立登记三年后进行，并经公司原审批机关批准。（6）外商投资股份制企业的设立方式分为发起设立和募集设立，前者由发起人认购所有股份，后者则部分股份向社会公开募集。这种企业形式遵循中国《公司法》和《外商投资法》规定，广泛应用于金融、保险、科技创新等资本密集型行业，并已成为外资进入中国市场的重要途径。

5. 中外合作开发企业

中外合作开发企业是指外国公司与中国公司共同开发本国自然资源的一种合作形式，广泛应用于石油、天然气、矿产、煤炭和森林等大型自然资源的勘探、开发和生产项目。其主要特点为高风险、高投入、高收益，通常适用于大型资源开采项目。合作双方可以通过共享资源、技术和管理优势，实现资源的最优配置和利益最大化。合作开发企业在项目实施期间，根据协议分配收益并承担风险，项目完成后，根据协议条款决定资产和权益的归属。该形式具有较强的行业针对性和项目专属性。

6. BTO 投资方式

BOT（Build - Operate - Transfer）投资方式又称公共工程特许权，是政府与私营机构合作的基础设施开发模式。政府与项目公司（通常是外资或国内私营公司）签订合同，由项目公司负责项目的筹资、建设、运营、维护和最终移交。在双方约定的固定期限内（通常为15—30年），项目公司通过运营该项目收回投资、偿还债务并获取利润。协议期满后，项目公司将项目的所有权和管理权无偿移交给东道国政府。此模式广泛应用于公路、电力、铁路、城市基础设施等大型项目，具有促进私人资本参与公共基础设施建设、分担风险、引入技术和管理经验等优势。

（三）中国利用外商直接投资的特征

1. 外商直接投资的规模增长趋势

从规模上来看，中国利用外商直接投资总体呈现稳定增长趋势。这主要表现在：一是中国利用外商直接投资的总体规模从1985年的19.56亿美元增长到2023年的1632.5亿美元；二是中国已成为世界外商直接投资主要流入国，多年来中国外商直接投资流入量居世界第二位，仅次于美国。

2. 外商投资的产业结构变化

从外商直接投资的产业分布来看，第三产业（服务业）逐渐取代第二产业（主要是制造业）成为吸引外资的主要领域。自2006年12月11日中国加入WTO过渡期结束以来，中国对外开放的范围扩大，尤其是第三产业中的零售、金融、交通运输等行业开放力度加大，吸引了大量外资进入中国市场。2008年，中国人均GDP突破3000美元，服务业进入高速发展阶段；2010年，中国的制造业增加值首次超过美国，成为全球最大的制造业大国，带动了生产性服务业的发展，进一步推动了第三产业的增长。由图14－2可知，自2010年第三产业实际利用外资占比超过第二产业以来，服务业已成为中国吸引外资的主导领域。从总量来看，第三产业利用外资占全部外资的比重从2005年的不足1/3，增长到2010年接近1/2，并在此后继续上升，截至2023年已达64.4%。在质量上，第二产业吸引外资的比重下降，部分外资从制造业领域撤出。例如，近年来一些跨国公司（如耐克、阿迪达斯、飞利浦、希捷等）关闭了位于苏州工业园的制造工厂。然而，这种外资撤出符合中国的产业升级趋势，中国企业也在进行大量成本节约型的对外投资，这是中国实现新旧动能转换的必经阶段。

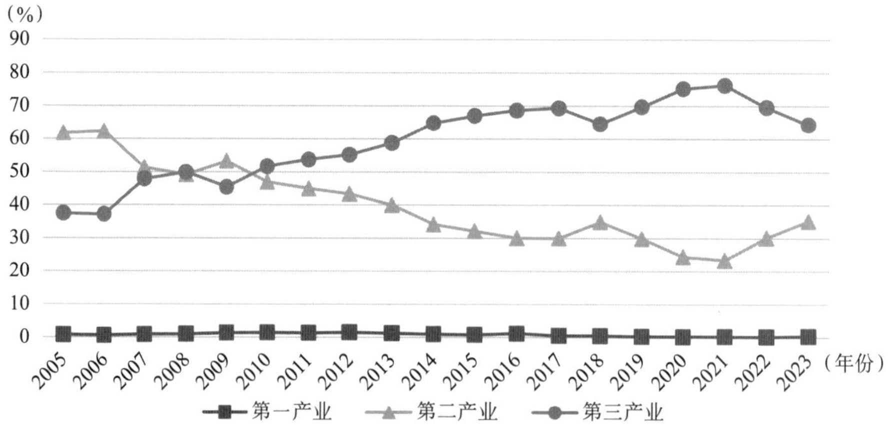

图14－2　2005—2023年中国三次产业实际使用外资占比情况

数据来源：《中国外资统计公报2024》。

3. 外商直接投资的主要行业分布

从行业来看，外商直接投资主要集中在制造业，科学研究和技术服务业，租赁和商务服务业，信息传输、软件和信息技术服务业，房地产业，批发和零售业，金融业；上述 7 个行业的新设企业数量在 2023 年占比为 86.8%，实际使用外资金额占比为 89.5%，其中，制造业是外商直接投资金额最多的行业。此外，制造业、房地产业的投资占比呈下降趋势；信息传输、计算机服务和软件业，租赁和商务服务业，以及科学研究、技术服务和地质勘查业的投资占比呈增长趋势；交通运输、仓储和邮政业与批发和零售业的投资占比趋于平稳。

4. 外商直接投资的主要来源地

从中国吸收的外商直接投资的来源地来看，主要投资来源地对华投资规模基本稳定。2023 年，我国香港地区、新加坡、英属维尔京群岛、韩国、日本、开曼群岛、荷兰、美国、澳门地区、德国、台湾地区、英国、萨摩亚、阿联酋和法国 15 个经济体在华新设企业数合计达 39453 家，占当年我国新设外商投资企业总数的 73.4%；实际投资金额合计 1585.8 亿美元，占当年我国实际使用外资总额的 97.1%。

5. 外商直接投资的区域分布特征

从外商直接投资地区分布来看，中国吸收的外商直接投资的投资地主要集中在东部沿海地区。从外商企业设立数量看，2023 年，设立在东部地区、中部地区和西部地区的外商企业占比分别为 87.6%、5.6% 和 6.8%，其中，广东、上海、浙江、福建和江苏位列前五，合计占全国总数的 73.2%；从实际使用金额来看，东部地区、中部地区和西部地区外商直接投资金额分别占总金额的 87.1%、6.4% 和 6.5%，排名前五的江苏、上海、广东、浙江和山东的合计占比为 67.4%。

6. 外商直接投资中并购方式的上升趋势

外商在华并购金额与在外商投资总量中所占比重很少，但是外商直接投资中并购方式比重明显上升。2014 年之前，以并购方式实现的外商直接投资比重一直较低。2015 年，外商以并购方式实现投资 177.7 亿美元，占我国利用外商直接投资总额的 14.1%，比上年增长 7 个百分点，2016 年基本保持了同样的比重。相比 2015 年跨国并购占全球跨国投资的 41% 的世界平均水平，这一比重仍然严重偏低。2017 年，中国境内外资并购金额达 238 亿美元，占当年外商直接投资额的 18%。根据商务部公开数据，2018 年，外资并购金额同比增长 28.4%，占全年外商直接投资额的比重上升到 22.6%。并购方式有股权并购和资产并购，其中以并购非国有企业的股权为主。被并购的中国境内企业主要集中在东部地区。

三、中国的对外借款

（一）中国的对外借款概况

中国的对外借款历程体现了从谨慎引入外部资金到逐步实现多元化、市场化融资的演变过程。改革开放初期，中国对外借款规模有限，主要依赖于多边金融机构和双边政府贷款，资金用途集中于基础设施和关键经济领域的建设，旨在支持国民经济的恢复与发展。随着经济的高速增长与国际化进程的加快，中国对外借款形式逐步多样化，逐渐涵盖了政府债务、企业融资、金融机构国际债务等多种融资渠道，并扩展至国际资本市场的直接融资。近年来，中国的对外借款在规模上有所增加，但始终保持较低的外债比例，以确保宏观经济的稳定和金融体系的安全。在这一过程中，中国的对外借款逐渐呈现出一些独特的特点，具体体现在外债规模、外债方式、外债结构等多个方面。

1. 外债规模的增长与波动特征

根据图 14 - 3 可知，1985—2023 年，中国的外债规模总体呈现出显著的增长趋势，从 158.3 亿美元上升至 24475.4 亿美元，这一增长反映了中国在改革开放和经济全球化进程中对外部融资的需求。然而，这一期间外债增长也经历了显著的波动：在 1986 年和 1987 年，外债增速分别达到 35.7% 和 40.6%，表现出改革开放初期对外资的强劲需求；1998—2001 年，外债增长趋缓，甚至在 2000 年出现 - 4.0% 的负增长，反映出经济环境的调整；加入 WTO 后，2002—2008 年外债增长稳定，但在 2008 年金融危机后短暂放缓，随后在 2010 年大幅增长 28.1%，表现出危机后复苏的加速。2015 年外债规模骤降 22.3%，主要受经济结构调整和资本流动管控的影响。2017—2021 年，外债稳定增长，2021 年达到峰值 27465.6 亿美元；但在 2022 年和 2023 年，外债分别减少 10.7% 和 0.2%，反映出中国在全球经济不确定性加剧背景下对外债管理的谨慎态度。总体而言，中国外债规模在快速扩张中伴随周期性波动，受国际环境和国内政策调控的双重影响。

2. 外债方式的多元化

从外债的借用方式来说，主要有外国政府贷款、国际金融组织贷款、国外银行及其他金融机构贷款、出口信贷、国际金融租赁、对外发行债券等多种方式，截至 2023 年末，我国外债余额为 173352 亿元人民币，约合 24475 亿美元。从外债的借用方式来看，短期外债占 56%，而中长期外债占 44%。其中，广义政府外债余额为 30775 亿元人民币，占比 18%；中央银行外债余额为 7593 亿元人民币，占比 4%；银行外债余额为 71487 亿元人民币，占比 41%；其他部门（含关联公司间贷款）外债余额为 63496 亿元人民币，

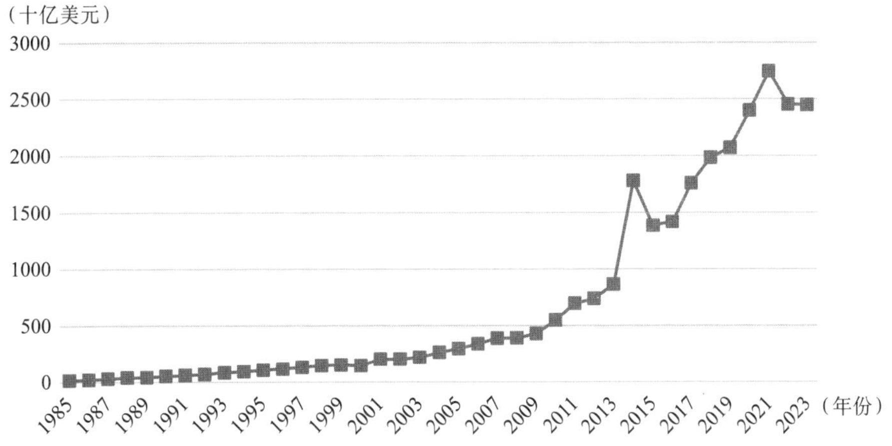

图 14－3　1985—2023 年中国外债变化趋势

数据来源：国家外汇管理局《1985—2023 年中国外债与国民经济、外汇收入》。

占比 37%。

3. 外债结构的合理化

外债结构包括期限结构、债务工具结构、利率结构和币种结构四个方面。在期限结构方面，近年来我国的短期债务比例基本控制在国际公认的警戒线——25%以下，中长期债务占绝大部分，其中，截至 2023 年，中长期外债余额为 76826 亿元人民币（等值 10847 亿美元），占 44%；短期外债余额为 96526 亿元人民币（等值 13628 亿美元），占 56%；短期外债余额中，与贸易有关的信贷占 35%。从债务工具结构看，截至 2023 年，贷款余额为 26457 亿元人民币（等值 3735 亿美元），占 15%；贸易信贷与预付款余额为 27700 亿元人民币（等值 3911 亿美元），占 16%；货币与存款余额为 34453 亿元人民币（等值 4864 亿美元），占 20%；债务证券余额为 53078 亿元人民币（等值 7494 亿美元），占 31%；特别提款权（SDR）分配为 3441 亿元人民币（等值 486 亿美元），占 2%；关联公司间贷款债务余额为 20949 亿元人民币（等值 2958 亿美元），占 12%；其他债务负债余额为 7274 亿元人民币（等值 1027 亿美元），占 4%。在利率结构方面，1984 年以前中国借用外资的资金基本上都是固定利率，1985 年以后，随着商业性贷款的增加，浮动利率债券也开始增多。在币种结构方面，1985 年以前全国借用外资只有美元、日元、德国马克和港元等少数几种货币，目前已发展到 20 多种，货币构成日趋多样化。2023 年末，本币外债余额为 81969 亿元人民币（等值 11573 亿美元），占 47%；外币外债余额（含 SDR 分配）为 91383 亿元人民币（等值 12902 亿美元），占 53%。在外币登记外债余额中，美元债务占 84%，欧元债务占 7%，港币债务占 4%，日元债务占 3%，特别提款权和其他外币外债合计占比为 2%。

（二）中国对外借款的管理

中国对外借款管理依托一系列政策法规，目标是确保外债规模在可承受范围内，优化外债结构，以有效防范金融风险，支持经济可持续发展。在政策框架上，《外债管理暂行办法》由国家发展计划委员会、财政部和国家外汇管理局联合发布，明确了各类借款主体的外债申报、统计、备案和管理流程，赋予外债管理高度的透明性与规范性。同时，《外汇管理条例》从资金流动性管理出发，严格规范外债资金的流入、流出和用途，防止外债滥用和投机行为。此外，为了防范地方政府债务膨胀风险，财政部发布的《地方政府性债务管理办法》明确规定地方政府不得直接或间接为企业或其他机构的对外借款提供担保。

在外债规模管理方面，中国外债总量受到严格控制，以确保其符合国家承受能力及国际安全标准。国家外汇管理局数据显示，截至 2023 年末，中国全口径外债余额为 173352 亿元人民币（约合 24475 亿美元）。为优化外债结构，近年来中国逐步提高中长期外债比例，控制短期外债占比，以降低短期偿债压力和外部金融冲击风险。具体而言，2023 年末短期外债占比为 56%，中长期外债占比 44%；按部门划分，广义政府外债余额为 30775 亿元人民币，占比 18%；中央银行外债为 7593 亿元人民币，占比 4%；银行外债为 71487 亿元人民币，占比 41%；其他部门（含关联公司间贷款）外债余额为 63496 亿元人民币，占比 37%。优化的债务结构有效增强了中国在应对外部金融市场波动时的偿付稳定性。为有效监测和控制外债风险，国家外汇管理局定期发布外债数据，涵盖外债余额、结构、期限、币种和风险指标，以保持风险在可控范围内。2023 年末的数据显示，中国的负债率为 13.7%，债务率为 69.7%，偿债率为 7.6%，短期外债与外汇储备的比例为 42.1%，均在国际公认的安全线内。为应对潜在风险，中国设立了风险预警机制，当外债风险指标接近警戒线时，政府会采取调控措施，例如，限制短期外债的增长或增加外汇储备，以确保外债偿付能力和整体金融稳定。

此外，中国采取多种措施管理外债的汇率风险，尤其是外币计价债务的汇率波动风险。为对冲汇率波动的影响，政府和企业广泛使用外汇衍生工具，如远期合约和掉期，以稳定偿债成本。同时，国家鼓励使用人民币计价的外债，逐步提高本币在国际借款中的占比，进一步降低汇率波动带来的不确定性。随着人民币国际化进程的推进，人民币计价外债比例不断上升，有效降低了中国的外债风险。

外债管理政策根据国内外经济环境变化进行适时调整。例如，在国际经济环境不稳或国内经济面临压力时，政府会收紧外债审批，以减少外部风险；在经济增长需要支持时，则可能放宽对优质项目的借款限制。同时，中国强调高质量的对外投资，推动“一带一路”沿线基础设施建设和经济合作，确保这些投资通过外债管理与风险控制得到健康发展。国家外汇管理局注重外债管理的透明性，定期公开外债余额、币种结构、期限结构和债务人类别等信息，以确保社会对外债管理的有效监督。

四、利用外资对中国经济发展的促进效应

（一）促进资本引入与技术管理经验积累

在改革开放初期，中国面临着资金短缺和技术落后的双重困境，利用外资在这一背景下发挥了至关重要的作用。自 1979 年改革开放以来，中国累计实际利用外资金额达 29731.4 亿美元，外资不仅有效缓解了国内资金不足的问题，还推动了技术转移和创新发展。大量外资企业，尤其是跨国公司，通过在中国设立研发中心和技术合作项目，将先进的技术设备、管理模式和创新成果引入中国。这些外资企业的引入直接提升了中国的技术水平，促进了本土企业的技术研发能力。同时，外资企业带来的现代化管理经验，尤其是在精益生产、战略决策和全球供应链管理等方面，为中国企业管理水平的提升提供了宝贵的借鉴。外资企业的成功运营为本土企业提供了先进的治理模式，培养了大量高素质的管理人才，显著提高了中国企业的管理效率和国际竞争力。因此，利用外资通过资金、技术和管理的溢出效应，有力地推动了中国企业的技术创新和管理现代化，成为中国经济持续发展的重要动力。

（二）推动中国产业结构的优化与升级

利用外资在推动中国产业升级和结构优化方面发挥了关键作用，加速了劳动密集型产业向资本和技术密集型产业的转型。2023 年的数据显示，中国高技术产业新设外商投资企业达到 13758 家，实际使用外资金额为 609.8 亿美元。其中，高技术制造业新设外商投资企业 841 家，实际使用外资金额 181 亿美元；高技术服务业新设外商投资企业 12917 家，实际使用外资金额达 428.8 亿美元。外资企业通过引入先进的技术、管理经验和创新理念，不仅提升了中国本土企业的生产效率和创新能力，也推动产业结构优化升级，促进了高附加值产业的发展。特别是在电子、汽车、信息技术等领域，外资的进入推动了中国从低端制造向高端制造转型，进一步实现了更高层次的产业结构优化。此外，外资企业的集聚效应还带动了产业集群的发展，促进了上下游产业链的协同创新。这种集聚效应不仅提高了区域内的整体竞争力，还增强了不同企业间的技术共享与协作，形成了产业链上下游的协同效应。总体而言，利用外资不仅提升了中国的产业竞争力，也为经济的高质量和可持续发展提供了坚实的动力。

（三）推动对外贸易的发展

外资企业在推动中国对外贸易增长方面发挥了重要作用。在改革开放初期，外资企业的主要活动集中于设备投入和进口，出口额相对较小。1986—1990年，外资企业累计出口92亿美元，仅占同期中国出口总额的5.4%。随着大量外向型、劳动密集型企业进入中国市场，外资企业的出口额自1991年起迅速增长。1995年，在外资企业的推动下，中国机电产品出口比重上升至29.4%，超过纺织服装，成为中国出口的主要产品类别。到2001年，外资企业的出口额已占全国出口总额的50%。早期外资企业的大规模出口主要依赖进口的零部件和设备，因此对净出口的贡献较为有限。但从1998年起，外资企业的净出口额由负转正，之后在全国出口中的占比稳定在40%以上。随着加工贸易比重的下降和外资向服务业的转移，外资企业对中国净出口的贡献显著提升。外资企业在推动出口的同时，逐渐减少对进口的依赖，增加了对中国净出口的贡献。这种出口导向型的外资利用模式大大增强了中国的对外贸易能力，提高了中国在国际市场上的竞争力。

（四）推动就业率增长与结构优化

利用外资对中国就业的影响可以分为直接效应和间接效应。直接效应体现在外资企业通过创造就业机会和优化资本结构，直接扩大了就业规模；间接效应则通过产业链的上下游联动和横向竞争的溢出效应，推动就业增长并提升就业质量。改革开放初期，随着农村家庭联产承包责任制的实施，大量农村富余劳动力流入城市，带来了显著的就业压力。外向型三资企业（包括外商独资、中外合资和中外合作企业）虽然与国内产业的关联较弱，但通过直接创造岗位，成为吸纳劳动力的重要渠道。这些外资企业的大量涌入为劳动密集型岗位提供了广泛就业机会，缓解了当时的就业压力。随着外资企业数量的增加，新增就业岗位也持续增长，有力地推动了就业扩展。

随着外资企业逐步进入高端制造业和现代服务业，间接效应逐渐显现。外资企业的投资不仅促进了相关产业链的发展，还加强了本土企业与外资企业之间的合作与竞争，为国内企业创造了大量间接就业机会，尤其在物流、供应链管理、技术服务和销售等领域。此外，外资企业带来的先进技术和管理经验有效提升了本土企业的劳动生产率和就业质量，推动了就业结构优化，促进了从劳动密集型向技术密集型的转型。

外资企业的进入还带来了横向竞争效应，通过提升整体产业竞争力推动了劳动力市场的动态调整。外资企业的先进技术和管理水平不仅提高了自身对高素质人才的需求，也带动了本土企业对员工素质的更高要求，进而提升了劳动力的整体技能水平。由此可见，外资的直接和间接就业效应，特别是在提高劳动生产率和优化就业结构方面，为中国经济的长期增长和社会稳定提供了坚实支持，对提升劳动力市场整体素质产生了深远的积极影响。

（五）加深中国与世界各国的内在联系

利用外资不仅是资本和技术的跨境流动，更在全球化背景下推动了中国与世界各国的深层次联系。外资的引入不仅带动了中国在全球产业链中的角色升级，也促成了“你中有我，我中有你”的产业分工体系。这种深度的产业分工结构使中国在全球供应链中扮演着愈发重要的角色，通过共享生产资源和技术创新，与外资来源国形成了高度依存、优势互补的合作格局。在这一过程中，中国与外资来源国之间的人员往来、技术交流和文化互动逐渐频繁，双方在经济、技术和文化领域形成了相互依存、合作共赢的利益共同体，推动了国际经济秩序和文化氛围的协调发展。除了直接投资，中国的对外借款和证券融资也在不断拓展，进一步加深了与国际资本市场的联系，使中国在全球金融体系中的地位逐步提升。通过债券和证券发行，中国吸引了大量国际资本，扩大了国内企业和金融机构的资金来源，增强了中国资本市场的开放度和流动性。多元化的外资引入方式不仅巩固了中国与全球各经济体的紧密经济联系，也在经济、技术和人才层面实现了深度融合。这些联系助力中国加速融入全球经济，并在国际分工体系中持续提升其地位，成为推动全球经济合作的重要力量。

五、中国利用外资的优惠政策

中国利用外资的优惠政策涵盖税收、关税、行业准入、土地使用、财政支持等多个领域，并逐步完善政策体系，促进外资的有效进入，推动经济发展和产业升级。在税收方面，外资企业特别是高新技术企业享有显著的所得税优惠，《企业所得税法》规定符合条件的高新技术企业税率由25%降至15%，并在部分地区实施“免二减三”的政策，即前两年免税，后三年减半征税。此外，为进一步推动技术创新，中国出台了政策，将符合条件企业的研发费用加计扣除比例从75%提高至100%，并将此作为制度性安排长期实施，从而有效降低了外资企业的创新成本，为其在中国的长远发展提供了有力支持。在关税方面，外商投资企业在引进用于生产的设备时享受关税减免政策，尤其是在自贸区和海南自由贸易港，自2020年起，海南自贸港对企业进口自用设备实行零关税，大幅降低了外资企业的设备采购成本。这些税收和关税优惠政策为外资企业在中国的经营和扩展提供了实际帮助。

在行业准入方面，中国不断优化外商投资准入管理，通过逐步缩减外商投资准入负面清单，显著放宽了准入限制。《外商投资准入特别管理措施（负面清单）2021年版》减少了外资进入的限制性行业数量，特别是在金融和汽车制造领域，取消了对证券、期货、基金管理等领域的外资持股比例限制，并允许外资在汽车制造领域实现独资经营。特斯拉在中国建立的独资工厂就是这一政策开放的成果之一，上海工厂总投资超过500亿元人民币，成为中国放宽外资准入限制、加速行业开放的重要标志。在土地政策方面，中国各地政府在经济开发区、产业园区和自贸区内为外资企业提供优惠地价，并允许延长土地使用年限以支持其长期发展。2019年我国出台的《外商投资法》进一步保障了外资企业的土地使用权，强化了外资企业的合法权益，上海临港产业园区等地为吸引外资项目实施低价租赁政策，土地租赁价格仅为市场均价的40%，显著降低了企业的运营成本。

与此同时，财政补贴和融资支持也成为吸引外资的重要手段。地方政府为符合政策的外资企业提供直接补贴和贴息贷款，以降低其融资成本。例如，广东省为高技术制造业和其他制造业外资企业提供最高1.5亿元的补贴，并对高技术服务业和其他服务业外资企业提供最高8000万元的奖励，对跨国公司总部一次性奖励500万元。此外，自由贸易试验区内更加自由的资金流动和便利化的贸易政策进一步增强了外资企业的吸引力。上海自贸试验区通过《中国（上海）自由贸易试验区条例》，赋予外资企业更自由的投资管理和外汇管理政策，确保其在跨境资金流动和投资安排方面享有更高的便利。在人才引进方面，中国出台了专门政策，为外资企业的高层管理人员和技术人员提供签证便利和人才补贴，上海和海南自贸试验区为符合条件的外籍人才提供5年工作签证和居留便利，有效吸引并留住了全球高端人才。

总体而言，中国通过不断优化和完善利用外资的政策体系，在税收、关税、行业准入、土地使用、财政支持和人才引进等方面为外资企业提供了广泛的优惠措施。这些政策的系统性调整不仅降低了外资企业的运营成本和投资风险，也显著增强了外资企业在华投资的吸引力，为中国经济的转型升级和高质量发展注入了外资动能。

第二节　中国对外投资实践

一、中国对外投资概况

随着经济全球化进程的推进，中国不仅大规模引进外资，也积极开展对外投资。中国对外投资可以通过直接投资和证券投资等方式实现。直接投资是指中国企业通过并购、设立子公司或合资企业等形式在海外建立长期业务关联，旨在拓展国际市场并实现技术整合；而证券投资则通过购买海外股票、债券等金融产品，以短期性和高流动性为特点，主要用于获取财务回报、进行资产配置和分散风险。这两种方式分别侧重于长期市场拓展和短期收益，共同构成了中国对外投资的主要模式。

自新中国成立初期至1978年，中国的海外投资活动以服务对外贸易为主，规模较小，主要在巴黎、伦敦、东京等国际贸易枢纽设立分支机构。1978年改革开放后，中国企业的对外直接投资逐步扩大。党的十五大提出要利用“两个市场、两种资源”，2000年党的十五届五中全会首次提出“走出去”战略，成为国家对外开放的重要政策。中国加入WTO后，国际竞争环境进一步优化，为企业对外投资创造了有利条件。2002年党的十六大提出“引进来”与“走出去”相结合的战略，党的十七大则进一步强调加快培育跨国公司和国际品牌的目标，以增强中国企业在全球市场的竞争力。随着“一带一路”倡议的深入推进和“双循环”新发展格局的提出，对外投资在全球经济复苏的背景下展现出广阔前景。在此背景下，自1979年以来中国对外投资的发展历程值得深入探讨。

（一）第一阶段（1979—1986年）

此阶段是中国企业对外投资和兴办海外企业的起步阶段。1979年8月，国务院明确提出了“允许出国办企业”的经济改革措施，从而拉开了中国对外投资的序幕，1983年国务院正式授权外经贸部审批和归口管理企业的对外投资活动。这期间，我国共兴办海外投资企业277家，平均每年兴办企业35家，中方投资总额累计为2.83亿美元，年平均对外直接投资3159.38万美元，企业平均规模为91.25万美元，这一阶段的特点是，对外投资主体主要是专门的经贸公司和部分省市国际经济技术合作公司，对外投资企业规模较小，开办的企业数目也较少，分布在40个国家和地区，投资的领域主要集中在饮食、承包建筑工程、金融保险和咨询服务等行业。

（二）第二阶段（1987—1992年）

此阶段是中国企业对外投资和兴办海外企业的较快发展阶段。这期间，共批准兴办非贸易性境外独资、合资企业1131家，平均每年兴办企业188个，中方对外直接投资额合计达13.697亿美元，平均每年新增直接投资2.28亿美元，企业平均规模为121万美元，分别为前8年相应指标的5.4倍、7.2倍和1.3倍，其中1991年、1992年兴办境外企业数562个，是1979—1990年期间的2倍多。这一阶段的特点是，参与海外投资的国内企业类型增加，不仅外经外贸企业而且一批条件较好、有一定国际经营经验、相当技术基础和管理水平较高的大型工业企业、商贸物资企业、科技企业及金融保险企业等也参与到竞争中来，进行多项大规模的对外投资，投资的地理分布广、覆盖面大，到 1992 年投资的地区已遍布世界 120 多个国家和地区；投资领域扩大到资源开发、加工、生产装配、工技贸结合等领域。

（三）第三阶段（1993—1998 年）

此阶段为中国企业对外投资和兴办海外企业的调整发展阶段。由于 20 世纪 90 年代初整个国民经济发展中出现经济发展过热、投资结构不合理、物价上涨过快等现象，从 1993 年开始，国家决定实行经济结构调整，紧缩银根，让过热的经济软着陆。与此相对应，海外投资业务也开始进入清理和整顿时期，国家主管部门对新的海外投资实行严格控制的审批政策，并对各部门和各地方已开办的海外企业进行重新登记，海外投资的发展速度开始放慢。在这六年间，中国对外直接投资为 9.94 亿美元，平均每年新增投资 1.66 亿美元，批准设立海外企业 1000 家左右。在这一阶段的中后期，通过对以往海外投资经验教训的总结和对中国企业国际竞争力现实状况的分析，中国政府提出了发展海外投资新的战略方针：鼓励发展能够发挥我国比较优势的对外投资，更好地利用两个市场、两种资源；组建跨行业、跨部门、跨地区的跨国经营企业集团；在积极扩大出口的同时，要有领导、有步骤地组织和支持一批有实力有优势的国有企业“走出去”，主要是到非洲、中亚、中东、东欧、南美等地投资办厂。新的海外投资战略方针的提出，预示着海外投资即将出现新一轮快速发展时期。

（四）第四阶段（1999—2016 年）

这一阶段是我国“走出去”战略的提出和最终确定阶段，国家对外投资管理体制和政策环境也有重大改进。国务院各有关部门分别从财政、信贷、外汇和税收等方面制定了一系列具体的配套措施。这些都极大地促进了企业的对外直接投资活动，对外投资数量和规模快速增长。2005 年，中国对外直接投资首次超过百亿美元，到 2007 年，中国对外直接投资规模已增长至 265 亿美元。2008—2016 年，在全球经济增长乏力的形势下，中国对外直接投资保持了良好的增长态势，创下了年均增长 25.76% 的佳绩。2013 年，中国对外直接投资规模突破 1000 亿美元，2016 年，中国对外直接投资再创新高，达 1961.5 亿美元。这一阶段，中国经济实力有较大提高，一大批企业通过转型升级不断发展壮大，开始拥有所有权优势和内部化优势，中国对外投资规模不断攀升，投资结构进一步优化，投资区位分布更为广泛，投资行业领域更加丰富，投资主体日趋多元，展现出良好的发展态势。

（五）第五阶段（2017 年至今）

这一时期，在开放型经济体系建设，尤其是“一带一路”倡议引领下，中国对外直接投资进入转型升级阶段。中国企业积极应对复杂多变的国际市场环境，加快“走出去”步伐，融入经济全球化进程，通过对外直接投资、对外承包工程、对外劳务合作、境外经贸合作区建设等多种方式，谋求互利共赢，促进共同发展。2017 年，中国对外直接投资 1582.9 亿美元，规模仅次于美国（3422.7 亿美元）和日本（1604.5 亿美元），位居世界第三。截至 2017 年底，中国 2.55 万家境内投资者在国（境）外共设立对外直接投资企业 3.92 万家，分布在全球 189 个国家（地区）。截至 2017 年末，中国对外直接投资存量为 1.8 万亿美元，排名升至全球第二位。随着中国改革深化，综合国力增强，产业结构调整步伐加快，贸易投资便利化水平持续提升，对外开放平台建设深入推进，中国企业海外资产继续增加、跨国经营能力和水平不断提升，对外投资合作将继续保持稳步、有序发展。

二、中国对外直接投资

（一）中国对外直接投资概况

中国企业对外直接投资（ODI）近年来迅速发展，已成为全球对外投资的重要力量。改革开放以来，随着中国经济实力和全球化水平的提升，企业对外投资规模不断扩大，领域逐渐多元化，从最初的资源类投资扩展至金融、制造、科技、基础设施、服务等多个行业。近年来，国家提出“一带一路”倡议，为中国企业的海外投资带来政策支持，促使企业在“一带一路”沿线国家加大基础设施建设和产业合作投资，以此带动地方经济发展。截至 2023 年，中国对外直接投资净额（以下简称流量）为 1772.9 亿美元，比上年增长 8.7%。其中：新增股权投资 726.2 亿美元，占 41%；当期收益再投资 784.6 亿美元，占 44.2%；债务工具投资 262.1 亿美元，占 14.8%。此外，中国 3.1 万家境内投资者在国（境）外共设立对外直接投资企业（以下简称“境外企业”）4.8 万家，分布在全球 189 个国家（地区），年末境外企业资产总额近 9 万亿美元。对外直接投资累计净额（以下简称“存量”）29554 亿美元，其中，股权投资 16399.7 亿美元，占 55.5%；收益再投资 9612.1 亿美元，占 32.5%；债务工具投资 3542.2 亿美元，占 12%。

（二）中国对外直接投资的特征

1. 对外直接投资规模扩张

从投资规模看，我国对外直接投资发展速度较快，在全球的占比显著提升。由图 14－4 可知，自 2002 年以来，中国对外直接投资持续快速增长，尤其在 2005—2016 年，投资流量从 122.6 亿美元增加到 1961.5 亿美元，存量金额从 572 亿美元提升至 13573.9 亿美元，反映了我国国际化进程的加速和政策推动的成效。2017 年后，投资流量金额出现波动，例如 2017 年达到 1582.9 亿美元，2018 年降至 1430.4 亿美元，增速有所放缓，显示出我国对外投资逐渐趋于成熟。2020 年后，存量金额在高位保持稳定，2021 年达到 27851.5 亿美元，2023 年进一步增至 29554 亿美元，显示出我国对外投资规模进入相对成熟的发展阶段，但疫情和地缘政治因素的不确定性导致投资流量波动加剧。总体而言，我国对外直接投资规模已从快速增长转向稳步提升，在高位企稳的同时，面临外部环境变化的挑战，未来可能需要在风险管理和市场多元化方面进行进一步优化。在此背景下，中国对外直接投资在全球的地位也逐步提升，到 2017 年存量已跃居全球第二位，2018—2023 年则稳定在全球第三位。

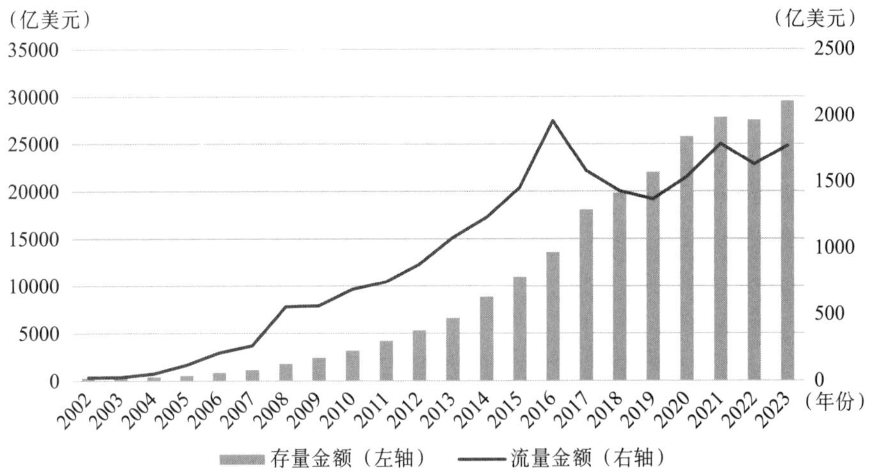

图 14－4　2002—2023 年中国对外直接投资流量与存量情况

数据来源：《2023 年度中国对外直接投资统计公报》。

2. 对外直接投资主体多元化

从投资主体看，投资主体向多元化方向发展，国有企业占比下降，投资主体不断优化。近年来，国内一些规模较大的行业排头兵企业、技术较先进的企业以及具有名牌商品的优秀企业纷纷加入海外投资行列。2010 年，国有企业、有限责任公司、私营企业在整个境内投资主体中的占比分别为10.2%、57.1%和8.2%；2012年相应变为9.1%、62.5%和8.3%。2023年末，中国对外直接投资者近3.1万家，从其在中国市场监督管理部门登记注册情况看，私营企业占34.7%，是中国对外投资占比最大、最为活跃的群体；有限责任公司占28.5%，位列次席；股份有限公司占13.2%；外商投资企业占5.6%；国有企业占5.4%；港/澳/台商投资企业占4%；个体经营占2.1%；股份合作企业占0.9%，集体企业占0.3%，联营企业占0.1%，其他占5.2%。

3. 对外直接投资地区分布广泛

从地区分布看，海外投资企业分布的国家和地区广泛，越来越呈现出多元化趋势，但不均衡，且对亚洲和非洲投资快速增长，对共建“一带一路”国家直接投资增长三成。2004—2023年，中国对外直接投资主要集中在亚洲。2023年末，中国境内投资者共在全球189个国家（地区）设立对外直接投资企业4.8万家，较上年末增加超1000家，遍布全球超过80%的国家（地区）。其中，亚洲的境外企业覆盖率为95.7%，欧洲为87.8%，非洲为85%，北美洲为75%，拉丁美洲为67.3%，大洋洲为58.3%。此外，2023年，中国对外直接投资近八成流向亚洲，比上年增长13.9%，其中对东盟投资251.2亿美元，增长34.7%。对非洲投资39.6亿美元，是上年的2.2倍。2023年，对共建“一带一路”国家直接投资407.1亿美元，较上年增长31.5%，占当年对外直接投资流量的23%。

4. 对外直接投资行业的集中分布

从行业分布看，投资行业相对集中，主要分布在批发和零售业、制造业、租赁和商务服务业。2023年，合计数量近2.9万家，占境外企业总数的59.9%。其中，批发和零售业最多，超1.3万家，投资于批发和零售业的中国境外企业占中国境外企业总数的27.6%；其次是制造业，有9300余家，占19.3%；租赁和商务服务业超过6200家，占12.9%。此外，建筑业，信息传输、软件和信息技术服务业，科学研究和技术服务业，农、林、牧、渔业，交通运输、仓储和邮政业，采矿业，金融业，电力、热、燃气及水的生产和供应业，居民服务、修理和其他服务业的中国境外企业分别占中国境外企业总数的8%、7.6%、6.1%、3.5%、3.3%、2.6%、1.7%、1.7%、1.7%。

5. 对外直接投资出资方式多样化

从出资方式看，中国企业对外直接投资的出资方式（或投资方式）越来越多样化，有的以现汇出资（含企业自有资金和国内贷款），有的以从国外获得的贷款出资，有的以国内机械设备等实物出资，还有的以国内的技术专利或专有技术（含劳务）出资。中国海外投资企业以新建方式投资（含股本投资、利润再投资和其他投资）的较多，近年来以收购与兼并方式投资的比重不断下降。2020年，新增股权投资占流量总额的41%，债务工具投资（仅涉及对外非金融类企业）占14.8%。2004年境外并购流出量占总流出量的

54.4%，2011年该占比为31.4%，2022年和2023年分别为9.3%和9.5%。出现这种情况的原因是多方面的，例如，企业出于优化结构的考虑参与境外并购，美国以“国家安全”为由遏制中国企业境外并购。

6. 对外直接投资母子公司关系依赖性显著

从母子公司关系的角度看，中国海外直接投资企业对国内母公司（或总部）的依赖性较为显著。根据统计数据，目前中国境外设立的企业中约95%为子公司或分支机构，仅有5%为合资企业。这一现象反映了中国企业在海外投资过程中，依然处于较为集中的控制模式，即国内母公司对海外业务的直接管理和监督作用突出。在这一模式下，许多中国海外投资企业的业务实际上是由国内母公司直接控制的，这些企业往往未能在所在国建立起独立的营销网络和信息渠道。此外，部分中国海外投资企业存在缺乏横向联系的问题。具体而言，这些企业在海外缺少与其他外资企业以及当地企业之间的合作与协同，导致资源和信息流动不畅，限制了其在全球化市场中的竞争力。与此同时，一些海外企业仍未树立独立运营的意识，其品牌建设也相对薄弱。这些企业往往未能在全球范围内形成完整的运营体系，也未充分利用全球资源进行优化配置。因此，它们在国际市场上缺乏有效的战略布局，难以实现全球资源整合、产品生产和销售的最优配置。

三、中国对外证券投资

（一）中国对外证券投资概况

中国企业对外证券投资有近20年的历史，1986年中国国际信托投资公司通过国际融资租赁的方式购买了澳大利亚波特兰铝厂11%的股份，由此开始了中国进入国际市场从事证券投资的历史。据国家外汇管理局统计，2004年以来，中国居民投资非居民发行的股票、债券、货币市场工具、金融衍生工具等有价证券的投资存量总体呈现逐年增长趋势，2023年对外证券投资资产合计达到10984亿美元。我国对外证券投资的主要渠道有：境内银行等金融机构投资境外股票和债券；国内居民通过“港股通”等渠道购买境外特别是中国香港股市的股票；合格境内机构投资者投资非居民发行的股票和债券，通过债券通“南向通”投资中国香港债券市场。

由图14－5可知，2004—2023年，中国对外证券投资规模实现了显著增长，从最初的922亿美元增至10984亿美元，反映出我国对外投资的加速扩张和国际化进程的深化。在此期间，股权投资从2004年的2亿美元大幅增至2023年的6226亿美元，尤其是在2015年后股权投资快速上升，2015年为1692亿美元，到2020年跃升至6048亿美元，之后持续增长，显示了中国投资者对全球股市的信心增加以及风险偏好的提升。相比之下，债券投资虽然也在增长，但相对稳健，从2004年的920亿美元上升至2023年的4758亿美元，增速明显低于股权投资。这种结构变化表明中国对外证券投资正逐步从以债券为主向股权和债券并重的多元化布局转变。

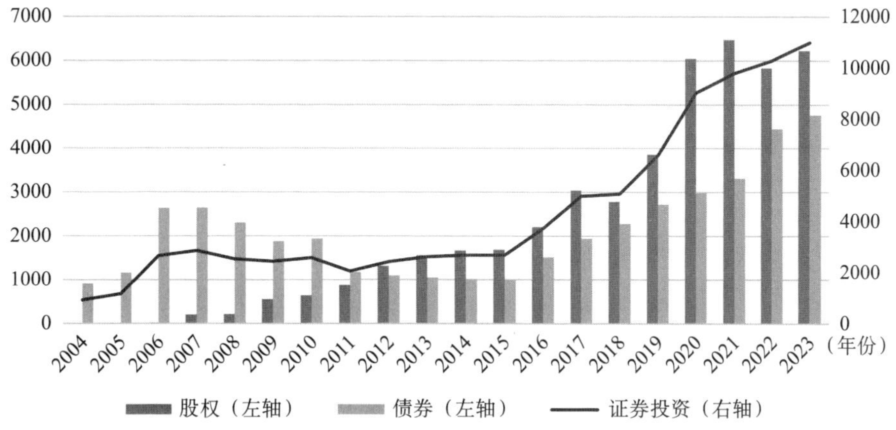

图14－5　2004—2023年中国对外证券投资存量变化趋势

数据来源：《中国国际投资头寸表》。

2017年以来，中国对外证券投资总额出现波动，尤其是2020年后达到高位且保持稳定。2020年总投资额达到9030亿美元，2021年为9791亿美元，2022年升至10282亿美元，2023年进一步增至10984亿美元。债券投资方面，2020年达到2982亿美元，2021年为3314亿美元，2022年和2023年分别为4451亿和4758亿美元，表现出对固定收益类资产需求的持续增长。而股权投资在2020年达到6048亿美元，2021年为6477亿美元，2023年则达到了6226亿美元，尽管有波动，但整体上仍保持较高水平。

总体而言，中国对外证券投资规模迅速扩大，投资结构逐渐多元化，在全球投资市场中的地位不断提升。未来，随着全球经济环境的波动和地缘政治局势的不确定性，中国对外证券投资需在风险控制和多元化布局方面加强优化，以实现稳定的国际市场参与和可持续的增长。

（二）中国对外证券投资的主要渠道

中国对外证券投资的主要渠道多样化，涵盖了从合格境内机构投资者制度到资本市场互联互通机制的多项政策安排。这些渠道的设立，不仅拓宽了境内投资者的全球资产配置路径，也有助于推动人民币国际化和中国资本市场的对外开放。主要的对外证券投资渠道包括合格境内机构投资者（QDII）、港股通（沪港通与深港通）、债券通（南向通与北向通）、基金互认、熊猫债和沪伦通等。这些渠道各具特点，为不同类型的投资者提供了多样化的投资选择，同时在控制风险、规范资金流动和促进市场稳定方面发挥了积极作用。

1. 合格境内机构投资者（QDII）

合格境内机构投资者（Qualified Domestic Institutional Investor，QDII），是指在人民币资本项下不可兑换、资本市场未开放条件下，在一国境内设立、经该国有关部门批准、有控制地允许境内机构投资境外资本市场的股票、债券等有价证券投资业务的一项制度安排。设立该制度的直接目的是“进一步开放资本账户，以创造更多外汇需求，使人民币汇率更加平衡、更加市场化，并鼓励国内更多企业走出国门，从而减少贸易顺差和资本项目盈余”，直接表现为让国内投资者直接参与国外的市场，并获取全球市场收益。

2. 港股通（沪港通与深港通）

港股通是中国内地与香港证券市场互联互通的机制，由沪港通和深港通组成，分别于2014年和2016年启动，允许符合条件的内地投资者通过上海或深圳证券交易所投资香港市场的特定股票。这一机制提供了便捷的境外投资途径，使内地投资者得以直接参与香港市场，从而丰富了资产配置选择。港股通的投资标的涵盖香港恒生综合大型股指数和中型股指数成分股，投资者需满足一定的资产门槛以确保风险承受能力。同时，港股通实行每日额度限制，以控制跨境资金流动规模，避免短期内大规模资本流动可能引发的市场波动。港股通具有诸多优势，包括拓宽了内地投资者的投资渠道、分散了风险、操作便捷，并促进了中国资本市场的国际化。然而，投资者面临汇率波动、市场波动性和制度差异等风险，这对投资经验和市场理解提出了更高要求。港股通的推出推动了内地资本市场与国际市场的融合，增强了两地市场的联动性，有助于人民币国际化，提升了内地和香港资本市场的活力与吸引力。

3. 债券通（南向通与北向通）

债券通是中国内地与香港债券市场互联互通的机制，分为北向通（2017年推出）和南向通（2021年推出）。北向通允许境外投资者通过香港投资中国内地的债券市场，而南向通则允许内地投资者投资香港及其他海外市场的债券。债券通为内地和国际投资者提供了互通的债券投资渠道，丰富了投资者的债券配置选择，推动了中国债券市场的国际化进程。投资标的涵盖政府债券、企业债券等固定收益产品，主要面向机构投资者，通过电子交易方式进行操作，资金结算便捷高效。债券通的优势在于为内地投资者提供了海外债券市场的便捷投资渠道，增强了全球资产配置能力，同时为境外投资者提供了进入中国债券市场的合法途径。然而，债券通也面临汇率波动、境外市场利率变化和经济环境的影响，此外，南向通对投资额度和投资品种有一定限制，个人投资者难以直接参与。总体而言，债券通是中国债券市场开放的重要一步，通过跨境债券投资的互联互通，不仅增强了人民币资产的全球吸引力，也推动了内地与国际资本市场的进一步融合，有助于人民币国际化和两地债券市场的共同发展。

4. 基金互认

基金互认是指中国与其他市场（如中国香港、新加坡等）之间建立的公募基金互认机制，自 2015 年起实施。该机制允许符合条件的公募基金在对方市场销售，为投资者提供了跨境基金投资的合法渠道。通过基金互认，中国内地和境外投资者可以购买对方市场的基金产品，包括股票基金、债券基金、混合基金等，满足了投资者对海外资产配置的需求。

基金互认的主要优势在于操作简便、投资品种丰富，个人投资者可通过本地券商购买对方市场的基金产品，不需要复杂的跨境开户手续。同时，基金互认扩大了投资者的选择范围，为内地投资者提供了接触全球市场的便捷途径，有助于分散投资风险。此外，基金互认还促进了内地和境外基金市场的相互联动，为人民币的跨境使用创造了更多场景，推动了人民币国际化进程。

然而，基金互认也面临一些限制和风险。首先，基金互认的产品数量和销售规模受到一定的监管限制，限制了大规模跨境资金流动，以确保市场稳定。其次，境外市场的经济和政策变化可能对基金表现产生影响，内地投资者需面临汇率波动和市场波动带来的风险。总体而言，基金互认作为中国对外开放的一部分，为投资者提供了多样化的国际资产配置渠道，增强了中外基金市场的联动性，对两地资本市场的共同发展具有积极意义。

5. 熊猫债

熊猫债是中国推动资本市场开放、支持人民币国际化的重要跨境投资工具，是指境外机构在中国境内发行的人民币计价债券，主要面向内地投资者。自 2005 年推出以来，熊猫债的发行主体包括外国政府、跨国企业和国际金融机构等，通过熊猫债，这些机构可以筹集人民币资金，既为境内投资者提供了境外主体的人民币资产投资渠道，也推动了人民币在国际债券市场中的使用。熊猫债的优势在于其人民币计价特性，减少了汇率风险，特别适合希望投资境外主体但又想规避外汇波动风险的投资者。此外，熊猫债为境外发行人拓展了新的融资渠道，提升了中国债券市场的国际化水平。然而，熊猫债的信用评级和发行机构的财务状况存在差异，投资者需注意可能的信用风险。

6. 沪伦通

沪伦通是中国上海证券交易所和英国伦敦证券交易所之间的互联互通机制，于 2019 年正式启动，允许两地上市公司在对方市场发行存托凭证（DR）。通过沪伦通，符合条件的内地投资者可以购买在伦敦市场上市的存托凭证，而符合条件的英国投资者也可以购买在中国市场上市的存托凭证。沪伦通的优势在于为内地投资者提供了参与伦敦证券市场的渠道，拓宽了境内投资者的全球资产配置选择，同时有助于提升两地资本市场的流动性和国际影响力。此外，沪伦通推动了中英两国资本市场的进一步融合，为人民币国际化提供了更多实践场景。然而，由于两地市场的制度差异和投资标的的限制，沪伦通的运作相对复杂，投资者需熟悉跨境投资的相关规则，并注意可能的汇率和市场风险。

四、中国发展对外投资的作用

（一）促进了中国企业的全球化进程

随着中国企业的对外投资持续增加，越来越多的中国企业通过跨国并购、合资、投资等多种方式走向国际市场。根据商务部数据，2023 年中国对外直接投资流量达到 1172.9 亿美元，国外直接投资存量达到 29554 亿美元。中国企业在全球范围内的业务拓展，不仅提升了其在国际市场上的竞争力，还帮助中国企业逐步向全球产业链的中高端环节进军。例如，中国的制造业企业通过海外投资设立工厂、研发中心和销售网络，不仅降低了成本，还提高了生产效率，增强了品牌在全球的影响力。与此同时，金融、互联网、能源等领域的中国企业也通过对外投资，拓展了海外市场和资金来源，提升了全球资本配置能力。尤其是在“一带一路”倡议的推动下，中国企业通过对外投资加强了与沿线国家的经济合作，开辟了新兴市场，为中国企业的全球化提供了新的增长动力。

（二）优化全球资源配置

自然资源并非均匀地分布在世界各国，各国都难以靠自给自足来满足经济发展所需要的所有自然资源。中国虽地大物博、资源丰富，但一些重要资源的人均占有量却低于世界平均水平，国家每年需花费大量外汇从国外进口钢材、铝、铁矿砂和某些稀有金属。随着中国经济的不断发展壮大，对资源的需求也日益增加，资源短缺已成为中国经济发展的重要制约因素。而资源产品通过一般的贸易进口，不仅市场供应不稳定，而且价格易受国际市场的冲击而发生波动，为此，通过对外投资，中国不仅能够获取丰富的自然资源，还能够通过跨国经营和全球布局，在全球范围内优化资源配置。中国的对外投资帮助其企业获得了丰富的能源、矿产和农业资源，确保了国内产业的原材料供应，降低了生产成本。例如，中国在非洲和拉丁美洲的矿产资源投资，使中国能够获得稳定的金属、能源等重要资源，并为全球能源市场提供了供给保障。根据统计，2022 年中国在能源领域的对外投资额接近 350 亿美元，占中国全球能源类对外投资的近 30%。与此同时，中国的对外投资推动了全球产业链和价值链的重组，特别是在全球制造业、信息技术、能源等行业的跨国布局，帮助中国企业获取了全球市场的资源，并优化了产业链中的上下游合作。这种全球化的资源配置，不仅促进了中国企业的长期发展，也推动了全球市场的低成本、高效率运作。

（三）吸取了同时代各国发展的优秀成果

根据弗农的产品生命周期理论，只有当技术或产品成熟或达到标准化时，通过对外投资输出技术，对企业才是最有利的。吸收外商来华投资，重点是引进了对方成熟或标准化技术，而难以获得最先进的技术。对外投资则有利于打破国际技术经济封锁，中国不仅在资本上投资先进技术企业，还通过并购、研发合作等方式主动、直接地学习和利用对方控制的先进科技成果，了解和掌握国际经济和科学技术发展的动向。同时，将国内的企业置身于国际竞争环境中，有利于学习国外有效的管理经验和方法，培养和造就一批训练有素、能胜任国际竞争的技术和管理人才，便于企业实地了解和熟悉国际市场经济的运行机制。这些信息和经验的取得，反过来又有助于提高国内引进外资和外国技术的能力，从而取得对外投资的双重经济效益。

（四）提升了中国在全球经济中的话语权和软实力

对外投资的发展规模、水平已经成为一国经济发展水平和国际竞争实力的重要标志，并成为各国参与国际经济活动的主要形式。随着对外投资规模的不断扩大，中国逐渐成为全球资本流动中的重要参与者，这不仅提升了中国企业的国际地位，也增加了中国在全球经济治理中的发言权。通过参与国际投资规则的制定、加强与全球主要经济体的合作，中国进一步树立了其作为全球经济大国的形象。同时，随着中国企业在全球范围内的影响力不断增强，中国的文化和价值观也随着经济合作的深入传播到世界各地，从而提升了中国的软实力和国际影响力。这种影响力不仅限于经济层面，也扩展到了政治、文化等多个领域，推动了中国在全球治理中的领导地位。

五、中国对外投资的政策支持

中国的对外投资政策自2000年提出“走出去”战略以来，经过多年的发展逐渐形成了以政策引导、金融支持、税收优惠、法律保障和行政简化为核心的支持体系，推动了中国企业在全球范围内的投资扩展。特别是在“一带一路”倡议的框架下，中国政府通过一系列战略性举措，增强了对外投资的支持力度，逐步成为全球重要的对外投资者之一。

首先，中国政府通过政策引导鼓励企业走出去，推动国际化发展。“走出去”战略自

2000 年提出以来，国家通过制定相关政策文件为企业提供支持。2013 年提出的“一带一路”倡议进一步强化了这一战略，推动了中国企业在沿线国家和地区的投资扩张。根据商务部数据，2023 年中国对外直接投资（ODI）总额达到了 10418.5 亿元人民币，占全球份额的比例持续上升，显示出中国企业在全球市场的活跃度。在“一带一路”倡议的推动下，特别是在基础设施、能源、制造业等领域的投资，中国企业在全球市场的影响力不断增强。

其次，金融支持是中国对外投资政策的关键一环。国家通过中国进出口银行、国家开发银行等金融机构，为企业提供低息贷款和融资支持，特别是在“一带一路”项目中，支持企业开展海外投资。截至 2023 年 9 月末，共建“一带一路”专项贷款已累计实现合同签约 5333 亿元等值人民币，累计发放贷款 4915 亿元等值人民币。此外，中国出口信用保险公司（Sinosure）通过提供保险保障，帮助企业降低投资风险，增加其在高风险地区投资的信心。

税收优惠政策也为中国企业的对外投资提供了重要支持。政府通过税收减免、出口退税等措施，降低企业的投资成本，特别是在“一带一路”相关国家和地区。企业在境外投资的相关支出，如研发支出、项目成本等，也可以在中国享受税前扣除，进一步减轻了企业的税收负担。中国的税收政策不仅为企业在境外的运营提供了便利，也促进了其在全球市场的竞争力提升。

中国政府通过一系列法律和政策为企业提供境外投资的法律保障，确保其在海外投资的权益得到有效保护。自 1979 年至今，国内用于调整对外直接投资的法规主要有：原对外经济贸易部 1985 年发布的《关于在国外和港澳地区开展非贸易性合资经营企业审批权限和原则的通知》；原对外经济贸易部 1985 年制定的《在国外开设非贸易性合资经营企业的审批程序和管理办法》；国家外汇管理局 1989 年发布的《境外投资外汇管理办法》；国家外汇管理局 1990 年颁布的《境外投资外汇管理办法实施细则》；国家国有资产管理局、对外贸易经济合作部和海关总署 1993 年联合发布的《关于用国有资产实物向境外投资开办企业的有关规定》等。现行国内法规主要是针对审批、外汇和国有资产管理等方面作了规定。2018 年颁布实施的《企业境外投资管理办法》，以及 2020 年颁布实施的《中华人民共和国外商投资法》，充分彰显了新时期我国进一步扩大对外开放、积极促进外商投资的决心和信心，这些被寄予厚望的开放型法律必将对中国对外投资产生重大影响。在国际法规范方面，主要是我国与其他国家缔结的一系列双边投资协议、税收协定等双边条约，以及我国加入和缔结的国际公约。中国政府已与近 90 个国家签订双边投资保护协定，并与 60 多个国家签订避免双重征税协议，为我国企业到这些国家投资提供了法律保障基础。

此外，政府还通过简化行政审批程序，优化对外投资的管理机制，提升了投资的效率。2015 年出台的《境外投资管理办法》明确规定了企业进行境外投资的管理流程，并鼓励通过资本市场和并购等方式开展对外投资。政府设立的一站式服务平台和简化审批流程，进一步减少了企业在对外投资过程中面临的行政壁垒。

总体而言，中国的对外投资政策体系逐渐成熟，涵盖了从政策引导、金融支持、税收优惠到法律保障等各个方面。通过这些综合措施，中国政府为企业走出去提供了强有力的保障，也推动了中国企业在全球市场的竞争力提升，并为全球经济增长作出了重要贡献。

思考与练习

1. 简述中国利用外资的发展历程。

2. 中国利用外商直接投资的特征有哪些?

3. 请列举三种主要的外商直接投资方式，并对比分析这些方式在中国的适用性和效果。

4. 中国的对外借款特征有哪些? 如何有效管理外债风险? 请结合中国的实际案例进行讨论。

5. 中国的对外直接投资有哪些特征?

6. 中国的对外证券投资渠道有哪些，请列举几种中国企业进行对外证券投资的方式，并简述其优势与风险。

7. 外资的流入与对外投资对中国经济的推动作用是怎样的? 同时，对外投资对中国经济的挑战是什么? 请结合实际数据和案例进行分析。

8. 中国政府在对外投资方面采取了哪些支持措施? 这些政策如何帮助中国企业开拓国际市场?

参 考 文 献

［1］陈忱．国际直接投资路径与机制［M］．北京：研究出版社，2020（6）．

［2］陈建安．国际直接投资与跨国公司的全球经营［M］．上海：复旦大学出版社，2016（9）．

［3］陈小文．跨国公司经营与管理［M］．北京：机械工业出版社，2020（3）．

［4］陈旭，王岩，李慧伦，张晓京．国际投资学（第2版）［M］．哈尔滨：哈尔滨工程大学出版社，2021（7）．

［5］陈岩，王增涛，闫奕荣，杨凌．国际投资与跨国公司［M］．北京：清华大学出版社，2024（3）．

［6］程惠芳．国际直接投资与开放型内生经济增长［J］．经济研究，2002（10）：71－78，96．

［7］杜奇华．国际投资（第3版）［M］．北京：对外经济贸易大学出版社，2020（11）．

［8］冯琳，韩兵，贾鹏．国际投资学 全球供应链管理视角［M］．沈阳：东北财经大学出版社，2022（8）．

［9］葛伟．国际资本流动对中国企业投资效率的影响及机制研究［M］．北京：中国社会科学出版社，2021（12）．

［10］胡邵雨，蒙强．国际税收教程理论、实务与案例［M］．上海：上海财经大学出版社，2020．

［11］黄志勇．国际投资学［M］．南京：南京大学出版社，2022（3）．

［12］蒋冠宏，张馨月．金融发展与对外直接投资——来自跨国的证据［J］．国家贸易问题，2016（1）：166－176．

［13］孔淑红．国际投资学（第6版）［M］．北京：对外经济贸易大学出版社，2023（9）．

［14］李翀．短期资本流动的成因：投资优势论视角［J］．学术研究，2005（2）：39－43．

［15］李辉．国际直接投资与跨国公司．北京：电子工业出版社，2013．

［16］连增．国际贸易与投资前沿问题研究［M］．北京：企业管理出版社，2021

(8).

[17] 梁蓓，杜奇华．国际投资 [M]．北京：对外经济贸易大学出版社，2004 (2).

[18] 林康，林在志．跨国公司经营与管理（第 3 版）[M]．北京：北京对外经济贸易大学出版社，2021 (9).

[19] 刘建丽．新中国利用外资 70 年：历程、效应与主要经验 [J]．管理世界，2019，35 (11)：19 - 37.

[20] 刘建廷，刘泽青．中国对外直接投资企业国际竞争力研究 [M]．济南：山东大学出版社，2021 (6).

[21] 刘志伟．国际投资学 [M]．北京：对外经济贸易大学出版社，2017 (8).

[22] 卢汉林．国际投资学 [M]．武汉：武汉大学出版社，2005 (11).

[23] 卢进勇，杜奇华．国际经济合作（第 3 版）[M]．北京：对外经济贸易大学出版社，2020：129 - 145.

[24] 卢进勇，郜志雄，彭静．国际投资学（第 2 版）．[M]．北京：中国人民大学出版社，2023：327 - 351.

[25] 卢进勇，李锋，石磊．国际投资与跨国公司 [M]．北京：首都经济贸易大学出版社，2023 (1).

[26] 马亚明，陆建明，李磊．负面清单模式国际投资协定的信号效应及其对国际直接投资的影响 [J]．经济研究，2021，56 (11)：155 - 172.

[27] 綦建红．国际投资学教程 [M]．北京：清华大学出版社，2005.

[28] 强永昌．国际直接投资的贸易理论研究 [M]．上海：复旦大学出版社，2013 (12).

[29] 任永菊．跨国公司与对外直接投资（第 2 版）[M]．北京：清华大学出版社，2021：268 - 291.

[30] 宋树民，张岩．国际金融 [M]．北京：北京大学出版社，2014.

[31] 孙俊新．国际经济合作 [M]．北京：对外经济贸易大学出版社，2021：91 - 129.

[32] 孙晓云．系统性风险管理和国际金融监管体系改革 [M]．上海：格致出版社：上海人民出版社，2014.

[33] 王爱琴，袁庆远，孙凤兰．国际投资学 [M]．北京：北京理工大学出版社，2021 (5).

[34] 王娟．国际直接投资 理论与实践 英文版 [M]．镇江：江苏大学出版社，2022 (2).

[35] 王兆星．构建金融宏观审慎监管框架——国际金融监管改革系列谈之七 [J].

中国金融，2013（9）：18－21.

［36］王正茂，金融监管的国际比较［M］．北京：国家行政学院出版社，2011.

［37］吴洪臣等．国际直接投资［M］．济南：山东大学出版社，1995（9）.

［38］武海峰，陆晓阳等．国际直接投资发展研究［M］．北京：中国财政经济出版社，2002（11）.

［39］邢建国．发展中国家国际直接投资的产业选择［J］．经济研究，1997（3）：68－73.

［40］杨培雷．跨国公司经营与管理（第3版）［M］．上海：上海财经大学出版社，2020（11）.

［41］杨胜刚，姚小义．国际金融［M］．北京：高等教育出版社，2005.

［42］杨先明．发展阶段与国际直接投资［M］．北京：商务印书馆，2000.

［43］杨晔，汪若君．国际投资学（第6版）［M］．上海：上海财经大学出版社，2021.

［44］杨瑛，李杨，丁慧．国际金融［M］．广州：华南理工大学出版社，2015.

［45］杨志清．国际税收（第2版）［M］．北京：北京大学出版社，2018.

［46］张岸元．政策不确定性与国际直接投资［M］．北京：中国经济出版社，2012（1）.

［47］赵蓓文．2020年中国国际直接投资报告以对外投资促进国内发展［M］．上海：上海社会科学院出版社，2020（11）.

［48］张二震，戴翔．高质量利用外资与产业竞争力提升［J］．南开学报（哲学社会科学版），2018（5）：1－10.

［49］张海东．国际商务管理（第6版）［M］．上海：上海财经大学出版社，2019：239－266.

［50］张晓君，敬云川．"一带一路"建设中国际贸易和投资风险防控法律实务丛书国际投资争端风险防控法律实务［M］．厦门：厦门大学出版社，2023（1）.

［51］张晓朴．系统性金融风险研究：演进、成因与监管［J］．国际金融研究，2010（7）：58－67.

［52］赵蓓文等．国际投资学：国际理论前沿［M］．上海：上海社会科学院出版社，2017：40－47.

［53］赵春明．跨国公司与国际直接投资（第3版）［M］．北京：机械工业出版社，2020（7）.

［54］赵瑾，张宇．中国国际经贸理论前沿9 数字经济下的国际贸易与国际投资

[M]. 北京：社会科学文献出版社，2021 (5).

[55] 钟晓君. 服务业国际直接投资与劳动力市场变迁 [M]. 广州：广州中山大学出版社，2021 (12).

[56] [美] 查尔斯·希尔. 国际商务（第11版）[M]. 北京：中国人民大学出版社，2019.

[57] [美] 拉尔夫·H. 弗尔瑟姆，迈克·W. 戈登，约翰·A. 史帕诺戈. 国际贸易和投资 [M]. 北京：法律出版社，2004.

[58] Bono, Pierre - Henri; David, Quentin; Desbordes, Rodolphe. International attractiveness of cities: The drivers of urban FDI [J]. Review of International Economics, 2024: 1.

[59] Caporin Massimiliano; Arusha Cooray; Bekhzod Kuziboev; Jie Liu. Chinese FDI outflows and host country environment [J]. Journal of Environmental Management, 2024, 366: 121675.

[60] Dang, Lan; Merino, Fernando. FDI impact: catalyzing digital capabilities in host nations [J]. International Journal of Development Issues, 2024, 23 (2): 325 - 347.

[61] Douch, Mohamed. FDI, defense spending, and economic prosperity [J]. Bulletin of Economic Research, 2024: 1.

[62] Erokhin, Dmitry. The impact of unilateral tax treaty terminations on FDI [J]. World Economy, 2024: 1.

[63] He C F, Xie X Z, Zhu S J. Going global: understanding China's outward foreign direct investment from motivational and institutional perspectives [J]. Post - Communist Economies, 2015, 27 (4): 448 - 471.

[64] Hintosova, Aneta Bobenic; Body, Gloria. Sustainable FDI in the Digital Economy [J]. Sustainability, 2023, 15 (14): 10794.

[65] Ignat Stepanok. FDI and unemployment, a growth perspective [J]. Review of International Economics, 2023, 31 (2): 761 - 783.

[66] Kai Zhao, Minjie Mo, Jun Shen. Pandemics and FDI inflows: The role of infrastructures [J]. International Review of Economics & Finance, 2024, 93: 552 - 566.

[67] Kumar M, Gregory M. An exploration of risk management in global industrial investment [J]. Risk Management An International Journal, 2013, 15 (4) : 272 - 300.

[68] Triarchi Eirini, Marangos John. The political determinants of inward FDI [J]. Panoeconomicus, 2023: 8.